山东省研究生教育创新计划资助项目（SDYY12051）结题成果

山东省"十二五"重点学科"汉语国际教育"研究生教育特色教材

"孔子与山东文化强省战略协同创新中心"资助出版项目

U0781353

汉语国际教育：
中华文化精神的源流、
继承与传播

李　钧　　王曰美　　主编

北京语言大学出版社

BEIJING LANGUAGE AND CULTURE

UNIVERSITY PRESS

© 2015 北京语言大学出版社，社图号 15134

图书在版编目（CIP）数据

汉语国际教育：中华文化精神的源流、继承与传播 /
李钧，王曰美主编 . -- 北京：北京语言大学出版社，
2015.6

ISBN 978-7-5619-4233-8

Ⅰ. ①汉… Ⅱ. ①李… ②王… Ⅲ. ①中华文化－对
外汉语教学－教材 Ⅳ. ① H194.5

中国版本图书馆 CIP 数据核字（2015）第 176685 号

汉语国际教育：中华文化精神的源流、继承与传播
HANYU GUOJI JIAOYU：ZHONGHUA WENHUA
JINGSHEN DE YUANLIU、JICHENG YU CHUANBO

排版制作：北京创艺涵文化发展有限公司
责任编辑：唐琪佳　王宇明
责任印制：姜正周

出版发行：北京语言大学出版社
社　　址：北京市海淀区学院路 15 号，100083
网　　址：www.blcup.com
电子信箱：service@blcup.com
电　　话：编辑部　　8610-82303647/3592/3395
　　　　　国内发行　8610-82303650/3591/3648
　　　　　海外发行　8610-82303365/3080/3668
　　　　　北语书店　8610-82303653
　　　　　网购咨询　8610-82303908
印　　刷：北京京华虎彩印刷有限公司

版　次：2015 年 6 月第 1 版　　印　次：2015 年 6 月第 1 次印刷
开　本：710 毫米 × 1000 毫米　1/16　　印　张：19
字　数：289 千字
定　价：58.00 元

PRINTED IN CHINA

目　录

序

在一次讲座中，有位老师提问道："汉语国际教育的终极目标是什么？"当时没有找到合适的答案，但是问题在头脑中萦绕了很久。

汉语国际教育，顾名思义，自然是教外国人学习汉语。但是，无论对学习者还是对教授者来说，学汉语的背后，都有某种动机——为什么学，为什么教。学习者是为了研究中国、跟中国做生意、从事汉语教学、继续求学、来中国旅游、跟中国打交道、了解世界上最重要的国家之一等等。我们作为教育者花这么多的人力、物力、财力、精力，从教育者的立场说，首先是帮助学习者实现上述目标。同时，我们还有一个更深远的目标——让外国人在学习汉语的过程中，逐渐了解中国，进而理解中国。

作为一个正在重新崛起的大国，世界对中国有各种各样的担心，除受个别别有用心的宣传影响之外，其中一个主要原因就是对中国的国情、历史、文化、治国方略缺乏了解。另一方面，我们也看到，那些真正了解中国的外国人，会比较容易认同"中华民族的血液中没有侵略他人、称霸世界的基因，中国人民不接受'国强必霸'"的逻辑。通过向世界传播汉语，服务于建立一个"同世界各国人民和睦相处、和谐发展，共谋和平、共护和平、共享和平"的国际环境，是我们的追求，也可以看作是"汉语国际教育的终极目标"。

实践正在证明，汉语国际教育，是通向这个"终极目标"的有效途径。吸引更多的外国人学习汉语，他们会在学习过程中接触中国教师、中国国情、中国文化，建立对中国正确的印象，进而了解中国人的行为方式、价值观念，愿意跟中国、中国人和谐相处，共同发展。这也会让那些别有用心宣传中国威胁论的国家、个人失去市场。

为更快、更好地实现这个目标，对外国人的汉语教学应当积极主动地体现中国文化的内容。这里所说的中国文化，包括中国国情、中国优秀的物质和精神文化，以及体现这些文化的价值观念。

国际汉语教育中的文化内容，要通过教材和读物体现，更重要的通过教师的言传身教——汉语教师是传播文化主要的渠道。

汉语教师肩负着传播中国文化的历史使命。教师的文化知识、修养、观念和传播能力，直接影响着外国人了解和理解中国文化的效果。让外国人理解中国文化的最佳途径，是通过润物细无声的"熏陶"，而不仅仅是知识的讲授。美国著名语言教学专家 Douglas Brown 说过："当你讲授一门语言的时候，你就在传递一个复杂的文化习俗、价值观、思维方式、情感、行为系统。"身教重于言教，学生每天接触的汉语教师的学识修养、行为方式、言谈举止，对学生了解和理解中国文化，有更直接的"感染"作用。因此，丰厚的中国文化知识、良好的文化修养、正确的价值观念和娴熟的传播能力，是对优秀汉语教师的职业要求。

作为培养国际汉语教师的摇篮，汉语国际教育专业对此责无旁贷。专业教育中的一项重要措施，就是设立专门课程，帮助未来汉语教师获得深厚的中国文化知识，同时帮助他们建立对中国文化的自信，树立"文化使者"和"中国文化的化身"的理念，肩负起让外国人了解、理解中国的历史责任。

优秀的中国文化教材是实现这一课程目标的基本条件。李钧教授主编的《汉语国际教育：中华文化精神的源流、继承与传播》是一部朝向这一目标的很有特色的教材。拜读书稿之后，感到其主要特点如下：

第一，兼顾古今。本书以研讨中国优秀传统文化的代表《论语》和剖析山东当代优秀作家所体现的山东文化精神为主要内容，既帮助学生了解中国传统文化的源流，又通过其当代中国的体现，深化对中国文化精神传承的理解。

第二，传授理念。本书又一可贵之处是注重引导学生建立中国文化自信，传授向外国人传播中国文化的经验和体验，引导学生形成中国文化使者的理念和技能。

第三，立足本土。本书立足山东和曲阜的文化资源，由最了解这些文化资源、富有文化传播经验的资深专家研究、撰写，充分发挥本土优势，其水平恐无他人可及。试想，如果全国各具特色的文化资源，都采取这种思路，编写这类发挥本土资源和专家优势的教材，汉语国际教育专业的文化课程将会何等丰富多彩？丰富多彩的教材，必将对未来汉语教师的中国文化素质的养成和完善，产生重大影响。

概而言之，这部教材顺应国际汉语教育形势需求，立足中国优秀传统文化发祥地，由最有专长的学者编纂，占尽天时、地利、人和，必将在本领域引领一种风尚。

本书付梓之际，李钧教授嘱写几句话，却之不恭。记下读后的一点不成熟的想法，聊以为序。不当之处，恳请方家指正。

崔永华

草于北京语言大学

2014 年 6 月 18 日

第一编　国际汉语教师传统文化素质摭论

第一讲　"孔子文章四海宗"

——朝鲜半岛古代汉诗中的《论语》元素

作为中国之外接受儒家文化最早、受影响最深的地区，朝鲜半岛最先接受、传播了《论语》。《论语》在朝鲜半岛的传播历史长达两千多年，绵延不断，并在传播中形成了自己的特色，对此进行研究是认识孔子及其思想在朝鲜半岛影响的最主要途径。据笔者统计、分析，目前的《论语》研究成果主要集中在学术发展史、传播史、经学释义及孔子思想的现实指导意义等方面，而研究《论语》在周边国家如古代朝鲜、日本、越南的传播和影响的成果则相对较少。近些年来，我一直从事朝鲜古代文化的研究，博士后工作期间的主攻课题是"《论语》在朝鲜半岛的传播及影响"，而且以此为核心的科研课题先后得到了中国博士后科学基金和国家社科基金的资助，这也充分说明我的研究思路是对的。

在具体研究当中，我首先搜集、阅读了朝鲜半岛古代的大量史书、文人诗文集等第一手资料，认真整理出《论语》在朝鲜半岛广泛深入传播的大量有力证据，由此形成了《论语》传播的全景图，并深入探讨了传播的背景、途径、模式、内容、特点，然后细读各种文本，充分研究《论语》中的孔子思想及其形象

（人格）对半岛古代文化的具体影响。研究过程中，我综合运用了文献研究法、传播研究法、影响研究法、比较研究法等多种方法。

《论语》在古代朝鲜半岛的传播上起汉四郡时期（前108—313），历经新罗（前57—935）、高丽（918—1392）时期，下迄朝鲜朝（1392—1910），具有两千多年的历史，在朝鲜半岛的政治、文化、教育等领域产生了重要影响，朝鲜古代汉诗就是一个显著例证。

早在新罗末期，朝鲜半岛古代汉诗中就出现了《论语》元素。文人崔致远（857—？）在中国唐朝求学、为官期间（869—884），作有汉诗几十首，其《长安旅舍与于慎微长官接邻》一诗的"那堪颜氏巷，得接孟家邻"[1]两句中，"颜氏巷"这个典故就出自《论语·雍也》篇的"一箪食，一瓢饮，在陋巷"。在现存的朝鲜半岛古代汉诗中，体现《论语》元素的多达上千首，由于新罗、高丽时期的汉诗散佚很多，所以现在能看到的体现《论语》元素的诗作绝大部分出自朝鲜朝时期，且以五、七言的律、绝为主，涵盖了赠答、咏怀、伤悼、山水、田园等多种诗歌题材。

数量众多、类型多样的《论语》元素，丰富了朝鲜半岛古代汉诗的内容和主题，促进了其表现手法和艺术风格的形成与发展，是儒家文化在域外的一道亮丽风景，是域外汉学、国际文化交流研究的重要内容之一。与此同时，充分发掘这些元素，可以更好地接地气，在儒家经典的域外传播的教学和研究中培养学生的民族文化意识，以鲜活的事例和具体的情境增强其民族自豪感，让相关的教学、研究更有温度，更有效果。

一、朝鲜半岛古代汉诗呈现《论语》元素的文化原因

《论语》拥有巨大的思想和语言魅力，在广泛流传的过程中得到了朝鲜社会

---

[1] 崔致远：《孤云集》（《标点影印韩国文集丛刊》第1辑），首尔：韩国民族文化推进会，1990年，第151页。（以下简称《丛刊》，出版社从略）

4

的认同，而朝鲜半岛古代诗人大多具有文化正统意识，这是朝鲜半岛古代汉诗呈现诸多《论语》元素的主要原因。

（一）《论语》的指导意义和语言魅力

《论语》是中华文明的核心源泉，其中蕴含的孔子仁爱、中庸、民本等儒家思想一直活跃在中国人的日常生活中，供人们体悟、践行，指导着人们的生活。《论语》传入朝鲜半岛以后，这些指导意义也得到极好的体现。如金麟厚（1510—1560）《吟示景范、仲明（其十七）》曰："从前理会《诗》兼《易》，得力无如《语》《孟》多。"[1] 田愚（1841—1922）《五书五经吟·论语》曰："仲尼盛德配乾坤，言行遗书二十篇。"[2] "得力""盛德"的评价都验证了《论语》对人生的指导意义。又如朝鲜朝中期诗人南龙翼（1628—1692）有诗《读史诗长篇三百二十五韵》，艺术地再现了孔子施教的诸多场景，渗透着作者的崇拜之情，诗云："七十门人通六艺，升堂入室穷探赜。颜回三月不违仁，子路一生无宿诺。与闻天道赐也悟，终傅圣统参乎笃。声音每想武城弦，气象犹思沂水浴。骞雍商师宰耕求，各以其才承教育。"[3] 这种对《论语》的情景再现和对孔门贤士的崇拜同样是对《论语》指导意义的肯定。

《论语》的语言精练而富有节奏，温文尔雅，在修辞、音韵方面都堪称经典，这为朝鲜半岛古代诗人引《论语》入诗创造了先决条件。如李穀（1298—1351）《五十》曰："五十而知命，今年感圣言。"[4] 洪可臣（1541—1615）《赠安四耐》曰："朝闻夕死可，闭户读残书。"[5] 这些诗有对道德力量的歌颂，也有对《论语》经典词句的引用和化用。诗人们从《论语》中汲取了理性，也采撷了词华。

---

[1]　金麟厚：《河西全集》（《丛刊》第 33 辑），1989 年，第 123 页。

[2]　田愚：《艮斋集》（《丛刊》第 333 辑），2004 年，第 570 页。

[3]　南龙翼：《壶谷集》（《丛刊》第 131 辑），1994 年，第 188 页。

[4]　李穀：《稼亭集》（《丛刊》第 3 辑），1990 年，第 213 页。

[5]　洪可臣：《晚全集》（《丛刊》第 51 辑），1990 年，第 441 页。

（二）朝鲜社会对《论语》的认同

《论语》是东方农业文明的产物，其伦理话语和道德体系易为东亚诸国所接受。"孔子文章四海宗"（奇遵《读罢》）[1]，《论语》在朝鲜半岛两千多年的传播过程中，其思想观念已经深入人心，体现在社会的各个领域。

《论语》作为启蒙教材、科举考试的基本内容，受到了朝鲜政府和文人的重视。如郑摠（1358—1397）"隔窗雪月明如画，坐听书生读鲁论"（《乙丑十二月望夜入直国子监，与崔同年通甫达晓谈论》）[2]、金昌协（1651—1708）"永夜留灯火，相看余事无。萧然一鲁论，细讲酒盈壶"（《子益来会书院，道以、舜瑞鱼有凤及诸生咸在。夜暖酒讲书，敬次曾王考集中韵共赋》）[3]，这些诗句细致描绘了朝鲜文人精心研读《论语》的肃雅场景，足见他们对《论语》的注重和喜爱。

朝鲜半岛属于儒家文化圈，汉诗创作当然脱离不了儒家思想的浸染，《论语》及其思想必然在朝鲜半岛古代汉诗中留下印记。《论语》的思想、句篇作为经典在朝鲜文人的诗文中被大量引用，很多文集、文章的命名都源于《论语》，如《知非录》《无忮契》《朝闻录》《待价轩诗卷》等；很多诗人的字号也引自《论语》，如郑梦周（1337—1392）号圃隐，朴宜中（1337—1403）字子虚、不器，申叔周（1417—1475）号希贤堂，金欣（1448—1492）号颜乐堂，严昕（1508—1553）号十省堂，金宗一（1597—1675）字贯之，李东汲（1738—1811）号晚觉斋，金学淳（1767—1845）字而习，李悌彬（1772—1837）字本仁；很多诗人的书斋、亭堂等处所的名称也源于《论语》，如"喜惧堂""辅仁堂""三友堂""四友堂""追远堂""一言堂""一贯堂""爱山堂""后凋堂""养直堂""斐然堂""道齐堂""有美堂""咏归堂""九四堂""君子堂""焕章庵""隐求庵""讱庵""直斋""约斋""刚斋""恭斋""逊斋""乐斋""耻斋""省斋""切斋""悦乐斋""时习斋""三畏斋""三省斋""三勿斋""枕肱斋""仁美斋""则以斋""愤悱斋""至乐斋""亦乐斋""寻乐

---

[1] 奇遵：《德阳遗稿》（《丛刊》第25辑），1988年，第326页。

[2] 郑摠：《复斋集》（《丛刊》第7辑），1990年，第480页。

[3] 金昌协：《农岩集》（《丛刊》第161辑），1996年，第385页。

斋""追远斋""晚省斋""齐省斋""四近斋""若虚斋""悦乎斋""则以斋""不亦斋""不知轩""学习轩""如在轩""约轩""敬信轩""直养轩""乐山亭""泛槎亭""寿乐亭""点风台""风乎台""咏归台"等。

（三）朝鲜诗人的文化正统意识

朝鲜是受华夏文化浸染最深的邻邦，文献丰富。崔岦（1539—1612）《李参赞见示杨天使简帖序》曰："吾东于中华，诗书礼乐、典章文物无不慕效，素以'小中华'见称，其为文辞尤近。"[1]徐居正（1420—1488）《〈东文选〉序》云："我国家列圣相承，涵养百年，人物之生于其间，[2]磅礴精粹。作为文章，动荡发越者亦无让于古。是则我东方之文，非汉、唐之文，亦非宋、元之文，而乃我国之文也，宜与历代之文并行于天地间。"朝鲜文人承认中华文化的正统地位，同时在文学创作方面流露出本国文化也是正统文化的意识。如吴光运（1689—1745）《〈皇华集〉序》云："士生斯世，孰不以一当华使为至愿耶？士既不能生于中州，立于声明文物之大都会，则无宁生于礼义之兹邦，得与中州之士大夫颉颃声气之间，幸矣。"[3]这种"颉颃声气"，当然也包括对儒家正统经义的理解。"宗经""征圣"是中国文学的一个传统，朝鲜半岛古代诗人尤其是朝鲜朝诗人，常常大量引用《论语》中的观点、词句，来证明自己在理解、引用经义方面并不逊色于中国文人。因此，明清易代以后，朝鲜汉诗中的《论语》元素更加丰富和多样。

二、朝鲜半岛古代汉诗中《论语》元素的类型

朝鲜半岛古代汉诗中的《论语》元素，主要包括对《论语》的不同称谓、引

---

[1]　崔岦：《简易集》（《丛刊》第49辑），1990年，第278页。

[2]　徐居正：《四佳集》（《丛刊》第11辑），1988年，第248页。

[3]　吴光运：《药山漫稿》（《丛刊》第211辑），1998年，第60页。

用和评述三个类型。

（一）不同的称谓

朝鲜半岛古代诗人也称《论语》为"鲁论""鲁编""齐鲁文""二十篇""素王书"等。如金义贞（1495—1547）《答公叔》曰："昔我持鲁论，乘桴浮于海。"[1]权榘（1672—1749）《时习斋》曰："切要二十篇，首揭时习字。"[2]赵观彬（1691—1757）《到配已多日，颇觉闲味在书，书此遣怀》云："半部鲁编仍旧诵，九章楚调更新讴。"[3]李裕元（1814—1888）《春帖》云："紫阳一统史，素王半部书。讲对无停撤，迟迟此日舒。"[4]李忠翊（1744—1816）《甲子秋杪，会郑友愉如于社村，逾月而归。……寄示属和五首（其二）》曰："却回匍匐邯郸步，揩眼重看齐鲁文。"[5]他们也将《论语》与《孟子》并称为"《语》《孟》"或"《论》《孟》"，如李恒（1499—1576）《（崔颙）挽词》云："谈兵勇脱孙吴悦，求道初从《语》《孟》寻。"[6]金昌翕（1653—1722）《葛驿杂咏》其一百四十三曰："《诗》《书》乃是群言祖，《论》《孟》犹将称位看。"[7]以上称谓从地域、作者、文本等不同角度诠释了《论语》的作用和特性，这固然是协调音韵、营造古雅诗境的需要，也说明了朝鲜古代文人对《论语》的了解比较全面。

（二）引用

朝鲜半岛古代诗人把《论语》里富有哲理的话语、观点或场景、情境作为诗歌中《论语》元素的主体，并将圣人之言行、心态作为诗情生发和引申的基础。

---

[1] 金义贞：《潜庵逸稿》（《丛刊》第 26 辑），1988 年，第 380 页。

[2] 权榘：《屏谷集》（《丛刊》第 188 辑），1997 年，第 37 页。

[3] 赵观彬：《悔轩集》（《丛刊》第 211 辑），1998 年，第 309 页。

[4] 李裕元：《嘉梧藳略》（《丛刊》第 315 辑），2003 年，第 51 页。

[5] 李忠翊：《椒园遗藁》（《丛刊》第 255 辑），2000 年，第 495 页。

[6] 李恒：《一斋集》（《丛刊》第 28 辑），1988 年，第 447 页。

[7] 金昌翕：《三渊集》（《丛刊》第 165 辑），1996 年，第 195 页。

引用是朝鲜半岛古代汉诗中最主要的《论语》元素类型，同时也是最主要的呈现手法。如李奎报（1168—1241）《次韵皇甫书记，用东坡哭任遵圣诗韵哭李大谏眉叟》曰："士当择人交，不必论少长。门第颜回死，孔子称天丧。况公真我师，礼法绳吾放。不敢狎而媒，事以丈人行。"[1]诗人以孔子、颜回之间的真挚情谊作比，痛悼师长李仁老（1152—1220，字眉叟），情真意切。又如李洪男（1515—1572）《用"天机行日月，春事勤草木"各成一首》曰："逝者有如斯，方信子在川。"[2]《论语·子罕》篇云："子在川上曰：'逝者如斯夫！不舍昼夜。'"作者触景生情，择取这一章的主旨和若干关键词，加入自己的部分话语连缀成诗，平实自然，可以说真正体悟到了孔子临川而叹的真实心态。再如徐敬德（1489—1546）《花潭》曰："一曲青山道气笼，公余小队入林中。酷怜潭色千寻碧，那染城尘十丈红。观物遗墟人已去，浴沂高兴我谁同。百年故宅桃花老，吾欲移家一径通。"[3]作者把自己的乐寻山水和孔门弟子沂水春浴的人生乐趣联系在一起，古人的雅兴引发了今人的情趣，今人的遗憾见证了经典的魅力。这样的表情达意更为传神，诗境也古意盎然。

（三）研习的体会

朝鲜半岛古代诗人也将研习《论语》的体会入诗。如尹东洙（1674—1739）《读〈论语〉》诗云："少时曾读鲁论书，读后茫然未读如。今更玩详方味别，始知前日用功疏。"[4]尹凤九（1683—1767）《凝香阁得"香"字示儿子，仍要诸君和之》曰："从古元非民悍愿，至治惟在政馨香。明新不与同流俗，宜读鲁论器小章。"[5]洪暹（1504—1585）《三友堂》云："三益曾闻圣训辞，名堂须信此为

---

[1]　李奎报：《东国李相国集》（《丛刊》第1辑），1990年，第450页。

[2]　李洪男：《汲古遗稿》（《丛刊（续）》第2辑），2005年，第431页。

[3]　徐敬德：《花潭集》（《丛刊》第24辑），1988年，第338页。

[4]　尹东洙：《敬庵遗稿》（《丛刊》第188辑），1997年，第286页。

[5]　尹凤九：《屏溪集》（《丛刊》第203辑），1998年，第78页。

规。"[1] 可以看到，诗人们在学问、修养、仕途等方面都从《论语》汲取了力量，其研读感受是真实、真诚的。还有人效仿傅咸作《经书诗》，如李万敷（1664—1732）的《论语》诗云："圣门徽言，今不缁磷。父父子子，君君臣臣。有余治平，无欠修身。仁恕文礼，忠孝学仕。称锤上下，施之由己。终欲无言，天何言已。"[2] 诗人将《论语》中的情境和语言浓缩为诗句，努力追求义理与诗情的融合与统一。这种体认很少学究气，也契合《论语》中孔子的言行和思想，反映了朝鲜古代诗人良好的经学素养。

三、用典：朝鲜半岛古代汉诗呈现《论语》元素的主要手法

对于诗人来说，"如何概括最繁复的现象和感受，纳入于精粹的语言中，安置在固定的短短篇幅之内，使之平匀妥帖，内容和形式统一起来，用典是重要的技巧和手段之一。"[3] 古代故事或有来历的现成话都是用典的对象。《论语》是公认的经典著作，其中的名言警句、经典情境（故事）很多，所以用典是朝鲜半岛古代汉诗呈现《论语》元素最主要、最合适的方式。朝鲜半岛古代诗人把《论语》中的政治、教育、文艺、伦理等文化因子视为宝贵的诗料，以典故的形式呈现出来。从典故性质、引用标志、语义观照等角度来考察，朝鲜半岛古代汉诗呈现《论语》元素的用典方式是多样的。

（一）引言和引事

按照所引典故的性质，朝鲜半岛古代汉诗引用《论语》典故可以分为"引言"和"引事"两种情况[4]。

---

[1] 洪遇：《忍斋集》（《丛刊》第 32 辑），1989 年，第 299 页。

[2] 李万敷：《息山集》（《丛刊》第 178 辑），1996 年，第 60 页。

[3] 马茂元：玉谿生诗中的用典，《光明日报》，1958-02-16。

[4] 此处对用典的分类和效果方面的论述，均参考了罗积勇先生《用典研究》（武汉大学出版社，2005 年）一书的观点。

引言即引用警句，如金净（1486—1521）《次希实兄韵》曰："小人无远虑，目前但营营"[1]引自《论语·卫灵公》篇的"人无远虑，必有近忧。"李滉（1501—1570）《和陶集饮酒二十首（其十四）》的"朝闻夕死可，此言诚有味"[2]两句，引自《论语·里仁》篇的"朝闻道，夕死可矣。"宋时烈（1607—1689）《锦江哭送尹吉甫》："有心天汝玉，不义我如云。"[3]引自《论语·述而》篇的"不义而富且贵，于我如浮云。"权好文（1532—1587）《赠宋秀才启仲》曰："业精百炼超前辈，学足王余畏后生"[4]，李秉（1677—1727）《寄示赵济博泰万》曰："四十无闻不足畏，仲尼此训最提人"[5]，二诗分别引自《论语·子罕》篇"后生可畏，焉知来者之不如今也？四十、五十而无闻焉，斯亦不足畏也已"的前后两句。

引事即引用故事，如柳云龙（1539—1601）《次而见韵，赠上人》曰："逝者如斯叹川，霜毛种种华颠。"[6]此句引《子罕》篇孔子临川慨叹事；李穑（1328—1396）《即事》曰："浴沂高兴悠然动，自叹与谁风咏归。"[7]此句引《先进》篇曾点言志事。李崇仁（1347—1392）《效孟参谋》曰："君子乐贫交，一诺无磷缁。"[8]林亿龄（1496—1568）《裴醇夫之咸宁山寺读书，赆焉》曰："焉能若匏瓜，颓然系篱傍。"[9]成倪（1439—1504）《到忠州，次楼韵》："已将鞍马踏寰区，却笑匏瓜系一隅。"[10]此三诗都引《阳货》篇孔子应佛肸召欲往而答子路事。

［1］　金净：《冲庵集》（《丛刊》第23辑），1988年，第98页。

［2］　李滉：《退溪集》（《丛刊》第29辑），1989年，第73页。

［3］　宋时烈：《宋子大全》（《丛刊》第108辑），1993年，第142页。

［4］　权好文：《松岩集》（《丛刊》第41辑），1989年，第225页。

［5］　李秉：《巍岩遗稿》（《丛刊》第190辑），1997年，第244页。

［6］　柳云龙：《谦庵集》（《丛刊》第49辑），1990年，第13页。

［7］　李穑：《牧隐藁》（《丛刊》第4辑），1990年，第513页。

［8］　李崇仁：《陶隐集》（《丛刊》第6辑），1990年，第529页。

［9］　林亿龄：《石川诗集》（《丛刊》第27辑），1988年，第334页。

［10］　成倪：《虚白堂集》（《丛刊》第14辑），1988年，第279页。

（二）明引和暗用

根据引用标志的有无，朝鲜半岛古代汉诗引用《论语》典故的方式又可分为"明引"和"暗用"两种情形。

由于受诗歌字数、诗境营造等因素的约束，朝鲜半岛古代汉诗明引《论语》的情况远远少于暗用。朝鲜诗人以"圣言""圣语""圣训""孔云""宣尼""孔门"等词语作为明用《论语》的标志，如徐滢修（1769—1824）《叹世》曰："难养圣言知不诬，相传缪种已成窝。"[1]南汉纪（1675—1748）《次李君梦与斋居（其二）》曰："蕴椟以待沽，圣言斯可法。"[2]韩修（1333—1384）《次韵答郑堂后》云："凤骞鸾耸双奇绝，始信宣尼畏后生。"[3]尹推《偶吟》曰："朝闻夕死古良规，宁有斯言圣我欺。"[4]赵秀三（1762—1849）《谨和书船词伯》云："匏瓜垂圣语，兰茝佩离骚。"[5]李崇仁（1347—1392）《正月十七日于戆榆县之东海驿逢乡人郭海龙，得家书》云："父在不远游，圣训星日垂。"[6]朴祥（1474—1530）《送星山李进士入国学》曰："孔云畏后生，岂贵年华青。"[7]徐渻《（申钦）挽词》曰："鲁论赞夫子，温厉恭而安。"[8]洪泰猷（1672—1715）《昌斋酬唱》云："释氏徒传上乘学，孔门深戒小人儒。"[9]结合引用标志和诗句内容，读者很容易能够辨识上述典故的具体出处。

暗用《论语》典故的朝鲜古代汉诗极多，如蔡寿（1449—1515）《成均馆》

[1] 徐滢修：《明皋全集》（《丛刊》第 261 辑），2001 年，第 33 页。

[2] 南汉纪：《寄翁集》（《丛刊（续）》第 58 辑），2008 年，第 451 页。

[3] 韩修：《柳巷诗集》（《丛刊》第 5 辑），1990 年，第 270 页。

[4] 尹推：《农隐遗稿》（《丛刊》第 143 辑），1995 年，第 199 页。

[5] 赵秀三：《秋斋集》（《丛刊》第 271 辑），2001 年，第 359 页。

[6] 李崇仁：《陶隐集》（《丛刊》第 6 辑），1990 年，第 531 页。

[7] 朴祥：《讷斋集》（《丛刊》第 18 辑），1988 年，第 470 页。

[8] 申钦：《象村稿》（《丛刊》第 72 辑），1991 年，第 464 页。

[9] 洪泰猷：《耐斋集》（《丛刊》第 187 辑），1997 年，第 15 页。

曰：“当年塑像颜如昨，昔日乘桴意可知。”[1]此句引孔子语“道不行，乘桴浮于海”（《论语·公冶长》）。李珥（1536—1584）《至夜书怀》曰：“任重且道远，要以志为帅。”[2]诗句引曾子语“任重而道远”（《论语·泰伯》）。沈錥（1685—1753）《过青山》云：“地间秦余在，人歌凤德衰。”[3]诗句引《微子》篇楚狂接舆歌而过孔子之事。

　　而暗用又分为两种情况：一是“语意并取”，即原文照录；二是“略取语意”，引其意而改其文。相对来说，前者的数量远少于后者。

　　由于《论语》是语录体散文，所以择取原文中合于诗作的词句并连缀成诗确实有不小的难度，成功之作甚少，这是“语意并取”的方式远少于“略取语意”的主要原因。朝鲜朝中后期诗人蔡彭胤（1669—1731）作有《论语集句》[4]37首，是“语意并取”方式的代表。全诗为五言绝句，其中12句为“语意并取”，如“日三省吾身，所以为曾子”“温良恭俭让，是邦政必闻”“其养民也惠，其使民也义”等，与《论语》原文词句无差异[5]。其他如郑荣邦（1577—1650）《挽金参奉》曰：“余悲世之人，色厉而内荏。”[6]姜再恒（1689—1756）《感怀七首（其五）》曰：“比干谏而死，箕启纷拘斥。”[7]

　　另外，著名诗人李植（1584—1647）还创制了“经语体”，其《夜泊斗津口》的诗前序曰：“东坡讥杜诗用经文语，以余观之，诗亦经也，何不可用？舟中偶作一律，每句用经书语二字，创为‘经语体’。”其中有“空将衰世志，终夜独长

---

［1］　蔡寿：《懒斋集》（《丛刊》第15辑），1988年，第403页。

［2］　李珥：《栗谷全书》（《丛刊》第44辑），1989年，第18页。

［3］　沈錥：《樗村遗稿》（《丛刊》第207辑），1998年，第125页。

［4］　蔡彭胤：《希庵集》（《丛刊》第182辑），1997年，第295-297页。

［5］　具体论述请参看论文：朝鲜诗人蔡彭胤对傅咸《七经诗》集句手法的继承与创新，《中南民族大学学报》（人文社会科学版），2011（3）。

［6］　郑荣邦：《石门集》（《丛刊（续）》第19辑），2005年，第269页。

［7］　姜再恒：《立斋遗稿》（《丛刊》第210辑），1998年，第12页。

吁。"[1]诗中注明"终夜"二字出自《论语》。《卫灵公》篇云："吾尝终日不食，终夜不寝，以思，无益，不如学也。"诗中义与原文义一致，只是极不易发现。李植的观点是可取的，但是其倡导的"经语体"只有学力深厚之人才能做得出、看得懂，使用面很狭窄，我们只能将其视为"语意并取"的一种特殊形式。

　　"略取语意"是朝鲜半岛古代汉诗呈现《论语》元素最常用的方式，也最能体现诗人对《论语》的纯熟应用。如蔡彭胤《论语集句》除上述 12 句以外，其余 136 句皆为"略取语意"，如"箪食一瓢饮，陋巷亦自得"（其十三）、"凤兮何德衰，从政今殆而"（其三十二）、"夷叔虞仲逸，朱张连柳下"（其三十四）等，这些诗句均经过了作者的加工、改写或概括，但保留了主要意思，一看即知。又如《颜渊》篇有"四海之内皆兄弟也"一句，朝鲜古代汉诗多有引用，例如李奎报（1168—1241）《又以别韵赠欧阳二十九》曰："早知四海皆兄弟，地别何曾隔信情。"[2]郑允穆（1571—1629）《酬崔秀才休休子》："四海皆兄弟，宁论识不识。"[3]郑斗卿（1597—1673）《送高山督邮李倚相》曰："古人尚亲四海人，况乃同年即兄弟。"[4]洪大容（1731—1783）《有怀远人》曰："天地大父母，四海同弟昆。"[5]朝鲜诗人将此句广泛用于赠别、酬答等场合，表达了自己的真挚情感。再如《里仁》篇云"德不孤，必有邻"，宋翼弼（1534—1599）《偶坐卧岘之杏树下》诗曰："莘耕渭钓曾嫌独，偶坐方知德不孤。"[6]金中清（1566—1629）《过乌山书院，有感口占》诗曰："孤竹千年德不孤，洛东江畔耸金乌。"[7]《子张》篇云"学而优则仕"，金宗直（1431—1492）《送金昌宁》诗曰："圣门固多贤，要皆学

[1]　李植：《泽堂集》（《丛刊》第 88 辑），1992 年，第 74 页。

[2]　李奎报：《东国李相国集》（《丛刊》第 2 辑），1990 年，第 160 页。

[3]　郑允穆：《清风子集》（《丛刊（续）》第 17 辑），2006 年，第 227 页。

[4]　郑斗卿：《东溟集》（《丛刊》第 100 辑），1992 年，第 506 页。

[5]　洪大容：《湛轩书》（《丛刊》第 248 辑），2000 年，第 79 页。

[6]　宋翼弼：《龟峰集》（《丛刊》第 42 辑），1989 年，第 408 页。

[7]　金中清：《苟全集》（《丛刊（续）》第 14 辑），2005 年，第 138 页。

而优。”[1]李诚中（1539—1593）《录奉希韶三首（其一）》诗曰：“志士襟怀穷亦乐，书生事业学而优。”[2]这几位诗人都比较巧妙地将《论语》中的经典词句进行了拆分，而含义不言自明，诗句也因此更加含蓄优雅。

（三）同义式、衍义式和双关式

从原典之义与用典之义的关系（语义关照的角度）看，朝鲜半岛古代诗人借《论语》典故来表述自己的经历、情感与态度时也有几种不同形式。

所用典故不改变原义的用法属于“同义式”，这种用法最多。如李集（1327—1387）《呈邻丈崔谏议》曰：“迁居幸近里仁居，准拟过从兴有余。”[3]宋纯（1493—1583）《自警》云：“悔生事去后，百虑无能为。心岂悔之府，事前当三思。”[4]二诗中阐述典故部分的意义分别与“里仁为美”“三思而后行”的典故原义相同。

当然，《论语》典故并非为后世作者量身定做的，可以拿来就用，所以朝鲜诗人往往根据表情达意的需要，对典故原义做了一些改造、引申。只取事情或话语的一点而用之，不计其余，是为“衍义式”。这种用典方式从整体的事、语中只取一个方面，并在新的语境中衍生出了独特的含义。如李穑《即事》云：“每凭青史再三思，悃愊无华是我师。栀貌蜡言徒见售，梗喉芒背却成疑。”[5]原典是“季文子三思而后行”（《论语・公冶长》），强调行前的慎思，而此诗只取“思”之含义，侧重表达阅读史书反观自身的感受。又如具思孟（1531—1604）《次黄时望韵二首（其二）》曰：“白茅纯束寄诗翁，舍肉情深感颍公。归觐鲤庭新酿熟，不妨亲割拥炉烘。”[6]“鲤庭”一典在《论语》中的基本含义是孔子于庭中教

[1] 金宗直:《占毕斋集》(《丛刊》第12辑)，1988年，第363页。

[2] 李诚中:《坡谷遗稿》(《丛刊》第49辑)，1990年，第146页

[3] 李集:《遁村杂咏》(《丛刊》第3辑)，1990年，第348页。

[4] 宋纯:《俛仰集》(《丛刊》第26辑)，1988年，第186页。

[5] 李穑:《牧隐藁》(《丛刊》第4辑)，1990年，第102页。

[6] 具思孟:《八谷集》(《丛刊》第40辑)，1989年，第483页。

导孔鲤学《诗》、礼，而在诗中则指故乡或父母。

此外，还有一种语义关照方式较为特殊，典故在诗中同时显现两种意义，即"双关式"。如洪贵达（1438—1504）《送金府尹待价瑄赴任全州》云："金侯瑚琏器，沽哉待价久。"[1]《论语·子罕》篇载孔子语云："沽之哉！沽之哉！我待贾者也。"洪贵达在诗中表达了渴望君王赏识的迫切心情，而此诗中的人物金瑄（字待价）即将赴任，在此之前他也期望被重用。巧合的是，"待价"既指此人，也指此人的入世热情，一语双关。徐居正《题琼上人〈待价轩诗卷〉，次乖崖韵》云："禅心蕴玉自能珍。素质无瑕不受尘。待价本非求衔者，磨光刮垢要全身。"[2]此诗中"待价"一词的运用也收到一石二鸟的效果，既指诗僧的作品名——《待价轩诗卷》，也是对其诗歌成就的赞誉。

以上不同方式的用典，在形式和意义方面均积极呈现了《论语》中的经典语句和场景，为诗歌增添了有意义的内容，也提升了诗歌的表现力。人们从朝鲜半岛古代汉诗中进一步领略了《论语》的魅力，从似曾相识的诗歌文本中重温了用典的修辞艺术。因此说，朝鲜半岛古代诗人对《论语》这一经典的理解和运用取得了成功。

四、朝鲜半岛古代汉诗中《论语》元素的意义

首先，《论语》元素的大量出现和纯熟运用，是朝鲜半岛古代汉诗成熟、发展的重要推动力量之一。在说理叙事、抒情状物方面，朝鲜半岛古代汉诗对《论语》的情境、词句、义理诸多元素的吸收和利用是非常成功的。诗人借助《论语》丰厚的思想资源来疏通文义，提升了作品的情感境界和艺术层次，同时也更好地理解和把握了圣人的"微言大义"，传承了经典。此时的《论语》元素既是朝鲜汉诗形式的一部分，也是其内容的一部分。

---

[1]　洪贵达：《虚白亭集》（《丛刊》第 14 辑），1988 年，第 145 页。

[2]　徐居正《四佳集》（《丛刊》第 10 辑），1988 年，第 50 页。

其次，通过汉诗这种媒介，我们还可以了解《论语》在古代朝鲜半岛传播的一些特质。第一，《论语》在朱子学传入朝鲜半岛后更加受到重视，朝鲜文人对《论语》的解读深受朱熹的影响。如洪汝河（1620—1674）《读〈四书集注法〉，示金景谦、崔汝安基重十一绝（其五）》曰："鲁论散帙尤难读，仁智从来见得殊。却得晦庵来整顿，添他贯索走盘珠。"[1] 李衡祥（1653—1733）《次明谷韵寄申使君义集·论语》云："述圣诸贤迭记言，汉人能复合三论。规模缅昔渊参得，阃奥开今注疏存。推究未形难尽意，体行方识是真源。先儒集说朱门最，诵读由来不觉烦。"[2] 二诗都认为朱子的整理和贯通为研读《论语》提供了便利条件。第二，朝鲜文人不是单纯地学习《论语》，而是将相关的经典如《孟子》《中庸》等综合起来研究，力求通透。如尹拯（1629—1714）《又兼示东洙》诗曰："《论语》一个仁，《孟子》一个义。事事合义时，仁在其中矣。义精在致知，仁熟在诚意。知从读书至，诚自不欺始。"[3] 从这个角度看，这些诗歌不仅是文学史料，同时也是传播学的重要史料。

另外，在具体的教学、科研活动中，对朝鲜半岛古代汉诗中《论语》元素的挖掘和展现，对培养学生的民族文化意识亦有很多帮助。学生对域外汉诗这一新的内容（对象）本来就有着很大的兴趣，而《论语》又是中华文化的经典，耳熟能详，如果教师阐述或学生发现了《论语》在朝鲜半岛古代汉诗中的多种呈现方式，而且其表达方式和效果又是多姿多彩的，以一种雅致的方式呈现了《论语》的魅力，那么学生的民族自豪感、民族文化意识自然而然就产生了，就会主动接近、探寻。而且，这种情感将贯穿于整个教学、研究的过程中，并不断得到强化和完善。在发掘资料、归纳观点、系统表述等各个环节，本科生、研究生都可以参与其中，他们的情感也会不同程度地受到激发，从而在整体上提高了教学、科研质量和思想教育效果。儒家经典的域外传播是本科教育的重要内容之一，与之

---

[1]　洪汝河：《木斋集》（《丛刊》第 124 辑），1994 年，第 356 页。

[2]　李衡祥：《瓶窝集》（《丛刊》第 164 辑），1996 年，第 230 页。

[3]　尹拯：《明斋遗稿》（《丛刊》第 135 辑），1994 年，第 105 页。

相关的教学、研究活动是研究生教育的基础之一，尤其是汉语国际教育硕士的重要学习内容之一。充分发掘域外文化中的中国元素，以典型的文化现象、鲜活的事例为基础进行讲授、研究，由此生成的具体感受不仅使教学内容、科研成果更为真实可信，而且也更有利于学生道德修养的切实提高。实践初步证明，对朝鲜半岛古代汉诗中《论语》元素的探讨就是一个成功的事例，其经验值得借鉴和推广。

总之，朝鲜半岛古代汉诗中分布着如此众多的《论语》元素，的确是一个典型的文化现象。从文化传播学的角度看，这属于美国人类学家拉尔夫·林顿所归纳的文化传播过程的第三个阶段，即"采纳融合阶段"[1]。可以说，汉诗中众多的《论语》元素是《论语》在古代朝鲜半岛广泛传播的重要证据，同时也是一个丰硕的传播成果，是《论语》的一种重要传播方式，也是朝鲜半岛古代汉诗的一种重要生产方式。同时，它还是培养学生的民族文化意识、增强民族自豪感的一个恰当的切入点。

---

[1] 张咏梅、宋超英:《社会学概论》，兰州：兰州大学出版社，2007 年，第 71 页。

第二讲 "一山一水一圣人",国际交流大文章

——以韩国古代汉诗中的泰山文化研究与利用为例

在中国,泰山是齐鲁文化的重要代表;在世界上,泰山是中华文明的重要标志。泰山不仅是一座自然名山,更是一座文化圣山。泰山旅游也不仅是地理意义上的旅游,更是丰富多彩的文化之旅。从古至今,文人墨客留下的泰山诗歌中既有雄奇壮美的泰山风光,也有内涵深厚的泰山文化,这些诗歌在今天看来仍然是宝贵的泰山文化资源。值得骄傲的是,泰山还受到韩国古代[1]诗人的青睐。在现存韩国古代诗人的诗集中,有上千首有关泰山风光和泰山文化的诗歌。这些诗歌同样是开发和拓展泰山文化的珍贵资源。

韩国古代诗人引泰山文化资源入诗,第一个原因是泰山雄伟高大、拔地通天且风光美丽。随着中国文化的东传,有关泰山景观的诗文、绘画传到朝鲜半岛,引起了诗人们的关注。至晚从新罗(503—935)开始,就有韩国人陆续到过泰山,他们将泰山的一些信息带到朝鲜半岛,这使诗人们更加向往泰山。再者,韩

---

[1] 本讲所说的古代韩国指整个朝鲜半岛,包括今天的朝鲜和韩国。

国各代使臣出使中国，有时从山东半岛登陆，当他们途经泰山附近时，往往惊叹于齐鲁大地之美，便留下了吟咏泰山的诗歌。

而韩国古代诗人吟咏泰山更重要的是历史、文化原因。首先，韩国自古就将中华文化作为正统文化，并以学习、表现中华文化为荣。泰山所在的齐鲁大地，是中华文明的发源地之一，文化悠久灿烂。泰山本身也是一座文化宝库，各种文化遗存、人文景观以及神奇美丽的传说故事使这座宝库流光溢彩，极具魅力。其次，古代的韩国是中国之外最尊奉儒学的国家，而儒学的发源地就在齐鲁大地，泰山文化的形成和发展与儒家弟子也有密切的关系，如孔子曾多次在泰山一带从事政治、学术活动，孟子也有"岩岩泰山"之气象。再次，韩国古代诗人对中国历代文人关于泰山的文学和绘画作品极为关注，并继承了这一创作传统。

一、韩国古代汉诗中泰山文化资源的类型

泰山不仅是自然的泰山，更是文化的泰山，其中蕴含的文化资源丰富多彩，令世人瞩目。虽然韩国古代诗人大多没有机会实现他们的泰山之旅，但他们根据中国文献和诗画等的记载，将各类泰山文化资源写进诗歌。

（一）有关泰山自然景观的文化典故

泰山坐落于美丽的齐鲁大地，其自然景观雄奇壮美，中国自古就有许多有关泰山自然景观的文献记载和传奇故事。

高大、耸峻是泰山最突出的特征之一，《诗经·鲁颂》云："泰山岩岩，鲁邦所瞻。"孔颖达疏曰："言泰山之高岩岩然。"韩国古代诗人也有用"岩岩"描绘泰山者，李荇（1478—1534）的《宿嘉平馆》曰："太山独岩岩，众峰皆培塿。"[1]金德五（1680—1748）的《述古》曰："秋天露气象，泰山岩岩峀。"安锡儆

---

[1] 本讲所引全部韩国古代汉诗均出自徐明源等编《韩国文集丛刊》及其续集，首尔：韩国民族文化推进会，1988 年至 2009 年陆续出版，以下不再标注。

（1718—1774）《感咏》曰："泰山既岩岩，衡山亦嵯峨。"云海是泰山著名景观之一，《春秋公羊传》卷十二"僖公三十一年"说泰山之云"触石而出，肤寸而合，不崇朝而遍雨天下者，唯泰山尔。"[1] 韩国古代诗人李穑（1328—1396）的《云出泰山》就借用这个典故描写泰山之上气候瞬间变化之景象，其曰："云出泰山如盖飞，阳乌忽尔敛光辉。不崇朝已雨天下，却逐长风何处归。"黄汝一（1556—1622）的《次弻云东岳庙韵》亦云："云生肤寸雨普天，溜穿铁石渗黄媪。"当杜甫《望岳》一出，"荡胸生层云"被认为是描写泰山云的经典之句，对后代创作者大有启发。黄汝一云："荡胸生云杜陵抱，月沙青牛属老君。"（《次弻云东岳庙韵》）李明汉（1595—1645）送别即将出使中国的朋友时，也对泰山白云展开遐想，其诗曰："碣石晴临沧海阔，岱宗秋望白云生。"（《别奏请使洪汝时》）

泰山多奇松，尤以五大夫松为最。"五大夫"指秦、汉时期二十等爵的第九级，号为"大夫之尊"。据《史记·秦始皇本纪》载，秦始皇"乃遂上泰山，立石，封，祠祀。下，风雨暴至，休于树下，因封其树为'五大夫'。"[2] 故五大夫松又名"秦松"。这个故事也成为韩国诗人感兴趣的创作题材。朴云（1493—1562）的《大夫松》诗曰：

匹马西经泰山麓，五株苍鬐荫岱宗。人言秦帝避雨处，曾封大夫恩光浓。

巡禅竟触天公嗔，暴风急雨来颠攻。不知天意有所属，舞出谬妄旋加封。

此身曾经三代月，几年特立夸龙钟。个里雄含太古心，岂肯屈节臣顽凶。

清风高揖西山薇，誓指鲁连蹈海踪。我本天地一个材，安肯爵禄尘埃容。

尼父曾叹后凋姿，百代雪霜凌严冬。年年雨露扫秦垢，寒韵似若嘲祖龙。

诗人途经泰山脚下，想起泰山上有名的五大夫松，但他误将其当成了五株松树。接下来他叙述了秦始皇避雨封松的故事，他认为秦始皇受到暴风雨袭击是因为其荒谬、虚妄，不得天道、人心，封禅泰山触怒了天公。而松乃高洁、坚贞之

---

[1] 李学勤主编：《春秋公羊传注疏（全2册）》（繁体字版），北京：北京大学出版社，2000年，第313页。

[2] 司马迁：《史记》，北京：中华书局，1959年，第242页。

物，正如孔子称赞伯夷、叔齐的比喻，"岁寒，然后知松柏之后凋"，而松怎会屈节臣服于凶暴之君呢？可见，虽然传说中五大夫松与秦始皇有关，但诗人明确表示自己欣赏松的品格而否定秦始皇的封禅和封松。

关于泰山的柏树，也有不凡的来历。据《太平御览》"木部"引《从征记》说："泰山庙中，柏皆三十馀围，夹两阶。赤眉常斫一树，见血而止，今斧创犹在。"[1] 同书"地部"还引《泰山记》说："泰山庙在山南，悉种柏树千株，大者十五六围。长老传云，汉武所种。"[2] 故泰山之柏又称汉柏。姜沆（1567—1618）有一首《挽诗》将齐鲁作为一体进行赞美，其中就提到了秦松和汉柏亘古长青，其曰："鲁岱齐淄未分气，秦松汉柏不移姿。"金正喜（1786—1856）的《岱岳观云》曰："秦松汉柏间，初谒覃溪老。"他将吴嵩梁与翁方纲两位文学大家在泰山的初识置于青翠的秦松汉柏间，暗示两人的友谊之长久坚定。

读过这些韩国古代诗歌，我们既欣赏了泰山云雨、秦松汉柏等自然奇景，同时也完成了一次神奇的文化之旅。

（二）有关泰山人文景观的记载和传说

让泰山更具魅力的还是无数的人文景观和神奇、美丽的传说故事。这些也都生动地展现在韩国古代诗人的笔下。

1. 泰山与文化名人

中国古代的许多文化名人与泰山有着不解之缘，这也是韩国古代诗人关注泰山文化的一个焦点。他们这样概括这种现象："维杨之东，石室岩岩。譬彼泰山，鲁邦所詹。正气攸萃，哲人代兴。"（金昌协《石室书院赐祭文》）"泰山之阳，鲁东则齐地，重多君子，天性好文学。吾东之大小白以南，古所称齐鲁，圣朝文明之化，于斯为盛。儒贤辈出，郁郁彬彬。"（许传《晚浦遗稿序》）[3] 事实证明，泰

---

[1]《太平御览》（四部丛刊本），第 954 卷。

[2]《太平御览》（四部丛刊本），第 39 卷。

[3] 许传：《性斋集》（《韩国文集丛刊》第 308 辑），2003 年，第 296 页。

山的确是人杰地灵的圣山。

"作为世界文化遗产的孔子文化（孔庙、孔府、孔林）和世界自然和文化双遗产的泰山代表着山东传统文化，蕴涵着丰富的人文内涵，构成了两千多年中华传统文化的核心，得到了世界的普遍认同和高度关注。"[1]更值得注意的是，这二者又有着密切的联系。《孟子·尽心上》曰："孔子登东山而小鲁，登泰山而小天下"。朱熹《孟子集注》曰："此言圣人之道大也。"此后，泰山便和中国第一圣人紧密联系起来，成为开阔视野，承载圣人之道的文化象征，这次登临也成为千古以来最有文化品味的泰山游。

韩国古代诗人也早就把孔子与泰山联系在一起，"登泰山而小天下"是他们最感兴趣的话题。崔有海（1588—1641）的《谒文庙塑像》曰："地尽三齐庙殿成，森严遗像似天生。……岱岳崔嵬留圣迹，柏林萧瑟听韶声。"诗人拜谒孔庙，由栩栩如生的画像想到孔子，又自然想到孔子登泰山的壮举。李玄锡（1647—1703）的《泰山》诗则将孔子登泰山与杏坛讲学联系起来，突出了圣人与圣山的相互映衬，其曰："登眺方知天下小，杏坛回首想遗风。"更多诗人则对孔子登高远眺的开阔胸襟表达了赞赏或羡慕之情，也希望像孔子一样亲临泰山而"一览众山小"。林亿龄（1496—1548）表示："求观天下小，须上太山登。"（《寓言》）河受一（1553—1612）指出学习圣人不仅局限于登山："小鲁小天下，圣人亦登山。……我学亦夫子，岂止追名关。"（《登屋后山》）诗人表示，自己不仅效仿孔子登山，更愿意学习圣人不懈的求索精神。周世鹏（1495—1554）还以孔子登泰山之事来教育后辈，其曰："登山莫厌上山劳，登去登登眼益高。须学当年登岱顶，眼中天下小秋毫。"（《送侄愊及裴任上鹫峰寺读书》）这是诗人对即将上山读书的侄子的提醒和鼓励，已经不只是登山望远那么简单，而是寄托着要以进取精神实现远大理想的深刻寓意。

孔子曾在泰山下感叹"苛政猛于虎"，这种忧民思想也是韩国古代诗人所尊崇的。诗人丁若镛（1762—1836）将此典引入《猎虎行》："猛虎伤人止一二，岂

---

[1]　刘文俭：打造齐鲁文化品牌的对策研究，《山东社会科学》，2010（8）。

必千百罹此苦。弘农渡河那得闻，泰山哭子君未睹。"诗人也如孔子一样对苛政剥削下的贫苦人民表达了深切同情。

孔子不仅生前多次在泰山一带从事政治、学术活动，他的去世也与泰山联系在一起。据《礼记·檀弓上》记载，孔子去世之前曾作《曳杖歌》曰："泰山其颓乎？梁木其坏乎？哲人其萎乎？"后人认同孔子把自己的死比作泰山崩塌，也把其他众所仰望的人去世叫做"泰山其颓"。韩国古代诗人也在诗歌中引此典，哀悼孔子，也哀悼自己敬仰的其他人。洪汝河（1620—1674）的《陶山院青藜杖歌》便以此开端曰："宣尼早作逍遥歌泰山，忽失曳杖兮缟履。"有些诗人借此表达哲人已故、大道难寻的忧思，朴光一（1655—1723）在《和叹世吟寄呈遂庵》中就感叹曰："泰山颓矣道将幽，时运方当大往秋。"更多诗人借此对本国一些哲人的去世表示哀悼，朴敏的《挽词·河弘度》曰："泰山颓矣将安仿，会讲坛前夕雨霏。"朴尚台的《（许传）挽章》曰："泰山颓矣吾安仰，恸哭灵帏白日昏。"

孔子之后，又有亚圣孟子而出，正如鱼有凤（1672—1744）所言："大道浩浩今古存，神圣得之相付传。泰山一颓洙泗空，惟有孟子醇乎醇。"（《寄申使君》）在诗人看来，圣人之道总会薪火相传。更巧的是，亚圣孟子仍然与泰山相系，他出生于泰山附近，本人也有"泰山之岩岩气象也"（程颐语）。对此，韩国诗人是极为赞同的，李衡祥（1653—1733）的《孟子》曰："岩岩气像泰山尊，却把根源发纵言。开口每将仁义勖，话心先举性情论。"李裕元（1814—1888）的《咏十三经·孟子》曰："屹立泰山夜气清，种来别树彩花紫。舣排杨墨廓如辞，百岁师宗邹孟氏。"俞汉隽（1732—1811）的《舍人岩》曰："亚圣泰山其气浩，紫阳壁立光吾道。漫恨生晚阙洒扫，夫子在兹吾未早。"河弘度（1593—1666）的《登泰山小天下》诗曰："谁能解道着于书，泰山岩岩邹圣亚。不履邹峄不见高，若恨吾生未亲炙。"这几位诗人都以泰山喻孟子，赞扬其浩然正气和仁义之学，肯定其亚圣的地位，并为自己生得太晚不能受到孟子的直接教诲而遗憾。

《新唐书·韩愈传》曰："自愈没，其言大行，学者仰之如泰山北斗云。"此后，韩愈又与泰山联系起来。这同样受到韩国古代诗人的关注，李穑的《寄赠金敬叔少监》曰："泰山北斗韩吏部，力排异端仍补苴。"《题朴总郎诗卷》曰："八代文章弊，昌黎仰泰山。去陈仍体古，养浩觉神闲。"诗人们指出韩愈倡导古文、革除八代文章之弊，不愧为文学泰斗。

此外，还有更多泰山与文化名人的故事都屡次出现在韩国古代的汉诗中，如南孝温（1454—1492）引林放与泰山的典故曰："泰山过林放，神肯要酒食。"（《游天王峰》）洪良浩（1724—1802）将孔子登泰山与"宋初三先生"之一的孙明复在泰山隐居讲学之事一起吟咏曰："千年石戴尼父屐，何处云霾孙公栖。"（《泰山高》）金正喜（1786—1856）写吴嵩梁与翁方纲同游泰山之事曰："秦松汉柏间，初谒覃溪老。红日与乌云，知君瓣香早。"（《岱岳观云》）

在韩国古代诗人心目中，文化名人与圣山彼此依托，都实现了文化的提升，这无疑是泰山文化资源开发的一个亮点。

2．泰山封禅与刻石

在中国帝王心中，泰山关乎国家存亡、关乎国泰民安，所以他们多对泰山顶礼膜拜，这主要表现为在泰山的封禅。中国史书记载，第一次在泰山封禅的帝王是秦始皇。此后，泰山便和帝王的政治成就联系起来，成为"国泰民安""江山一统"的标志。后来的汉武帝、唐高宗、唐玄宗、宋真宗及康熙、乾隆等12位帝王也曾到泰山封禅或祭祀。封禅活动使泰山成了一座具有政治象征作用的帝王之山。

韩国古代诗人最关注的就是秦皇、汉武的封禅。诗人金地粹（1585—1639）在送别即将出使中国的朋友时说："秦封留岱岳，禹迹走黄河。"（《奉送苔湖由海路朝天》）诗人此时特意提及泰山封禅之事，无疑是将其视为了中国文化的重要象征。洪良浩的《泰山高》曰："七十二代何杳茫，秦碑汉封余金泥。"诗人很客观地指出上古泰山封禅已经无迹可寻，而秦汉时期的封禅还留有遗存，这便是秦始皇封禅后留下的泰山刻石以及传说汉代留下的无字碑。

秦始皇虽然开了帝王封禅的先河，但他没有履行"上天赋予"的神圣职责，却给后代留下了暴君的形象，于是他的封禅也受到指责。韩国古代诗人甚至认为他的封禅是对泰山的玷污。姜锡圭（1628—1695）《泰山》曰："泥金检玉嗤秦诞，敷土随山想禹功。"诗人将秦始皇与功勋卓著的禹相比较，指责了他封禅的荒谬。

朴云的《大夫松诗》云："巡禅竟触天公嗔，暴风急雨来颠攻。不知天意有所属，舞出谬妄旋加封。此身曾经三代月，几年特立夸龙钟。……年年雨露扫秦垢，寒韵似若嘲祖龙。"柳尚运（1636—1707）的《石头老松》曰："青青独也岁寒松，石上盘根学老龙。疏叶不妨风雨萃，泰山当日悔秦封。"李恒老（1792—1868）的《门塔》曰："泰山污秦封，黄河浅汉誓。"这几位诗人认为，秦始皇乃一代暴君，他封禅泰山触怒了天公，受到了暴风急雨的袭击。秦始皇的封禅玷污了泰山的神圣，因此年复一年的雨露不断洗刷着他留下的污垢，而泰山的冷峻威严似乎也在嘲笑着秦始皇的虚妄。

对于汉武帝封禅，诗人们则多持肯定态度。丁寿岗（1454—1527）在《汉武东巡》中指出了汉武帝在泰山封禅的目的："泰山梁甫封禅了，金泥玉检秘神功。"金泥玉检即以水银和金为泥作饰、用玉制成的检，也就是封禅所用的告天书函。《汉书·武帝纪》引孟康注曰："王者功成治定，告成功于天。……刻石纪号，有金策石函、金泥玉检之封焉。"[1]蔡彭胤（1669—1731）则进一步认为汉代疆域自都城直达海边，都是泰山封禅的伟大功绩。其《辛未十一月十三日湖堂应制》曰："薄海提封五服恢，维持汉鼎泰山嵬。银绳岱畎封泥检，版籍瓯吴解结魋。已贮翘英金马辟，暂移仙仗柏梁开。虞庭赓载洋洋处，周士思皇济济来。"武帝将文书以"金泥银绳"封之，埋于泰山之谷。此后版籍达苏浙、云南，各方贤士纷纷来投，这使汉朝成为虞舜代之后的又一代圣朝。此诗肯定了汉武帝封禅对维护统治和扩大版图的重要作用。

韩国古代诗人尊汉武、贬秦皇的情绪从正反两面表达了对泰山及泰山文化的关注和景仰。封禅的历史已经过去，其是非功过不必再评。而秦汉时期留在泰山上的刻石却是宝贵的文化遗存，韩国古代诗人也非常珍视。如著名金石学家金正喜特别喜欢泰山刻石，南秉吉（1820—1869）说他"秦碑汉碣溯源流，韩杜诗中又唱酬。"（《覃揅斋诗稾题辞》）曹文秀（1590—1647）表示愿与友人同登泰山，共赏秦碑，其曰："安得共谈遗世志，一登孤嶂望秦碑。"（《又次前韵，奉寄九

---

[1] 班固：《汉书》，颜师古注，北京：中华书局，1964年，第191页。

峰》）甚至有人愿意倾其所有而获取秦碑汉碣的拓本，赵秀三（1762—1849）的《韩季卿秀才》曰："谁识韩生贫到骨，汉碑秦碣解衣求。"可见这些泰山刻石在古代就已成为吸引韩国诗人的珍贵文化资源。

3. 泰山神灵崇拜与东岳庙

在中国传统文化中，泰山还是一座神仙云集的灵山，东岳大帝、碧霞元君等众神的传说更让泰山充满文化气息。托名东方朔的《洞玄灵宝五岳古本真形图》载："东岳泰山君，领群神五千九百人，主治死生，百鬼之主帅也，血食庙祀宗伯者也。"岱庙殿内的《泰山神启跸回銮图》也生动地描绘了东岳大帝率众神出巡和回銮的盛大场景。从汉代起，泰安率先修建起东岳庙，供奉泰山神，此后东岳庙陆续出现在全国各地，这使泰山文化迅速在全国范围内传播开来。韩国古代诗人吴道一（1645—1703）在参观东岳庙后曰："盖以岱岳神灵，能主张人生死。故自皇明时已立庙云，庙宇体构宏大，中设诸神塑像，殆无数。"（《丙寅燕行日乘》）[1]南龙翼（1628—1692）亦有"庙焕宗岱神"（《玉河馆与书状联句》）之说。

韩国使臣、诗人到达北京后要到朝阳门内的东岳庙换上朝拜的正式服装，即"改服"，因此都有机会参观东岳庙。如果从辽宁长山岛登陆，使臣们还会途经宁远的东岳庙。不管东岳庙在哪里，其文化源头仍然在泰山。于是，诗人赵宪（1544—1592）感叹曰："泰山也，庙宇之制，穷极壮丽。"（《朝天日记》）[2]在描写东岳庙的诗歌中，诗人首先"惊叹于东岳庙宏大威严的气势和精美的装饰、碑刻，概括描述了宫殿、塑像、碑塔的华丽，……字里行间透着赞叹、欣羡之情"。[3]如"珠琉龙卷神威肃，刮楗达乡殿宫雄。"（李晚秀《东岳庙》）"虹垂古壁神幡壮，雾锁香灯昼日阴。"（金荣祖《东岳庙》）"碑版坛除森显刻，簿书厢庑列阴庭。"（金锡胄《东岳庙》）

---

[1] 吴道一：《西坡集》（《韩国文集丛刊》第 152 辑），1995 年，第 514 页。

[2] 赵宪：《重峰集》（《韩国文集丛刊》第 54 辑），1990 年，第 360 页。

[3] 王国彪：朝鲜使臣诗歌中的北京东岳庙，《柳州师专学报》，2009（3）。

接下来，诗人则将东岳庙中供奉的泰山神灵绘诸笔下。李颐命（1658—1723）的《燕京，次杜工部秦州杂诗》其十五曰："大像皇王服，阎罗左右堂。"（《东岳庙》）中间的大塑像应该就是东岳大帝，两边的阎罗则是主人生死之神。吴口（1592—1634）的《济上见泰山》一诗从自然、地理、文化等各个角度写泰山，其中一联曰："朝阳洞里群灵集，玉女台前万象清。""群灵"与"万象"突出了泰山神灵众多的特征。对泰山神灵描写最多、最形象的是柳梦寅（1559—1623），他的《东岳庙》不仅描写了东岳庙高大威严、金碧辉煌的建筑和玲珑精美的装饰，还绘制了一幅东岳百神图，男女老幼诸神殊形异状，各司其职："门之神猛毅，隅赤目高青瞳，左右两虎何侵？延中有百灵，诡状纷丛丛。各令冥官一人专一宇，金冠朱袍似王公，傍有拥楯之小鬼，朱鬓如竿生威风。阿那如妇女，清莹如儿童，雍容如卿士，皤皓如老翁。睢盱犹狂色怒嗔，杖剑提矛服张弓。右手操刃左手截已头，流血被脑衿裾红。虎张牙蛇闪舌，攫拿缠绕于其躬。金舂铁磨火汤如烘，地狱重关冤气如虹。乃有天堂岌嶪罗天王，鉴察罪福分纤洪。善者为侯伯将相，恶者为狗豕蚁虫。"看了这些神像，诗人"发竖神梦梦"，浮想联翩。当诗人来到碧瓦朱甍的大宝殿，又看见"巨塑一躯安其中，云是岱宗位秩三公同。"这便是主神东岳大帝，其官爵和俸禄与古代朝廷中最为尊显的官员等同。他威风凛凛，一统众神。最后诗人指出，这座东岳庙虽在北京，但与山东泰山之间却是连通的，"神都地入山东道，虔飨方神礼最隆。"因此诸神来去自由，享受着虔诚、隆重的祭拜。

东岳庙的香火一直很旺盛，很多诗人就描绘了善男信女争相奔趋东岳庙的繁华景象。李稷的《东岳庙》曰："秘殿沉沉自一天，殊形异状尽神仙。门前车马何时绝，丐福营生总可怜。"崔锡鼎（1646—1715）的《东岳庙》曰："香车宝马纷无数，荐福祈灵自有时。"人们之所以兴修东岳庙、崇拜泰山神，目的就是能得到泰山神灵的保佑和赐福。

威严、精美的东岳庙建筑是中国古代庙宇建筑文化的精华，活灵活现、形态各异的泰山神灵及泰山神崇拜是中国民俗文化的代表之一，这些都增加了泰山的神秘色彩和文化气息，也增强了海东人对这座神山的向往。

二、韩国古代汉诗中泰山文化资源的现实价值及开发利用设想

从上文所引资料可知，韩国古代汉诗中保存着丰富而珍贵的泰山文化资源，这些诗歌是泰山文化乃至中华文化东传并在朝鲜半岛产生影响的重要媒介，也在中韩文学交流中起到了重要作用；同时，在考察中韩古代政治、文化交流时还具有一定的历史、文献价值。更值得关注的是，这些诗歌对今天的泰山文化以及齐鲁文化产业的开发和拓展有着重要的现实价值。当后代中国人读了杜甫的《望岳》，都有"会当凌绝顶，一览众山小"的愿望。那么今天的韩国人读了他们祖先留下的泰山诗，如"岱宗巍据地维东，观日峰高刺碧穹"（李玄锡《泰山》）、"黛色尽包齐鲁域，山腰俯纳渤溟风"（徐宗泰《泰山》）、"七十二代何杳茫，秦碑汉封余金泥"（洪良浩《泰山高》）、"珠璧炜煌连复阁，龟龙剥落见隆碑"（李世白《东岳庙》）等，他们同样也会更加向往泰山的雄奇风光和深厚的文化底蕴。况且，泰山与朝鲜半岛隔海相望，一直是半岛（尤其是韩国）游客青睐的旅游胜地。如果在一些文化交流活动和旅游项目中充分利用这些诗歌中的文化资源，会吸引更多韩国、朝鲜游客，拉近他们与泰山的心理距离，这既能很好地宣传泰山文化，同时又能带来直接的经济效益，一举两得。

但是，因为这些诗歌用汉语创作，今天的很多韩国、朝鲜人并没有关注或无法阅读，更谈不上利用，这就使得这些泰山文化资源基本上处于闲置的状态，十分可惜。就目前关于如何开发、利用韩国古代汉诗中的泰山文化资源，笔者有如下设想。

（一）在汉语国际教育中引进韩国汉诗中的泰山文化资源

汉语国际教育和教学不仅仅是培养汉语教学人才，更是培养中华文化的传播人才和跨文化交际的人才。因此，在这个过程中，巧妙运用地缘文化和特色文化是可行的。泰山文化既是齐鲁文化的典型代表，又是中华文化的重要组成部分，可以尝试着将其引进汉语国际教育。比如在汉语言教学过程中可以引进一些包含着"重于泰山""安若泰山""泰山北斗""泰山鸿毛""一叶障目，不见泰山"等有

关泰山文化的词语和典故的韩国汉诗，如"辽左民安若泰山，平胡应在数年间"（李忔《再次前韵》）、"泰山与北斗，推许岂其伦"（金泽荣《寄河茂才》）、"鸿毛轻处泰山重，沥血刳肠披赤衷"（宋奎濂《拟梁甫吟》）、"有目不见泰山形，有耳不闻雷霆声"（宋奎濂《漫题》）等，二者结合，使学习者既掌握了语言又了解了泰山文化。再如在中华传统文化教学中涉及孔子、孟子、林放等与泰山有关的文化名人时，也可以引进韩国汉诗中相关的内容，如"小鲁小天下，圣人亦登山"（河受一《登屋后山》）、"泰山过林放，神肯要酒食"（南孝温《游天王峰》）等，将文化名人与韩国汉诗中的泰山文化相联系，为学习者提供了更加广泛的学习视角和更加丰富的中华文化资源。目前，中国有大量对外汉语教师在韩国任教，也有些教师在国内教授韩国（也有少量朝鲜）留学生，如果这些教师能积极和韩国、朝鲜学生探讨其祖先创作的蕴含着丰富泰山文化的诗歌，一定会引起他们的兴趣。他们一方面了解了中国文化，另一方面也会为祖先能创作出这样优秀的汉语诗歌而自豪，同时也会和祖先一样，对泰山的文化产生浓厚的兴趣，而祖先没能实现的登临泰山的愿望，他们是可以实现的。

（二）利用学术交流的机会探讨韩国汉诗中的泰山文化资源

事实证明，韩国学者对泰山及泰山文化是关注的。留学生尹柱角的博士学位论文《"一山一水一圣人"：文化与文化产业之开发研究》（山东大学，2006 年），其中就有"泰山在海外的影响——以韩国为例"这部分内容，他提到了韩国古代讲唱文学《兴夫歌》和《水宫歌》把孔子唱为"登泰山小天下的孔夫子"，还提到了古代诗人杨士彦（1517—1584）一首诗，大意是泰山虽高，只要肯攀登就能到达山顶。另一位学者尹锡偶在论文《唐诗中出现的中国名山》中第一部分就研究了李白、杜甫诗中的泰山。据此可推断，韩国学者对自己祖先创作的汉诗中蕴藏着大量的泰山文化这一现象会有更加浓厚的兴趣。而遗憾的是，至今为止，还没有人研究这一课题。

近些年，中国和韩国及东亚的学术交流非常频繁，不少中韩日高校和研究机构都不定时地组织一些以两国（或东亚）文化交流为主题的学术会议，如青岛大学的"东亚文学与文化研究国际学术研讨会",山东大学的"中国的韩国语言文学研究现状与展望学术会议",山东大学与韩国学中央研究院合办的"韩国文学与社会变革国际学术研讨会",延边大学的"朝鲜—韩国学博士论坛",扬州大学的"东亚与韩国语言文学国际学术会议"等。与会的韩国、日本的专家、学者和学生很多,他们大都懂得一些汉语,其间与中国学者进行广泛的学术交流。如果能在这样的会议上探讨蕴含泰山文化资源的韩国古代汉诗,或是将其和中国古代的泰山诗进行比较研究,一定会受到学者们的关注。如果再将学术交流与实际的泰山文化游结合起来,宣传的效果会更好。

（三）在与韩国合作的旅游项目中开发
利用韩国汉诗中的泰山文化资源

"随着旅游业的发展以及人们观念的改变,人们越来越倾向于通过旅游深入了解旅游目的地的文化,从而达到了解历史、陶冶情操的旅游目的。"[1]近些年,泰山景区与韩国方面已经建立了一些联系,合作开发了一些旅游项目。2009 年 5 月,泰山与韩国汉拿山正式签订了"友好山"及"旅游合作协议",目的是:"双方合作开展多种形式的宣传交流活动,相互宣传推介,为对方开展旅游推介活动提供支持和帮助;共同策划旅游宣传方案,相互邀请并协助媒体考察及举行旅游推介会;积极参加两地举行的各种大型活动,如泰山国际登山节、泰山东岳庙会、汉拿山国际登山节等,建立长期稳固的合作关系。"[2]2010 年 4 月,泰山普照寺与韩国三和寺达成文化交流协议。[3]这些合作或文化交流协议只是一个开端,为了吸引更多韩国游客,更好地宣传泰山,接下来的宣传、推介、设计旅游方案更加重要。在这个过程中,韩国古代汉诗中关于泰山的自然景观、人文景观、传

---

[1]　王兆峰、黄喜林：文化旅游创意产业发展的动力机制与对策研究,《山东社会科学》,2010（9）。

[2]　东岳泰山牵手韩国汉拿山,中华人民共和国国家旅游局网,http://www.cnta.gov.cn/html/2008-12/2008-12-22-9-58-41961.html

[3]　泰山普照寺与韩国三和寺达成文化交流协议,中华·泰山政务公开网,http://www.mount-tai.com.cn/5252.shtml

说故事等文化旅游资源无疑是泰山旅游的最好代言，如向韩国人介绍"齐鲁青未了"可用"齐鲁近吞空翠里，沧瀛俯压杳茫中"（李玄锡《泰山》）、"气压鲲鹏东极豁，眼穿齐鲁泰山苍"（李景奭《赠登极正使韩汝溭令公》），向韩国人推介东岳庙可用"肃穆东皇俨衮旒，金甍玉砌壮青丘"（洪良浩《东岳庙》），向他们推介玉皇顶、孔子登临处、封禅台、碧霞祠、泰山刻石等景点，也都可以用其祖先创作的诗歌，这些诗歌是吸引韩国游客的最有说服力的广告词，会激起更多韩国游客的参与热情。

此外，为推广、宣传古代诗人创作的汉语诗歌，韩国政府和有关部门已经开始将其翻译成韩国语，那么韩国古代汉诗中的大量泰山文化旅游资源将和更多的韩国人见面，也将引起更多韩国人对泰山的关注。而中国周边汉字文化圈中其他国家的古代汉诗中也同样保存着大量的泰山文化，都是拓展泰山文化的宝贵资源，值得关注。因此，韩国古代汉诗中泰山文化资源的率先开发利用还能为研究、开发利用日本、东南亚一些汉语诗歌中的泰山文化资源提供借鉴。此外，这一研究也正是"一山一水一圣人"这些经典齐鲁文化走向世界的重要内容之一。

第三讲 "我的最大长处是对外国人讲中国文化"

——论林语堂重编《中国传奇》的策略

林语堂从"适合西方读者""写与西洋人阅读"的基点出发，采取顺应西方语境对中国的想象的运作策略，选编并重写了《中国传奇》。从鬼狐故事的取舍、小说归类的意识、艺术形式的改写等方面，都可看出其顺应西方策略的良苦用心，也可看出"我的最大长处是对外国人讲中国文化"绝非虚言。林语堂的实践对中国古代小说在当代的传播，对当下如何发挥传统文化优势，如何让古代文学经典输出到具有不同文化语境的异域国度，有着深刻的启示和一定的借鉴意义。

一

林语堂（1895—1976）是中国现代文学史上一个无法回避而又争议极大的特殊存在。其老友徐讦曾评价说："我相信他在中国文学史有一定的地位，但他在文学史中也许是最不容易写的一章。"[1]的确如此，林语堂的难写既体现在他那种半东半西、亦耶亦孔的思想的多源性与矛盾性，正如他自己所言"我只是一团矛盾而已，但是我以自我矛盾为乐"[2]；还体现在他每一人生阶段的精神寄托与宗教信仰都处于流动变迁之中，如何对其思想脉络做一准确的描述与定位洵非易事。不过，这样的"盖棺论定"还是由文学史专家去完成，笔者更关心的是林语堂在中国古代小说传播史上有何贡献，并由这一个案来探讨中国古代小说应如何输出到具有不同文化语境的国度。

"两脚踏东西文化，一心评宇宙文章"是林语堂经常用来形容自己的一句名言。他对此颇为自得："有一位好作月旦的朋友评论我说，我的最大长处是对外国人讲中国文化，而对中国人讲外国文化。这原意不是一种暗袭的侮辱，我以为那评语是真的。"[3]可见，在双边游走的林语堂是自觉地担当起融汇东、西文化这一重任的。如果说，在1936年之前，林语堂是着力于"对中国人讲外国文化"，那么，1936年出国之后，其重心已明显转移到"对外国人讲中国文化"上来，这也为他赢得了世界性的声誉。其中在二十世纪五十年代初期，林语堂旅居于美国纽约期间，主要是通过翻译、改写中国古代小说的方式向欧美读者介绍中国文化的。1950年，他用英语把《杜十娘怒沉百宝箱》改写成小说《杜十娘》，由伦敦威廉·海涅曼公司出版。1951年，将节译的老向的《全家庄》、刘鹗的《老残游记》（二集），合并加入改写的《杜十娘》，合成《寡妇、尼姑与歌妓：英译三篇小说集》一书，交给赛珍珠夫妇的约翰·黛公司刊印。1952年，仍在约翰·黛

---

［1］ 徐訏：追思林语堂先生，子通主编：《林语堂评说七十年》，北京：中国华侨出版社，2003年，第155页。

［2］ 林语堂：八十自叙，《林语堂自传》，工爻、张振玉译，西安：陕西师范大学出版社，2005年，第53页。

［3］ 林语堂：林语堂自传，《林语堂自传》，第42～43页。

公司出版了《中国传奇》(*Famous Chinese Short Stories*)[1]，该书共收入二十篇中国古代短篇小说，包括唐代小说十一篇、宋代文言小说两篇（林认为《中山狼传》的作者系宋人谢良）、宋代话本三篇、清代文言小说三篇，另外一篇作品《贞节坊》系根据一个笑闻稗史的简短故事改写而成。在《中国传奇》中，收录作品最多的作家是李复言，共四篇；其次是蒲松龄，共三篇。

<h2 style="text-align:center">二</h2>

　　林语堂曾不无得意地谈到过自己的文章风格："同时，我创出一种风格，这种风格的秘诀就是把读者引为知己，向他说真心话，就犹如对老朋友畅所欲言毫不避讳一样。所有我写的书都有这个特点，自有其魔力。这种风格能使读者跟自己接近。"[2]确实如此，无论是"对中国人讲外国文化"，还是"对外国人讲中国文化"，林氏这种视读者为知己的风格始终是一以贯之的。尤其迁居海外之后，虽然不能说他是"著书都为稻粱谋"，但林氏主要依靠写书、演讲以及版税的收入来维持生计，却是不容争辩的事实，这更促使他必须适应并迁就西方读者的口味。林语堂在提及《京华烟云》的创作意图时就直言不讳地指出，他是"有意"为外国读者所创作的。《中国传奇》同样是面向西方读者的精神消费品，当林氏进行选编和改写时，也不得不考虑到西方文化语境的接受问题。其实，这一问题

---

[1]　此书的中文译名略有不同，如台湾金兰文化出版社在 1986 年推出的"林语堂经典名著"（三十六册），其中第五种即译为《中国传奇小说》；林太乙则译为《英译重编传奇小说》（林太乙：《林语堂传》，陕西师范大学出版社，2002 年，第 216 页）。本文采用的是张振玉的译法，见陕西师范大学出版社推出的《林语堂文集》第六卷，2003 年版，本文所引《中国传奇》，即据此本。这三种译法都似有不妥，姑且不论古人、今人对"传奇"小说的理解有多么大的差异，但至少都承认传奇小说是用文言写成的，然而书中所选《碾玉观音》、《嫉妒》（《西山一窟鬼》)、《无名信》（《简贴和尚》）等实为宋人话本，这一点林语堂在英文本导言中已经说得很明白，原书的题名"中国著名短篇小说"显然更为妥当一些。另外，林太乙云"该书收唐代著名传奇 20 篇"，显然系望文生义，是不应有的常识性错误，见林著《林语堂传》，第 216 页；施建伟亦承前误，称该书是"林语堂把 20 篇唐代著名的传奇作品用英文改写"，见施著《林语堂在海外》，天津：百花文艺出版社，1992 年，第 135 页。

[2]　林语堂：八十自叙，《林语堂自传》，第 124 页。

也是所有输出到异域国度的中国小说都无法回避的，即便是极力保持《中国故事》原有特色的陈季同也要做出一定的妥协："这些'中国故事'不可能以其原有的形式呈现给欧洲的读者，那种形式取决于我们的语言和文学习惯的需要。……我必须删节那些无用的详述部分和多余的次要部分，去掉那些本该存留的地方。因此，人们将要读到的与其说是一个地道的译本，还不如说是一个改编本。"[1]林语堂更是把《中国传奇》放在西方文化的平台上进行观照的，这就决定了他必然会采取顺应西方语境想象的运作策略，选编并重写《中国传奇》。下面，我们就从鬼狐故事的取舍、小说归类的意识、艺术形式的改写等几个方面来探讨这一问题。

在鬼狐故事的取舍上，比较明显地体现了林氏顺应西方语境想象的运作策略。林语堂在英文本导言即开门见山地指出："本书乃写与西洋人阅读，故选择与重编皆受限制。"仅选择篇目而言，他在其间的取舍就颇能体现出上述运作策略。比如说，《聊斋志异》所叙鬼狐作品层见叠出且精彩纷呈，向来为人称道，以至流传着"是编初稿名《鬼狐传》"[2]的说法，后世也有"小说家谈狐说鬼之书，以《聊斋》为第一"[3]的定评，林语堂也充分认识到蒲翁在这方面的成就："蒲氏特爱狐仙，所写狐仙化为女身以美色迷人故事甚多。"[4]在《吾国与吾民》一书中，他还具体总结了文言笔记中狐仙故事的性格特点和情节模式：

（狐仙和爱人）同居恋爱的时期，少则三五日，数星期，至可延长及一

---

[1] 陈季同：《中国故事·前言》，黄兴涛等译：《中国人自画像》附录三，贵州人民出版社，1998年，第297页。例如，《聊斋》原有的篇名皆被陈季同改译为较为西化的题目，像《王桂庵》被改为《骨肉情深》、《白秋练》为《水中情人》、《婴宁》为《巧笑女郎》、《云萝公主》为《梦想成真》、《画皮》为《吸血鬼》、《辛十四娘》为《女律师》等等，具体可阅李华川：《晚清一个外交官的文化历程》，北京大学出版社，2004年，第58页注4；与此同时，陈还对原来故事的情节内容进行了删节和缩减，并删掉了"异史氏曰"的议论。

[2] 赵起杲：青本刻《聊斋志异》例言，张友鹤辑校：《聊斋志异会校会注会评本·各本序跋题辞》，上海：上海古籍出版社，1986年，第27页。

[3] 张维屏：《国朝诗人征略》卷十四引《松轩随笔》；倪鸿的《桐阴清话》卷一也有类似见解，参见鲁迅：小说旧闻钞，《鲁迅辑录古籍丛编》第二卷，北京：人民文学出版社，1999年，第442页。

[4] 林语堂：林氏英文本导言，张振玉译，《中国传奇》，第4页。

世之久，直等她替他生了小孩，孩子又长大成人，应试及第，及至荣归乡里，则忽失故居所在，但见古墓荒塚，有一穴穿于地下，其中躺一已死之母狐。因为此当年所谓丽姝，即中国人津津乐道的狐仙之一。有时她忽然隐逸，临去却还留一短笺，叙明她实为一狐狸，但欲享受人生幸福，因来缱绻。今见彼等已能发达，伊深为欣慰，但愿彼等恕伊之孟浪，末复致其恋恋不舍之情云云。[1]

由此可见，林语堂对《聊斋》一类的狐故事是相当熟稔的。而且《聊斋》所写"狐仙化为女身以美色迷人"和"美丽迷人之女鬼"的文化内蕴也体现出惊人的相似。它们都符合《中国传奇》透视人性的选编主旨，也都符合其彰显神秘的审美意图，但饶有意味的是，《中国传奇》在"鬼怪"类共选录了两篇女鬼故事[2]，而描写狐仙的作品则付之阙如。

分析个中原因，既和东西方之间存在着文化屏障有关，也和林语堂对西方视阈的先验设定有关。在中西方的寓言故事和民间传说中，如中国的"狐假虎威"和西方的"列那狐"故事系列等，都曾将狐狸加以拟人化的表现，并且两者都把狐狸视作是一种机智狡诈的动物，可以说，这是中西双方的共识。但相信狐狸具有变形为人、修炼成仙的超凡能力，以及由此而形成源远流长的狐仙（狐精）崇拜，则只是流行在汉民族文化圈的独有认知[3]，在西方却罕有狐精祟人迷人、狐仙幻化变异之类的传说和记载，这又体现出二者文化的差异。正是因为西方语境中根本不存在狐仙的话语空间，林语堂在导言中虽提及"蒲氏特爱狐仙"，却又在选目时不予录入。

鬼观念则是人类万物有灵、灵魂不死等原始信仰直接作用的产物，虽说鬼之具体情状在中西语境中还存在着这样那样的差别，但作为一种原始思维的形态遗留，它毕竟是东西方文化都司空见惯的，西方读者对中国鬼怪的理解就不像狐仙

---

[1] 林语堂：《吾国与吾民》，黄嘉德译，西安：陕西师范大学出版社，2003年，第61页。

[2] 分别是《嫉妒》（即《西山一窟鬼》）和《小谢》，体现了中国鬼文学吓人与迷人的两端。

[3] 可参阅李剑国：《中国狐文化·序章》，北京：人民文学出版社，2002年。

那样有较多的文化隔阂。这也正符合林氏所制定的选编标准："小说当具普及性，不当有基本上不可解处，不当费力解释，而后方能达到预期之目的。"可以说，鬼怪故事具有普及性（西方人容易吸收），而狐仙故事具有民族化（西方人难以接受），是造成一者入选、一者落选的一大主因。而归根结底，形成上述现象的终极原由还是在于林语堂对西方话语的"先见"预设以及对拟想中西方读者的有意认同。

三

在小说归类的意识上，也鲜明地反映出林氏顺应西方语境对中国的想象的运作策略。林语堂说："本书编译之时，曾设法将各种短篇小说依类选入。"[1]他把古代的各种短篇小说划为神秘与冒险、爱情、鬼怪、讽刺、幻想与幽默、童话六类，其中神秘与冒险、爱情是从题材内容入手来划分，鬼怪则是以作品中的形象属性为命名准则，而讽刺、幻想与幽默主要是着眼于文本的艺术风格，童话本身又是独立的文学样式。可见，他的小说归类标准不在同一层次且未采取同一视点，这样既无法穷尽古代短篇小说的类型，也出现了时有重叠、相互交叉的情况。如《小谢》在书中被归为"鬼怪"类，但从题材上看，它亦可视作是爱情小说；再如，讽刺类小说和幻想与幽默类小说之间的联系及区别也很难有明确的界定，这都反映出林语堂归类意识的混乱与随意。

更为重要的是，从中还可看出林语堂小说分类的理论资源、概念术语主要是依据于西方的文类传统而不是中国的固有观念。像"冒险小说"在西方小说中自有其渊源流变和一席之地，但在中国古代的小说分类系统中却很难找到相对应的称呼，只是到了梁启超等人鼓吹"小说界革命"之后，出于改良群治、新民兴国的功利主义目的，才从域外引进了这一全新的小说概念，"以激励国民远游冒

---

[1] 林语堂：《林氏英文本导言》，第3页。

险精神"[1]。而林语堂把《虬髯客传》、《白猿传》、《无名信》(《简帖和尚》)归入"神秘与冒险",显然又和梁启超对"冒险小说"的认识有所偏离,这种以西方概念来硬套中国古代小说的做法,虽适应了西洋人的胃口,却给人一种削足适履的感觉。

再如"幽默与幻想"中的"幽默"(humour),更是纯粹的舶来品,也正是林语堂本人创造了"幽默"这个译名,并在 1924 年于《晨报副刊》发表《征译散文并提倡"幽默"》《幽默杂话》等文,在国内率先鼓吹幽默,他由此还享有"幽默大师"的盛誉。其实,按林氏的理解,幽默原本是西洋的文化观念:"幽默是西方文化之一部,西洋近代散文之技巧,亦系西洋文学之一部,文学之外,尚有哲学、经济、社会,我没有办法,你们去提倡吧。现代文化生活是极丰富的。倘使我提倡幽默,提倡小品,而竟出意外,提倡有效,又竟出意外,在中国哼哼唧唧派及杭哟杭哟派之文学外,又加一幽默派、小品派,而间接增加中国文学内容体裁或格调上之丰富,甚至增加中国人心灵生活上之丰富,使接近西方文化,虽然自身不免诧异,如洋博士被人认为西洋文学专家一样,也可听天由命去吧。"[2]从他本人的"自供"推断,林语堂用"幻想与幽默"来给中国古代小说分类,除了出于他对幽默情趣的固有偏嗜外,主要应是出于"接近西方文化"、丰富中国文学内容格调的考虑。但是以西洋文学的特产作为裁决的标准,固然可拓展小说分类的参照视野,却忽略了"水土不服"所带来的"炎症",自然会使人"不免诧异":幽默既然"系西洋文学之一部",那么,中国古代小说又何来"幻想与幽默"之一类呢?这种自相矛盾的说法,也可算是"幽默大师"的特有"幽默"吧。

《中国传奇》值得重视之处还在于它单列了"童话"一类,分别收录了《促织》和《叶限》两篇作品。童话作为一种文学样式,从其初具雏形到发展成熟经历了漫长的历史时期,但"童话"这一名称却是清末时方由日本引进的,其标

---

[1] 新小说报社:中国唯一之文学报《新小说》,《新民丛报》,1902(14)。

[2] 林语堂:方巾气之研究,沈永宝编:《林语堂批评文集》,珠海:珠海出版社,1998 年版,第 75 页。

志是 1909 年商务印书馆出版的由孙毓修主编的《童话》丛书。林语堂之所以把《促织》和《叶限》归于"童话"类，实际上是以西方文体概念为原点，再来反观中国古代小说的。如《叶限》出自唐代段成式《酉阳杂俎》之《支诺皋》篇，主要叙写的是吴洞女叶限金履的故事，类似于欧洲流传很广的民间童话——灰姑娘与水晶鞋，但叶限的写成要比欧洲的同类故事早七百余年[1]，正是有了西方同类母题的相互比照，林语堂才冠其以"童话"的称呼。《聊斋志异》中的许多作品"既有少年儿童所喜闻乐见的志怪猎奇、异想天开的特点，又具有劝善励志的教育意义"[2]，在西方也往往是被视为"童话"来看待的，一些外国学者还把蒲松龄称作是中国的夏尔·贝洛[3]。美国的弗朗西丝·卡彭特女士（Frances Carpenter，1890—1972）曾根据翟理斯的英译本《聊斋志异选》改编了两篇《聊斋》故事，即《奇妙的梨树》（《种梨》）、《镜中少女》（《凤仙》），收入她所主编的《中国姥姥讲故事》一书中（巧合的是，此书还收入了《促织》）。1920 年美国大学学会出版公司推出《少男少女丛书》第三卷《童话故事卷》时，又据以转载，把这两篇故事与安徒生、格林等童话大师的作品相比肩，只不过故事的署名已变成弗朗西丝·卡彭特了，由此还在国内引发了一场蒲松龄著作权是否被洋人侵犯的争论[4]。

　　不仅是西方人把《聊斋》的部分作品视为童话，一些较早接触到西方文化的中国人也持有同样的见解。陈季同《中国故事》的写作动机之一是把它献给胞弟陈寿彭（字绎如），作为二人童年阅读《聊斋》、共度美妙时光的纪念。他

---

[1] 参见林语堂：《中国传奇》，第 305 页；另可参阅杨宪益：《零墨新笺》第十章《中国的扫灰娘故事》，北京：中华书局，1947 年版。

[2] 程章灿：也说《聊斋志异》"被洋人盗用"，《中华读书报》，2003-09-25。

[3] 夏尔·贝洛（Charles Perrault，1628—1703），法国著名童话作家，他曾对欧洲流行的民间童话加以采录、整理和加工，编写成著名的童话故事集《鹅妈妈的故事》，于 1697 年出版，其大部分篇目又被后来的《格林童话》所收入，屠格涅夫对贝洛童话有过高度的评价。

[4] 关于这场争论的文章可参阅邱勋：《蒲松龄作品被洋人盗用》（《中华读书报》，2003-08-27）；程章灿：《也说〈聊斋志异〉"被洋人盗用"》；邱勋：《请还给蒲松龄作品署名权——兼答程章灿先生》（《中华读书报》，2003-10-15）；李东生、邱勋：《蒲松龄作品海外维权悬帆待举》（《中国新闻出版报》，2004-06-24）；仝志强、邹青山：《蒲松龄著作权在美被侵是非之争》（《人民日报》，2004-07-09）。

在给弟弟的献辞中写道："在我们很小的时候，就失去了双亲，我们的童年，没有《我的鹅妈妈》（笔者注：即《鹅妈妈的故事》）给我们讲述中国流行的故事，也没有好心的佩罗（笔者注：即夏尔·贝洛）把我们带到仙女之国去。……然而，孩子是需要美好的幻想的。于是作为补偿，我们得到了人家送给的《聊斋》。"[1] 他把《聊斋志异》看作是《鹅妈妈的故事》的替代品，实际上已初步意识到《聊斋》的"类进行……的童话"性质——它能用新奇的想象激发起"孩子气的激情和无度的野心"。正是有了上述语境的存在，林语堂把《促织》归入"童话"类下，并按照"童话"的文体要求对原作进行大幅度的改写（在此之前，卡彭特的《镜中少女》也是运用了同样的操作方式），方能找出合理的解释。

四

在艺术形式的改写上，最能显示出林氏顺应西方语境想象的运作策略。林太乙曾指出《中国传奇》是"以现代短篇小说技巧予以改写。语堂自言：'这是我精心结撰之作，故事是重编，不是翻译。'"[2] 可谓是切中肯綮之言。林语堂对此有更为详尽的解释："本书之作，并非严格之翻译。有时严格翻译实不可能。语言风格之差异，必须加以解释，读者方易了解，而在现代短篇小说之技巧上，尤不能拘泥于原文。因此本书乃采取重编办法，而以新的形式写出。在蒲松龄与李复言小说中变动最小。重编之时，若干故事中，作者曾有所省略，有所增加，冀期更能美妙动人。"[3] 林氏父女所提到的"现代短篇小说技巧"其实就是"西方小说技

[1]　陈季同：《中国故事》或译《中国童话》，《中国人自画像》附录二，黄兴涛等译，第295页。与之形成鲜明比照的是，被茅盾誉为"中国有童话的开山祖师"的孙毓修，在1913年向国人介绍安徒生的童话时，却把其称作是"神怪小说"，可见，他潜意识中亦是以《聊斋志异》等作为衡量标尺的，这也反映出中国儿童文学发生期对文体特征的认识还较为模糊。

[2]　林太乙：《林语堂传》，第216～217页。

[3]　林语堂：《林氏英文本导言》，第5页。

巧"的另一说法，由此可见，林语堂对传统小说艺术形式的改造，亦体现出其顺应西方语境的策略。

林语堂曾在《小谢》的前记中说："本篇由笔者更动若干处，以适合西方读者。"[1]表现在艺术形式上，林本与原作的最大不同，就是开篇有了较大的调整和改动，乃至可以视为林氏独出心裁的再创造。在晚清中西文化大碰撞时期，一些初步接触到西方小说的评论家，已经注意到中西小说开篇模式的不同，如侠人就指出："中国小说起局必平正，而其后则愈出愈奇。西洋小说起局必奇突，而以后则渐行渐弛。"[2]侠人说西方小说后半部"渐行渐弛"，不免有武断之处，但在中国短篇小说中"起局平正"的现象确实十分突出。相对而言，《聊斋志异》的开头虽然力图有所变化，有些作品也做到了别开生面，但由于受史传文学叙事传统的濡染甚深，"其体仿历代志传"[3]，"此书即史家列传体也"[4]，因此，在一些文本的开篇中也留有列传体的遗痕。叶小凤即认为《聊斋》"每篇之首，亦欲自比于列传之体裁，然其茂美处全不在是，是虽蒲之乖觉，亦足征文言短篇与列传之不容强合矣。"[5]他的说法虽然过于绝对，但也足以概括书中多数作品的特点，《小谢》的开头也存在着类似的现象：

渭南姜部郎第，多鬼魅，常惑人。因徙去。留苍头门之而死，数易皆死；遂废之。里有陶生望三者，夙倜傥，好狎妓，酒阑辄去之。友人故使妓奔就之，亦笑纳不拒；而实终夜无所沾染。尝宿部郎家，有婢夜奔，生坚拒不乱，部郎以是契重之。家綦贫，又有鼓盆之戚，茅屋数椽，溽暑不堪其热，因请部郎，假废第。部郎以其凶故，却之。生因作《续无鬼论》献部郎，且曰："鬼何能为！"部

---

[1] 林语堂：《中国传奇》，第203页。

[2] 侠人：《小说丛话》，《新小说》第13号（1905年）。

[3] 蒲立德：《聊斋志异》跋，朱一玄编：《聊斋志异资料汇编》，天津：南开大学出版社，2002年，第476页。

[4] 冯镇峦：读《聊斋》杂说，张友鹤辑校：《聊斋志异会校会注会评本·各本序跋题辞》，第14页。

[5] 叶小凤：小说杂论，黄霖、韩同文选注：《中国历代小说论著选》（下），南昌：江西人民出版社，2000年，第488页。

郎以其请之坚，诺之。

知新室主人曾云："我国小说体裁，往往先将书中主人翁之姓氏、来历，叙述一番，然后详其事迹于后；或亦有用楔子、引子、词章、言论之属，以为之冠者，盖非如是则无下手处矣。陈陈相因，几于千篇一律，当为读者所共知。"[1]《小谢》也是先把主人公的籍贯、姓氏娓娓道来，再用一两件琐事点染出其性格的不同凡响，然后才转入正题，看来，蒲翁对"龙门笔法"还是颇为精通的。与此同时，作者对列传体的开篇定式也稍作"微调"，以"多鬼魅，常惑人"的先声夺人，渲染出一片恐怖紧张的气氛，为故事留下悬疑，这种章法虽属于小小的"破体"，但无疑更能锁住读者的目光。

林氏之《小谢》本则改动如下：

"我不相信有鬼。"

说这话的人叫陶望三，一个三十岁的青年，新近丧了妻子。他一副高傲的态度，话说得万分自信。他的朋友姜部郎，跟他相交很深，听了这话，一点儿也不见怪，他知道望三为人虽然乖僻，却是才华过人。望三今天来，是问问能不能借姜部郎的房子住。那时正是夏天，望三家里只有一间住房，一个厨房，庭园很小，暑天蒸热，四处苍蝇乱飞。姜部郎在近郊有一所花园住宅，树茂荫浓，非常凉爽，因为闹鬼，弃置好久了。

部郎蔼然笑道："你看，你虽然为人无用，我倒很敬爱你，不愿叫你冒生命的危险去住呢。短短的两年半，连着死了三个看房的。"

"恐怕是赶巧吧？"

"不是，不是，别这么说，一个死，两个死，也许都是赶巧，不能三个都赶巧哇！"

陶望三从衣袋里掏出一篇文章来，他新近写的，题目是《续无鬼论》。

……（引者注：以下省略的是《续无鬼论》的内容）

---

[1]　知新室主人：毒蛇圈·译者识语，《新小说》，1903（8）。

他说："你看这篇文章。我活了三十年，没有见过一个鬼。若是有个鬼，我倒愿见见她，在书上读到的鬼，都是艳丽迷人的。"

姜部郎对他苦笑说："你的书法倒挺好，此外，我没有别的话说。"说着把文章交给他，又说："我不能教你到那所房子里去住。你的道理说得很动听，不过咱们用不着争辩。"

"我不是争辩，我是找房子住。夏天苦热，我家里真受不了，我真愿住在你那所大宅子里，一享清凉之福。说不定我还能为你驱除鬼怪呢。答应了吧。"

"好吧，谁叫你愿自取灭亡呢，真是个怪人。"（引者注：以下插入对陶望三为人的介绍）

两相比较，值得重视之处有二。一是林作以对话体取代列传体。前文本是以作者的叙述口吻为主，人物在作者全知全能的介绍中出场，事件的原委也由作者交代得一清二楚，这可谓是列传体惯用的开场模式。而林文则改为以陶望三和姜部郎的对话为主，两人关于能否入住姜家废第以及世间是否有鬼的争论构成了开篇的主体，二人在某种程度上就承当起叙述者的角色，另有一些在对话中无法展开的内容，再以"旁白"的方式由作者出面进行补充。二是林作综合运用了顺叙、补叙（插叙）、倒叙等多种叙述手段。原文基本是按照事件发展的顺序一路写来，又以"夙偶傥"之"夙"字、"尝宿部郎家"之"尝"字作引领，插入了对陶望三生活轶事的描绘。林文则一改中国小说平铺直叙的叙事常态，"把文章的筋脉放在后面去，魂魄提向前头来"，直接以陶望三"我不相信有鬼"的宣言起势，凭空落墨，恍如奇峰突兀，从天外飞来，然后再反过头来解释事情的起因，令人耳目一新；在陶、姜二人的争辩告一段落之后，作者又用补叙手法介绍了陶望三的生平经历及为人怪僻的性格特点。而"我不相信有鬼"的开头，又与主人公同两位女鬼喜结连理的结局形成了深有意味的对比，增强了行文的张力。总之，由于运用了对话体和补叙、倒叙等艺术手法，林氏的重编就突破了古代小说"起局必平正"的格套，这显然要得益于他对现代小说技巧的借鉴。徐念慈曾云："我国小说，起笔多平铺，结笔多圆满；西国小说，起笔多突兀，结笔多洒脱。"[1] 也许可以这样说，林本《小谢》在中国读者看来是"起笔突兀"，具有新奇性和陌生感，却在一定程度上吻合了西方读者的审美习惯与接受心理。

相比于《小谢》而言，《促织》在艺术形式上改动更大，它也最能体现林语堂面向西方的重编策略。在《中国传奇》中，《促织》被划为"童话"类，林语堂也不得不依照西方"Fair Tale"的文体要求对原作进行重写。《促织》从传奇到童话的文类置换，在叙述视角的转换上表现得最为明显。前文本是以官民对立作为立意根本，其矛盾冲突主要在成人世界展开，作品呈现出的是成人叙述视角。改写本则主要围绕吉弟（原文中的成名之子）的所见所闻、所思所感展开叙事流程，于是，少儿叙述视角就取代了原先的成人叙述视角。叙述视角的重新调整，也带来了故事内容的改变。与前文本相比，改写本的情节既有所增加，也有所省略，但大都与吉弟这一叙述者的视角选择密切相关。例如，原文写成名因为无法捕捉到合格的蟋蟀，被县令无情杖打以及成名妻在无奈之际，向巫婆求得神卜的情节，都是以成名夫妇作为叙事视点，如果仍然保留下来的话，就不能与吉弟的叙述视角保持一致，所以在改写本中一概被删除。而编者大肆发挥所增添的若干情节，如写吉弟从小就迷恋促织、回忆自己在宫中与其他促织相斗的情景，也都是通过吉弟这一固定视点来叙述的。同样是由于叙事视角被限制在吉弟身上，原文写成名独自一人到大佛寺陵地寻促织，到改写本就变为由吉弟和父亲一起捉蟋蟀。可以说，吉弟少儿身份的表达方式和叙述视角，张扬的是一种少儿式的思维和情感，使作品富于童真、童趣，这些都契合了"童话"文类的内在规定性，也形成了有别于原作的文体品格和审美特质。

林语堂对《促织》的重写，不仅表现在叙述视角的转换上，也表现在叙事架构的调整上。前文本以促织的得失为线索，描述了成名一家遭遇的悲欢祸福，改写本则是把促织和吉弟紧紧捆绑在一起来写，对吉弟和促织离中有合、合中有离

---

[1]　徐念慈：电冠·赘语，《小说林》，1908（8）。

的叙写构成了全篇的基本框架，而官府的横征暴敛、不恤民命则被淡化处理。改写本从一开始就把吉弟的命运和促织挂上钩，先是描绘吉弟以"儿童所特有的热情和诗意的想象"来爱促织、迷促织，他发现在促织的秀美灵敏之中，有完美、高尚、矫健等特性；从促织的叫声里，他感觉出来有善良、有美丽、有健康。也写到了吉弟对促织的熟悉无人能及："一听见促织瞿瞿的鸣声，一看见促织身体和头的大小形状，一看见大腿的角度长短，他就知道促织的好坏和身价。"[1]上述情节的增添，无疑起到了催化的功能，不仅使事件序列的演变更具内在的逻辑性，也使原先被忽略的少儿形象更趋丰满。颇有意味的是，作者还增加了吉弟六岁那年，因把促织带进私塾，被老师用脚踩烂，他跳到老师背上，使足了劲往老师身上捶的细节，同样是一笔两用，既印证了吉弟对促织那种发自肺腑的热爱，亦为后文埋下了伏笔。该文接着写他陪伴父亲捉促织，其间交代了宫中尚促织之戏、父亲不得不捉促织以应付官差的现实背景；吉弟也是出于替父亲排忧解难的目的，而把捉到好的促织视为自己的神圣使命。至于吉弟无意间弄死促织的突发事件，原文归咎于其好奇心，改写本则处理为他听到罐子里没有声音，疑心促织跑了才造成的。以上情节主要是写吉弟，但又处处粘带着促织，时时有促织的影子在晃动。下面写吉弟投井被救，成名又捕到一只小促织，作者对小促织打败村中少年的促织并把大公鸡弄得十分狼狈的情景进行了精心描绘，此段主要是写促织，但又是在写吉弟，处处有吉弟的精魂在。唯恐读者不解个中滋味，作者还特地加以点拨："母亲一听小促织和大公鸡交战的策略，她说：'哟，这不正像小吉弟当年跳到老师背上从背后打老师的办法一样吗？'"之后的情节再次转入对吉弟的描写，写他卧床不起，神志恍惚，忽然在七月最后的那一天，向母亲说："我战胜了！"（这一天小促织被县令送到省城）然后魂魄又消失了。直

---

[1]　上述描写以及文中所写"他早就知道南山里有好多促织"，皆让人认为华阴是出促织较多的地方；但下文又提到："华阴并不是个产促织的地方"（从原文"此物故非西产"而来），应是作者照应不周。

到八月十八那天天刚亮[1]，他才觉得完全恢复正常（这一天小促织夺冠后从皇宫失踪），只是不住地说大腿发僵。然后他又回忆起自己化为促织在宫中的战斗场景。以下部分则专门补写了小促织在京城及宫廷百战百胜，被看做神虫，直至最终夺取全国冠军的神奇经历。实际上，这两个情节单元应合而观之，可视为是作者为小吉弟和小促织所写的合传，在虚实相间、真幻交织中达到了物我浑融的境界。

　　必须指出的是，经过上述艺术形式的改造，文本的主题意蕴也发生了一定程度的转变。前文本向来被视为是一篇暴露虐政的社会问题小说，小说把批判的矛头直接指向最高统治者的大无畏精神，尤其显示出作者"铁肩担道义，辣手著文章"的良知和勇气，从而深得研究者的击节称叹，像汪曾祺先生在改写《促织》时，凸现的就是这一政治主题。林氏的重编在追求"更能美妙动人"的过程中却削弱甚或是解构了原文的主旨，而以"尽孝之道"的道德训诫取而代之。如文中写陪父亲捉促织时："吉弟觉得他应当给父亲捉住一个勇敢善斗的促织；为母亲，也应当，因为常听母亲说家里穷，日子不好过。"写宫中斗促织时，也是突出吉弟的孝心："我一心想爸爸，我自己说我一定要赢。"作者更是在结尾处直接挑明创作主旨：

　　后来吉弟做了翰林，父母老年很享福。成村长成了荣耀富贵的祖父，对于儿子的故事，说来津津有味。故事一次比一次说得好。在故事的结局，老先生总是说："尽孝之道很多，人必须心肠好。天地间的神灵总是保佑孝顺父母的人。"

　　这也是西方"童话"的惯用结尾方式，同时这样的主旨表达亦符合西方语境对中国的想象：中国人的孝顺之道显然要比反抗皇权在西方人心目中印象更深。可见，《促织》无论是在创作手法还是在文本主旨上，皆反映出林语堂"移中就西"的改编理路。

―――――

[1]　此处的时间和下文参看的话，似乎也有问题，下文说宫廷中秋节的促织比赛是在八月十四日到十九日举行，最后一夜小促织夺得了冠军，第二天早晨，小促织就无影无踪了，那么吉弟复苏应在八月二十日。

五

林语堂在推出中国传统小说资源时，还充分照应到了中西不同语境的文化调适问题。在原文中一笔带过的文化背景，到了林语堂笔下往往就会变成扩充知识容量的展演，这样就增添了文本的"远方远代之背景与气氛"，使之既具有"异国情调与稀奇特殊之美"，又"无隔阂费解处"。如《贞节坊》开头对贞节牌坊的来历、用途及象征意义都如数家珍般一一道来，《狄氏》开头也对南宋京城临安正月十五日的灯节进行了文化考古般的再现。

《书痴》原文曾写到"父在时，曾书《劝学篇》黏其座右，郎日讽诵"，在蒲松龄生活的时代，大家对宋真宗的《劝学篇》都耳熟能详，作者根本用不着解释。但是对那些并非精通中国传统文化的西方读者来说，它却是一种陌生的存在。为了消除这种"文化位差"所形成的隔阂，林语堂在改写时不仅引用了《劝学篇》的全文[1]，而且还对《劝学篇》的题旨要意进行了阐发："《劝学篇》的意思是这样：读书即可以获高位，享荣耀，厕身士林，列位富贵，金玉满堂，五谷满仓。书中自有颜如玉，书中自有黄金屋。"有了如此的交代，西方人才能明白郎玉柱为什么会奉之为珍宝并对读书投入那么大的热忱。

令人拍案惊奇的是，编者还对颜如玉向郎玉柱传授为官之道作了精彩演绎，可加深西方读者对中国官场文化的认知：

颜小姐看到真宗皇帝的《劝学篇》，她说："这只是一半而已，这还不够。"于是以玄书密典相授，书名是《成功秘诀》。从这本薄薄的小书之内，颜小姐教给书呆子许多事情。比如：不说自己心里的话，说自己心里没有的话，最重要的是要说对方心里的话。学会这一套之后，最后一步是学习只说一半自己心里的话，免得人看出自己是赞成还是反对。万一对方和自己心里想得背道而驰，会很容易把自己心里赞成的想法翻转过来，表示反对；同样也很容易把自己心里反对的翻转过来，表示赞成。

---

[1] 张振玉在《书痴》中把《劝学篇》翻译成汉语时，与通行版本的《劝学篇》有所出入。

　　书呆子领悟得并不快，可是颜小姐很耐性教导他。并且让他深信，说心里没有的话，至少做官能做到四品五品，不说心里的话只能做到七品，也不过像个县令而已。她力言历史上所有的一品二品的大官，像刺史、尚书、宰相，无不精通只把话说一半的秘诀，好让人无从知道自己对事情是非的看法。

　　不过最后一步是必须要娴于辞令，巧于应对，须要有长期的实习磨炼才成。但是颜小姐深信书呆子至少可以学到说对方心里的话，也就可以做到七品，做到县令。其实，也很简单，只要记住说"尊见甚是"就行了。郎某毫不费事就学会了。

　　林语堂曾指出："每个国家都有他文化之特质，而此特质是常与国民性有关，国民性影响文化，文化也影响国民性。所谓文化不是指文明，是比较无形的风俗习尚处世接物的精神表现。"[1]在他看来，作为中国国民性重要组成部分的德性，可以统括起来包容于"圆熟"一个名词里头，而所谓的"圆熟"品性在传统官场体制中更是达到登峰造极的地步。像《成功秘诀》里提到的大官要员只把话说一半，"好让人无从知道自己对事情是非的看法"以及七品县令逢人便道"尊见甚是"，就是"圆熟"文化在官场的典型概括和形象注解。

　　林文写郎玉柱在遭遇家庭巨变后，发誓复仇，立志要做高官，然后便依照颜小姐原先所指教的捷径，结交朋友，拜谒权门，对贵妇献殷勤，权门巨公果然让他做了官职（而原文中的郎玉柱是考中进士后才被朝廷授予官职的）。可见，在林氏看来，为官之道无他，唯"圆熟"二字而已。八面玲珑的"圆熟"、左右逢源的"圆通"或者是不置可否的"圆滑"之所以能在官场畅行无阻，归根结底还是缘于中国文化之特质："这种无可无不可态度不会是人民的天生德性，而是我国文化上的一种奇异产物，是吾们旧世界的智慧在特殊环境下熟筹深虑所磨炼出来的。"[2]与西方人的德性相比，中国人的"圆熟"等无疑"是消极的品性，它们显

---

[1]　林语堂：《论中外的国民性——由动转入静的儒道》，转引自林太乙：《林语堂传》，第 248 页。

[2]　林语堂：《吾国与吾民》，第 26 页。

露出一种静止而消极的力量，非是年轻的活跃与罗曼斯的力量"[1]。可以说，作者插入的这段文字，将讽刺的矛头深入到了传统文化场域，直接指向那些带有强烈消极趋向和乡愿特色的现实经验与处世哲学，戳穿了传统官场的所谓文明礼仪不过是虚伪的繁文缛节而已，其唯唯诺诺、见风使舵的"潜规则"背后掩藏着的是明哲保身的利己主义实质，从而对人们所信奉的公共理性构成了戏弄性的嘲讽。就此意义而言，这既是林语堂借助西方文明的烛照来反观传统文化的结果，也是他继承了五四新文化运动"改造国民性"的产物。

---

[1] 林语堂:《吾国与吾民》，第 23 页。

第四讲　做一个推动世界和谐发展的文化使者

——论国际汉语教师的跨文化沟通素质

沟通无处不在。沟通是一项技能，也是一门学问。由于汉语教学是在异域文化中开展的，因此，和跨文化冲突一样，跨文化沟通问题也是无处不在、无时不会发生。据吕俞辉、汝淑媛（2012）对2233位教师（包括有海外教学经验的845位教师）的调查，51.8%的教师在海外生活的适应中遇到过各方面的困难。其中，语言的不适、沟通不畅是他们最大的障碍，也是他们难以适应海外生活的一个最重要的原因。虽然要完全避免沟通的问题是不可能的，但增强教师的沟通能力，最大程度的减少沟通的问题，还是能实现的。在进一步讨论之前，先来看一下海外汉语教师应具备哪些沟通素质。根据沟通场合的不同，可将汉语教师的沟通素质分为两个方面：

1．课内沟通素质

主要的沟通对象是学生。《汉语国际教师标准》中主要涉及的是这方面的素质，研究者关注最多的也是这方面的素质（参见李泉2005；陆俭明2005；张洁2007；祁林燕2009）。内容包括：（1）教师应至少掌握一门外语，能够运用听、说、读、写、译等综合能力进行交流；（2）能用较为纯正的普通话以正常语速进行口头交际；（3）能使用规范、得体的教学语言；（4）能根据学习者的生理、心理及学习特点选用恰当的交流策略；（5）能在尊重学习者的语言、民族和文化背景的前提下进行交流；（6）能使用各种言语、非言语的手段（如表情、眼神、身姿等）与学生进行交流等；（7）能根据学习者的不同文化背景，选用不同的沟通方式。

2．课外沟通素质

沟通对象主要是当地的民众，包括学生、同事、家长、学校管理人员、社区居住人员等。内容包括：（1）具有较强的世界意识；（2）对接触到的外国文化习俗感兴趣，乐于了解异国文化、习俗；（3）能意识到语言沟通中存在的文化差异，通过学习和日常沟通，能进一步增强对文化差异的理解和认识；（4）理解沟通中的文化内涵和背景，对异国文化采取尊重和包容的态度；（5）具备初步的跨文化沟通能力，克服与人沟通的障碍（焦虑、恐惧、紧张等），能尽快融入当地社交圈子，与主流社会建立友好、信任、相互支持与合作的关系。

那么，汉语教师怎样才能具备这些素质呢？这正是接下来要讨论的问题。

一、端正沟通态度

对于国际汉语教师而言，端正沟通态度有两方面的内涵：

一是要做"中国人"，以一种客观、公正的眼光看待中国的语言和文化。对于中华文化中的优秀成分，如儒家"己所不欲、勿施于人"的社会伦理思想，道家"道常无为而无不为"的宇宙哲学思想，墨家"兼爱""非攻"的自然科学思想等，要敢于肯定，积极弘扬，让更多的外国学习者从中受益，促进中国文化为世界的和平与发展做更大的贡献。对于中华文化中的一些特殊现象（如吃狗肉、计划生育、民族问题等），要以一种历史的、理性的眼光来看待。拿"计划生育"来说，虽然世界上大多数国家都不实行计划生育，但却不能因此将之与"人权"

问题混淆在一起而等同看待。应该说，世界上任何一个国家的任何一项决策都是在特定历史背景下产生的，中国的计划生育政策也不例外。它是中国在特定历史时期、特殊国情下的产物。因此，在给外国人讲解中国特殊的文化现象时，应放到特定的历史背景中去。不可断章取义、厚古薄今或厚今薄古，更不可随波逐流、人云亦云。

二是做"世界的中国人"。早在 1982 年，联合国教科文组织就在《世界文化政策大会最终报告》中指出，要有意识地开展跨文化教育，"促进对文化多样性的尊重、相互理解和丰富"，"增进国际理解，并使同各种排斥现象作斗争成为可能。其目的应是从理解自己人民的文化发展到鉴赏邻国人民的文化，并最终鉴赏世界性文化"。[1] 而要真正做到尊重、理解对方的文化，首先，要提高自身的文化敏感性，预设文化差异的存在（即在没有证实彼此的相似性前，先假设存在差异），根据不同文化的特点随时调整自己的观察角度；其次，要增强对不同文化的理解能力，设身处地的体会他国文化，在平等、尊重、理解、包容的基础上建构自己的世界意识。

在这个过程中，汉语教师应避免两种倾向："文化中心主义"和"犬儒主义"。前者又可分为两种情况，一是以自己的文化为中心，一是以异域文化为中心。

"自我文化中心主义"可归因于中国的"集体至上的价值取向"和"泛民族主义的情绪"（鲁子问 2002）。尤其是随着中国的和平崛起，民族自信心、自豪感的增强，大国情节、强国情节也在逐渐回归。在看待异域文化时，常以中国的文化价值取向来评价异域文化，犯文化归因上的错误或文化沙文主义的错误。比如，受"集体至上"价值取向的影响，中国人习惯于用概率来判断文化现象的正常与不正常。概率大的、频繁发生的就是正常的；概率小的、不常发生的就是不正常。拿独身者、同性恋者、蜗居者、丁克家庭（Double Income No Kids）来说，这种情况发生的概率较小，因此常被国人看做是不正常，并加以批评或指

---

[1] 赵中建主译:《全球教育发展的历史轨迹：国际教育大会 60 年建议书》，北京：教育科学出版社，1999 年，第 498 ~ 499 页。

责；而这在欧美的一些文化中，无论是独身还是结婚、是同性恋还是异性恋，都是个人的自由选择，是正常的，也是应该受到尊重的。

"异域文化中心主义"和近现代中国的历史有直接的关系。学者冯天海指出："中国百年来的屈辱史，给中华民族的心理带来无形的烙印，几代人十几代人都无法抹去。"虽然这样的说法有些言过其实，但也确实反映了当前部分国民的心理问题，迷失自我，缺乏自信，缺乏批判继承的精神。从日用百货（如电池、电器、汽车等）到文化思想（如意识形态、政治制度、经验技术）到生活方式，无不钟情于国外。人类学的研究表明，任何时候，人类对于某一事物、现象的过度崇拜或迷信，都会导致自身的无知，进而会演变为"异域文化中心主义"。

虽然，对于如何对待异域文化的问题，50年前的学者已经给出了答案。但还有必要再一次重申：应批判地看待异域的文化。完全排斥固然不可取，通盘接受也绝非明智的选择。在当今民族精神和世界精神并重的时代里，汉语教师丢掉民族精神而转投异域文化的怀抱，不但不会博得国外学习者的理解和尊重，相反，会被看做是虚伪和无知的表现。如果被国外别有用心的势力利用，趁机煽动反华、反汉语推广的情绪，后果更是不堪设想。

最后，再简单地说一下"犬儒主义"态度。所谓"犬儒主义"是指拒绝接受一切世俗的东西——无论是宗教的、风尚的、服装的、居室的、饮食的、礼貌的，也无论它们是国内的还是国外的、是健康的还是不健康的，只要是世俗的东西就一概排斥。这种态度，海外的汉语教师一定要避免。

二、加强异域文化的修养

在跨文化沟通中，人们往往比较容易原谅语言上的错误，无论语法有多少问题、发音多么不准确，只要能表达出基本的意思，对方都能接受，也能彼此谅解。最容易造成沟通问题、也最不易被人容忍的是漠视对方的文化习俗，而将自己的文化习俗强加于人[1]。因此，汉语教师要想在海外的沟通实践中获得成功，除了要彼此尊重、相互理解外，还应加强异域文化修养，多方面地了解异域文化及风俗。比如，非洲学生在课上很爱表现，学习很积极，也很乐于与教师一起探讨问题。可一到课下，他们就像是变了一个人似的，会放下所有的功课，和朋友聊天、聚会或全身心的休息。此时的他们觉得已完全没有必要再去和老师交流情感、信息乃至课堂知识；而且，在他们看来，教师的职责就是上课，课外的指导或帮助应由其他人负责，插手、包办其他事务会有损教师的威严。如果汉语教师不了解当地的这种文化，依然尝试通过课下交流的方式来增进师生间的感情，那么，不仅达不到预期的目的，还极有可能会适得其反。（刘冰冰、方雪2012）

在学习异域文化时，除了要知道该国该地区的文化外，还应知道异域的人是怎样理解我们的（姜义华2005）。因为，沟通是相互的，理解也应是相互的。只有"了解别人怎么了解我们，我们才能更充分地了解自己。"（张西平2005）只有这样，汉语教师才能更深刻地理解异域文化，才能根据不同文化特点选择不同的沟通策略，才能做到"知己知彼，百战不殆"。

那么，怎样才能做到这一点呢？我们认为，可采用以下的方法：

1. 向西方传教士学习

汉语教师和传教士看似风马牛不相及，其实两者之间存在着许多的共同点：都肩负文化传播的重任，都要在异国他乡工作、生活，都面临着与当地民众的沟通问题……不仅如此，传教士在中西方文化沟通中确实起过非常重要的作用，他们不仅是西方宗教的中国传播者，也是中外文化沟通的使者，"在相当长的一段历史时期内，传教士是中西文化交流的桥梁，西方的声光化电，甚至立宪共和的文化思想也由他们传进中国来"。[2]长期的传教实践，使他们积累了丰富的沟通经验，"在塑造了中国人对外部世界的观点同时也向西方传递了中国的形象"。从这

---

[1] 李杏：跨国企业管理中的跨文化沟通问题探究，《广东教育学院学报》，2004（4）。

[2] 转引自李云鹤、威健：西方传教士在传播西方文化以及跨文化交流中的作用，《张家口职业技术学院学报》，2011（4）。

个方面来说，汉语教师应该深入地认识传教士，向传教士学习。"不了解传教士实际上就弄不清他们向西方所介绍的中国的形象"（张西平 2005）；不向传教士学习，就无法在短期内获得大量的海外沟通经验。[1]

2. 学会观察

观察是人类感知世界、认识世界的重要手段。美国心理学家艾伯特·梅拉别恩的实验表明，人们从外界获得的信息只有 7% 是源自话语的，其余 38% 来自语音和语调，55% 来自面部表情、姿势和手势。也就是说，在沟通时，人们直接从话语中获取的信息并不多，大多数的信息其实是从沟通者的声音和体态中获取的。而得到的信息中，约有 75% 是通过视觉途径获取的（江明 2010）。可见，观察对于人类信息收集之重要。就跨文化沟通来说，观察同样重要。而且，观察应贯穿于整个沟通过程的始终。不仅沟通前要做准备观察，沟通中要做及时反应的观察，沟通后还要有效果地观察。

观察的基本要求:（1）观察前，要做好准备的工作，做到有的放矢。否则，漫无目的的观察，像是走马观花，收效甚微。主要的准备包括：制定观察计划、观察目的，拟定适合的观察场所和观察时间，准备好观察所需的器具等。（2）观察时，要注重细节。尤其是沟通中的观察更应注重细节。（3）观察后，要及时地记录，并加以适当的分析和总结。

比如，据陈晓萍（2011）观察，在美国，听她上课的，有中国学生、美国学生，还有拉美学生，大家都坐在一起。我刚提一个问题，美国学生立刻举手了，拉美学生也立刻举手了，中国学生却没有举手。他们的脑子在想什么？一是想问题的答案；二是在想怎么从中文翻译成英文，这需要一个小小的过程。几个人回答下来后，中国学生想好了，开始举手。但那个问题已经回答完了，进入下一个问题，中国学生就没有了发言的机会。所以，你会看到课堂上发言的基本上都是美国学生、拉美学生，亚洲学生基本上不发言。

―――――――

[1] 参见"认识你自己"——"传教士与美国早期中国学"学术研讨会综述，《解放日报》，2005-07-11。

那么，为何各国学生对课堂提问的反应不同呢？因为，不同文化背景的学生对于课堂回答问题的态度不同。比如，欧洲人和美国人一般不会打断别人的说话，因为他们认为打断别人说话是很粗鲁、很没有礼貌的表现。但在别人说话停止后，他们就会踊跃发言。如果在课堂上不积极发言，就会被人认为是没有自己的看法，并可能影响到学科的成绩。拉美人往往会根据自己的兴趣喜好来选择是否发言。如果是他们感兴趣的话题，不等对方说完，他们就会打断对话，表达自己的观点；而如果不是他们感兴趣的话题，通常就不会讲话。而亚洲人，出于尊重对方的考虑，通常也不会随便打断别人的说话。而且，为了追求答案的准确性和完整性，他们的回答通常都比较慎重，且需要一定的思考时间。了解了学生各自的特点后，下次再提问的时候，就可以考虑采用不同的提问策略。比如，让欧美学生先抢答，让亚洲学生做最后的总结回答；或者给亚洲学生留一些问题课后完成，下节课的课前再来回答。

3．学会"问"

除了观察外，汉语教师还应学会另一种与之同样重要的能力，即"问"。

研究表明，造成跨文化冲突的根本原因在于：沟通者漠视文化差异，习惯于想当然的看待异域文化，习惯于以己度人[1]。要打破"以己度人"的思维定势，在沟通的"言"与"行"之前先要学会"问"，凡事不可想当然。只有通过不断地问，才能深刻地了解文化间的同与异。而就问的对象来说，无论是书本还是专家，都不如当地人。因为，对于当地的文化和习俗，当地人才最有发言权。

问的基本要求：（1）问之前，一定要有所准备，最好能做好规划。主要应准备以下5个方面：为何问（Why）、何时问（When）、何地问（Where）、对何人问（Who）、如何问（How）。拿汉语教师的"问"来说，时间、地点、目的通常都是确定的，这时，重点要准备的是"对何人问"，即什么样的问题应该问什么

---

[1] 李杏：跨国企业管理中的跨文化沟通问题探究，《广东教育学院学报》，2004（4）；毛伟：国际商务谈判中的跨文化问题及沟通技巧，《商场现代化》，2007（18）；夏先良、冯雷：中国海外企业的跨文化沟通问题，《开放导报》，2009（3）。

样的人。（2）在问之后，要养成记录、总结的习惯。比如，一位汉语老师在给高级班学生上文化课时，围绕对一个文化现象的提问引发了下面的对话：

> 教师：中国的一些传统节日、民间故事，在中国、日本和韩国都有。比如端午节，在韩国也有端午节，韩语里就是叫端午，就是这个汉字词，对不对？
>
> 韩国学生1：对。
>
> 教师：中国人过端午吃粽子，你们呢？
>
> 韩国学生1：我们吃自己的传统食物，我们和中国不一样。
>
> 教师：中秋节呢？好像日本、韩国都有中秋节。
>
> 日本学生：是。日本也有中秋节。日本古代的时候受中国文化的影响，日语里现在也用汉字。
>
> 韩国学生1：韩国的中秋节叫秋夕，要去家乡扫墓，和中国不一样。
>
> 韩国学生2：虽然韩国的一些节日中国也有，但是我们韩国人有自己的传统习惯。[1]

由于历史的原因，中、日、韩之间文化方面存在着众多的相似之处。本来合理利用这些相似之处，是有利于汉语学习的。但在实际运用时，日本学生和韩国学生对此的反应却并不相同。日本学生的反应还算正常，并不回避中国文化对日本文化的影响；而韩国学生的反应却显得过于敏感，不仅要有意无意地回避受中国影响，而且，还要极力突出自己的民族文化特点。那么，是什么原因造成了韩国学生这样的心态呢？

究其原因，在于韩国人民族文化心理上的变化。尤其是自上个世纪以来，随着中国的衰落和韩国的崛起，韩国人对中国的认同感逐渐减弱；与此同时，对大韩民族自身的认同感和文化归属意识在逐渐增强。他们不再甘心于将自己的文化依附于中国文化之下，而是要彰显其自身的民族文化特性。1948 年废除汉字、

---

[1] 魏惠萍：认同与分歧：汉字词在韩语母语者汉语词汇系中的影响及其教学策略，《第十届国际汉语教学研讨会论文选》，沈阳：万卷出版公司，2012 年，第 461 页。

2005 年将"汉城"更名为"首尔"都是韩国人回避汉字、汉文化的最好例子。受这种特殊的历史因素及民族文化心理因素的影响，韩国学生一般都不太喜欢做中韩文化近缘关系方面的印证。

因此，利用中日韩之间的文化、文字相似来进行汉语比较教学，对于日本学生来说，会有积极的促进作用；但对于韩国学生来说，作用并不大[1]，不仅如此，还有可能诱发他们的排斥或戒备心理。

可见，汉语教师在提问时，尽管出发点是好的，但由于不了解学生的民族文化心理，问错了对象，没有得到学生的心理认同，影响了提问的效果。因此，在提问之前，了解被提问的对象就显得非常必要了。

三、实践历练

汉语教师无论具备了多么丰富的知识，都需要接受实践的历练；否则，都还是"纸上功夫"，是靠不住的。关于实践的重要性，《汉语国际教师标准》（2010）中已有了充分的体现，不再赘述。这里重点谈一下第三方语言对海外沟通实践的影响。

在中国，除英语是唯一普遍教授的外语外，学习人数较多的外语仅 10 来种，如俄语、法语、德语、日语、韩语、西班牙语等；在世界上的数千种语言中，中国作为专业课程教授的外语也只有 60 种，[2] 约占世界语言总数的 1%。虽然英语的学习人数最多，在世界上的分布也最广泛（遍及中国在内的 170 多个国家或地区），但将英语当做母语或官方语言的国家或地区仅 20 个左右。这说明，中国汉语教师熟悉的外语数量还很少，在多数情况下，他们还只能用第三方语言（如英语）而非所在国的语言进行海外沟通。

据夏先良、冯雷的调查，在跨文化沟通中，采用所在国或地区的语言直接沟

[1]　全香兰：韩语汉字词对学生习得汉语词语的影响，《世界汉语教学》，2006（1）。
[2]　详情见教育部 2012 年 9 月公布的《普通高等学校本科专业目录》（2012 年）。

通效果最好；采用翻译或第三方语言文化沟通的效果次优；在非华人社会里，采用汉语沟通近乎无效。由于汉语教师和外国人沟通时多使用英语，而英语又通常不是沟通双方的母语。因此，在表述或编码时容易出现问题，在接收或解码时也容易出现问题。其中，最常见的一个问题就是：以己度人。即说话人会主观地认为对方是在按着自己的表述方式在讲话，在用和自己一样思维方式来理解谈话。可事实往往并非如此。

拿英语中最常用的词语"yes"来说，虽然看似表意非常清晰，不会产生任何的歧义；但不同文化背景中的人，对这个词的理解和使用其实并不相同。比如，一家美国公司和一家日本公司进行商务谈判。在谈判中，美国人高兴地发现，每当他提出一个意见时，对方就点头说："yes"。于是，他以为这次谈判特别顺利。直到他要求签合同时才发现日本人说"yes"是表示礼貌的"I hear you"的"yes"，而不是"I agree with you"的"yes"。实际上，"yes"这个词的意思是非常丰富的，除了以上的两种意思以外，还有"I understand the question"的"yes"和"I'll considerate"的"yes"。[1]

类似的问题，笔者也曾遇到过。在俄罗斯教学期间，上课之余，笔者与当地教师闲聊。为表示尊敬，笔者会在该老师的名字前加上职称或职位。有时记不住名字（俄语人名通常都比较长）就干脆直呼其职位。几次称呼过后，该教师似乎很生气，非常严肃地对笔者说："你不能叫我'老师'！"[2]这让笔者非常紧张，赶紧询问缘由。沟通过后才知道，在俄罗斯，尊敬人的方式不是加职称、职位、学历等头衔，而是直呼其名。名字说得越完整，表示尊敬的程度越高。

无独有偶。闲暇时和法国、捷克、俄罗斯的朋友聊天。聊天中谈到了个人名字的含意，于是大家就开始分别介绍自己的名字。轮到法国人时，他说自己的

---

[1] 毛伟：国际商务谈判中的跨文化问题及沟通技巧，《商场现代化》，2007（18）。

[2] 当时用的是英语。原话是："You can not call me teacher!"另外，满脸严肃也是有原因的。因为在俄罗斯文化中，对着不熟悉的人发笑有嘲笑对方"愚蠢"的意思。所以，在很多时候俄罗斯人的表情都是严肃的。

名字"Clémentine"，在法语中的意思是一种水果（小橘子）。然后，又说"I hate it！"听他这样说，笔者就半开玩笑地安慰道："it is good，because you'd never worry about food!"本来，按着中国人的思维方式，朋友之间这样说再正常不过了。听了笔者这样说，法国人的反应还算正常。而俄罗斯人的反应似乎有些过敏，马上换成一种不友好的眼神望着笔者，好像笔者在有意诋毁法国人，这让笔者很尴尬。最后，笔者不得不用"This is a Chinese joke"来化解这场尴尬。

经过这些事后，笔者意识到：在与外国人沟通时，如果双方使用的是第三方语言，一定要谨慎用词，切不可随便延伸、随便开玩笑。尤其是涉及对方不愿谈论的话题时，最好就此打住，即使是好朋友也不例外，除非你已经做好了充分的准备；否则，纠缠下去，不仅会让对方感到不快，也会让自己陷于进退两难的境地。

那么，人们为什么容易犯"以己度人"的毛病呢？根本原因在于人类认识的局限性。只要是稍有点生活经验的人，都会认为自己离真理最近，即便是一个儿童、一个小学生，也往往会认为自己是对的，尽管自己的知识面非常之狭窄。对于那些没有体验过的东西，人们不会真正的理解，甚至不会接受。要想让人们少犯"以己度人"的毛病，除了要给他们正确的理论指导外，实践历练是必不可少的。正如古人所说："纸上得来终觉浅，绝知此事要躬行。"由于汉语教师的国外沟通知识大多是从书本或课堂上学来的，学习的媒介语言主要是汉语和英语。且不说这些知识有多的零散，仅就知识的范围来说，也是非常局限的。除了对于英语国家的知识了解的多一点外，其他国家的知识几乎是空白的。在这样的情况下，汉语教师要获得在非英语国家的沟通能力，就必须要到实践中学习——沟通的能力要通过沟通来获得，沟通的问题需通过沟通来解决。

总之，沟通是一项技能，也是一门学问。作为跨文化的汉语国际教育，对汉语教师的沟通素质提出了更高、更加多样化的要求。虽然，其中的有些要求，汉语教师即便是穷尽一生，也未必能全部达到；但基本的要求，在经过一段时间的学习和历练后，是可以达到的，也是能基本满足海外沟通的需要的。至于汉语教师该如何具备这些素质，我们认为，应从态度、文化素养和实践历练三方面入手。而且，无论从哪一方面入手，都应充分重视细节、重视文化间的细微差异。只有注意了细节，才能真正意识到文化上的多样性和差异性，才会促使汉语教师采用不同的沟通策略。拿非洲学生、欧美学生和拉美学生来说，虽然他们都很活跃，也都会积极地参与课堂讨论，但他们的细节表现并不一样。因此，应区别对待。比如，非洲学生好奇心比较强，活泼好动，但他们需要依赖和照顾；因此，在与他们沟通时，老师要像对待小学生一样，采取细心、耐心加爱心的方式。拉美和南美的学生有点儿像国内的中学生，性情直率而又有些懒散，说话做事多凭个人喜好，感兴趣就积极参与，不感兴趣就不参与；因此，在与他们的交流时，应注意给他们一些必要的约束和引导。相比之下，欧美学生的独立性、批判性较强；因此，在与他们沟通时，可像对待大学生一样，尽量做到科学、理性、实事求是。同样，从前面对日韩学生的分析中也可看得到，尽管他们都具有亚洲学生的特点，谨慎、稳重，不爱表现，参与讨论不够积极，但他们之间也存在着细节上的差别。因此，汉语教师在为跨文化沟通做准备时，不光要在态度、知识、实践方面做好一般性的准备，还应做好其中细节性的准备。只有注意到了细节，才能让沟通变得更顺畅。

第二编　孔子·《论语》·儒墨哲学比较

　　孔子和儒学，不仅在中国文化史上占有极其重要的地位，在世界文明史上也有不可忽视的影响。说孔子是中国文化的象征与代表，儒学是中国文化的主干和核心，是一点都不为过的。每一个想了解中国，打算为中国的现代化进程尽一份力的人，都不能绕过孔子，绕过儒学，必须将目光投向遥远的时空，怀着温情与敬意，去感知孔子那颗伟大圣洁的灵魂，去感悟他那历久弥新的智慧。

　　中华文化是以儒家伦理道德为显著特色的伦理型文化，儒学也因系统地阐发了社会生活、伦理关系各个层面的道德规范和道德范畴，而成为中国传统文化的核心。数千年来，这个核心已经浸透到中华民族的血液中、骨髓里，成为中华民族的灵魂，是中国人之所以为中国人的身份之根、属性之本。

　　孔子创立的以"仁学"为核心的儒家思想及其价值系统不仅数千年来一直作为中华民族生存和发展的精神支柱，而且迄今依然影响着人们的思维言行。仁、义、礼、智、信、孝、廉、耻、忠、诚等伦理道德范畴始终闪烁着东方文化智慧的光芒。儒学以其历久弥新的生命力，有力地回击了"儒学过时论""进了博物馆论""飘零的游魂论"等论调，儒学的很多理念已经成为全球人民共同遵循的原则，如仁者爱人；修己安人；和而不同；因材施教；有教无类；严于律己、宽以待人；己所不欲、勿施于人；等等。这些大道理是人类生活、生存的基本准则，永远不会过时。只要有人类存在，儒家这些生活、生存的原则就应该而且必须存在。高高悬挂在联合国总部大厅里"己所不欲，勿施于人"的教诲就是一个生动的例子。

　　截止到 2010 年 10 月，世界各国已建立 322 所孔子学院和 369 个孔子课堂，共计 691 所，分布在 96 个国家（地区）。这些都充分显示了孔子与儒家文化无穷的魅力和强大的吸引力。人类要想在 21 世纪更好地生存和发展下去，就要好好研究儒学、创新儒学、弘扬儒学，从儒学中汲取智慧和力量。

　　孔子的思想早已超越了国界，产生了世界性的影响。很多学者将孔子与希腊的苏格拉底、印度的释迦牟尼、西方的耶稣并称为"人类思维范式的奠基者"，"人类文化史里的四大智慧巨星"。英国历史学家汤因比在其《历史研究》中说过：人类历史上曾经存在过数十个较大的文明区域，像我们所熟知的四大文明古国——古埃及、古巴比伦、古印度和古中国，还有古希腊和罗马等等，大都经历了生老病死的发展过程。然而有趣的是，只有位于东亚大陆的中国，成为世界上唯一一个未曾中断的文明体系。这在世界文明史上应该算是一个奇迹。而与这个文化奇迹联系最为紧密的人物是生活在两千五百多年前的孔子和老子。不过，纵观中国历史的长河，可以毫不夸张地说，是孔子而不是别人奠定了中国文化的格局，型塑了中华民族的性格。孔子早已化为了中国文化的象征，他的教诲已深入人心，融入生活，不管是饱读诗书的士人，还是目不识丁的老妪，举手投足间，总会有圣人的遗泽。因此，如果想了解中国，了解中国文化，自然应当从孔子这里开始。

儒墨两家都是齐鲁文化对中国和世界的贡献。从哲学体系上看，儒家和墨家有很多相同之处：共同的历史和时代背景，造就了儒墨两家近似的思维模式和智力结构，这种近似性不仅体现在儒墨两家对天命、鬼神、人生的态度上，也体现在注重整体、善于类比的方法上。但从具体的哲学形态上看，儒墨两家在哲学方法论以及宇宙观、天命论、鬼神论、生死论等方面又存在着很多的不同。我们在第四讲通过比较，揭示其中的不同，并对造成不同的原因做了解释。

第一讲　孔子生平

孔子，名丘，字仲尼，春秋末年鲁国昌平乡陬邑（今山东曲阜尼山之西五里，今名鲁源村）人，生于鲁襄公二十二年（前551），卒于鲁哀公十六年（前479），享年七十三岁。孔子是儒家学派的创始人，也是我国伟大的思想家、政治家、教育家。

春秋时期，"天下无道"，"礼坏乐崩"，"王官之学"走向没落。孔子虽出身下层，但广问好学。他系统学习了古代文献载籍及典章制度，总结三代以来的礼乐文化，形成了以"仁""礼""中庸"为基本内容的儒家学派，影响后世既深且远。

孔子兴办私学，培养了大批弟子。孔子去世后，这些弟子散游四方，传播孔子思想。这在无形中扩大了孔子儒学的影响力，使得儒家学说成为战国时的"显学"，奠定了儒学在中国传统文化中的主体地位。

一、贵族出身及早年生活

孔子有着"高贵"的血统，他的祖先曾是春秋时期宋国政坛上的一位风云人物；而他的远祖，则可追溯到殷商时期的王室贵族。

殷商王朝的最后一位君主纣有一位庶出的兄长，名启，被封在微地，享受子爵的爵位，史称微子启，是商王朝的股肱之臣，被后世看作"殷室三仁"之一。但他对商纣王基本保持着消极的、不太合作的态度。由于纣王残暴不德，对敢于冒犯他的大臣皆用酷刑加以镇压，同样为"殷室三仁"的比干被挖出心肝，箕子被贬为奴隶。微子启作为商王朝家族的一员，认为"人臣三谏不听，则其义可以去矣"，于是就逃走了。后来周武王大兵压境，他便带着祭祀神灵和祖先的礼器，"肉袒面缚，左牵羊，右把茅，膝行而前"，到周营乞降，从而保全了禄位。周武王灭商之后，封赐纣的儿子武庚继承殷商的宗祀，并让自己的两个弟弟管叔和蔡叔来监督、辅佐他。但是，武王死后，周公摄政，管叔、蔡叔怀疑周公有篡位之心，便鼓动武庚发动叛乱。周公率军东征，诛杀了武庚和管叔，流放了蔡叔。按照当时的政治道德原则，不能"灭国绝祀"，所以，微子启的运气来了。他作为奉祀殷人先祀的最佳人选，被封为宋国的开国国君，地域包括今河南商丘以东、江苏徐州以西，向北还有山东的西南地区。周公还特意作《微子之命》，以周成王的名义，对他教诲和训导。

宋国第一任国君微子启死后，其弟微仲继位。而微仲，才是孔子的正宗始祖。自微仲开始，父子相传凡十五代而至孔子。具体情况如下表：

微仲—宋公稽—丁公申—湣公共—弗父何—宋父周—世子胜—正考父—孔父嘉—木金父—睪夷—防叔—伯夏—叔梁纥—孔子

在这个世系表中，值得说明的有弗父何、正考父、孔父嘉、叔梁纥四人。

弗父何是宋湣公的长子，本来应该继承国君之位。但宋湣公却传位给了自己的弟弟宋炀公。湣公的次子鲋祀不满，发动政变，杀死了炀公，仍想拥戴弗父何为国君。弗父何没有接受这一结果，提出由鲋祀继位，是为宋厉公。这样，孔子的先祖自弗父何始，不再担任国君，而世代为宋国大夫。

正考父曾辅佐宋戴公、武公、宣公，可谓三朝元老，但为人十分低调。他撰写了一篇文字，铸在鼎上，传之子孙，以为家训，至今还保留在《左传》里："一命而偻，再命而伛，三命而俯，循墙而走，亦莫余敢侮。饘于是，鬻于是，以糊余口。"[1]意思是说：初次接受君命，则低首；再次接受君命，则弯腰；三次接受君命，则躬身匍匐。沿着墙根走路，但没有人敢轻侮自己。这大概就是他能够事三朝而得善终的原因吧。正考父在文化上的功绩是整理、修订了《商颂》十二篇，现在还有五篇保存在《诗经》里面。

孔父嘉对于整个孔氏家族来说，有着特殊的意义。他官至宋国大司马，掌握着宋国的军队。宋穆公临终时，托之以国君废立大事。当初，宋穆公的前任宋宣公没有传位给儿子与夷，而是让弟弟（即宋穆公）继承了君位。穆公为报答宣公，希望自己死后由与夷继位，不立自己的儿子冯。尽管孔父嘉对此有不同意见，但还是听从了穆公的遗命，拥立与夷为国君，是为宋殇公。

但不久，太宰华父督发动政变，杀死了宋殇公和孔父嘉。关于这次政变，还有一个很香艳的故事。据《左传》记载："宋华父督见孔父之妻于路，目逆而送之，曰：'美而艳。'……二年春，宋督攻孔氏，杀孔父而取其妻。"[2]看来，政变的导火索是孔父嘉美丽的妻子。由此可见，祖辈父辈常常教导子孙说的"丑妻、薄地、破棉袄"乃持家三宝，还是有一定道理的。

正是这次"华氏之乱"，孔父嘉的后人再也难以在宋国显赫荣耀地生存下去了，他们离开宋都，逃奔鲁国，在鲁国这片古代文化的沃土上培育了孔子这位文化巨人。也正是从孔父嘉开始，孔氏才自成一宗。本来，无论是殷商王室，还是宋国宗亲，他们并非"孔"姓，而是"子"姓，直到孔父嘉亦然。孔父嘉的后代以其字——"孔"为氏，才有了孔氏一族。[3]大概从孔父嘉的儿子木金父始，他们不再姓"子"，而改为姓"孔"了。

离开宋国、定居鲁国的孔氏家族，再也没有了从前的贵族地位。孔子的祖父孔防叔，担任的是防大夫一类的小官。防地是鲁国贵族臧孙氏的私人采邑，防叔

---

［1］杨伯峻编著：《春秋左传注》，北京：中华书局，2000年，第1295页。

［2］杨伯峻编著：《春秋左传注》，北京：中华书局，2000年，第83～84页。

［3］据《孔子家语·本姓》记载："弗父何生宋父周，周生世子胜，胜生正考父，正考父生孔父嘉，五世亲尽，别为公族，故后以孔为氏。"

不过是臧孙氏的家臣，职位和爵禄均不能传之子孙。孔子的父亲叔梁纥（姓孔，名纥，字叔梁）不可能从祖上继承多少财产和名位，他只有靠自己的努力打拼，才能出人头地。所以，成年后的叔梁纥便投奔到鲁国贵族孟献子门下，成为一名家臣武士，并在以后的两次战斗中表现突出，闻名诸侯。

鲁襄公十年（前563年）夏天，以晋国为首，包括鲁国在内的几个诸侯国联合起来攻打弱小的偪国（在今山东省枣庄市南），叔梁纥随军参战。诸侯联军攻城不久，偪国守军突然打开城门，在联军一拥而入的当儿，又突然将悬吊的城门放了下来，企图将联军拦腰斩断，使其首尾难以兼顾。危急时刻，叔梁纥快马赶到，奋力托住下落的城门，使联军安全撤出。他的英勇表现，被孟献子誉为"有力如虎"，叔梁纥从此"以勇力闻于诸侯"。鲁襄公十七年（前556年）秋天，齐国出兵侵鲁，鲁国大夫臧纥率领的部队被包围，叔梁纥也在其中。赶去救援的鲁国部队慑于齐军威力，临阵不敢前行。在此情况下，六十多岁的叔梁纥老当益壮，怒逞余勇，率领三百甲士，乘夜色保护臧纥杀出重围，到达鲁国援军的驻地，然后又杀回去，和援军内外夹击，打败了敌军。

尽管叔梁纥战功赫赫，但并没有得到太大的赏赐，只是做了一个陬邑宰的低级大夫，管辖的范围仅仅相当于现在的一个乡镇，仍然是"士"的身份。也就是在他六十多岁的那场辉煌战绩之后，他娶了孔子的母亲颜征在。

关于叔梁纥的家庭情况，保留下来的资料不多。据《孔子家语·本姓》记载，叔梁纥的正妻只为他生了九个女儿，其妾为其生了一个儿子叫孟皮，但脚有残疾，不能承继宗祀。"不孝有三，无后为大"，在这种情况下，六十多岁的叔梁纥又求婚于颜氏，娶颜征在为妻。据说叔梁纥、颜征在曾到鲁都东南的尼丘山祈祷求子，后生孔子。对此，在曲阜当地还流传着不少传说故事，尽管多半出于附会，与史实存在出入，但无疑表现出后人对"圣人"孔子的敬仰与爱戴。

在曲阜东南方向大约二十公里，有座很普通的小山，叫尼丘山。山脚下有个小村庄，现在叫颜母村，据说那里就是孔子母亲颜征在的家乡。据《孔子家语》记载，颜家有三个女儿，最小的一个叫征在。当叔梁纥向颜家求亲时，颜父便向女儿们说明了叔梁纥的情况：他虽然只是一个低级贵族，或者说是一个高级平民，但却是殷商王朝的后裔，本人生得身高体壮，勇猛过人，家境也比较富足，是一个可以托付终身的人，只是年龄大了些。颜父的态度还是十分民主的，让三个女儿自己决定是否同意这门亲事。两个大女儿都没有表态，小女儿颜征在十分大方地说："愿意听从父亲的安排。"这样，颜父就将小女颜征在嫁给了叔梁纥。

一位不足二十岁的妙龄少女，嫁给一个六十多岁的老汉，颜征在心理上不可能没有冲击。《孔子家语·本姓》说："征在既往，庙见，以夫之年大，惧。"婚后的颜征在很快就有了身孕，这让年迈的叔梁纥十分惊喜，他多么希望这次能够给他生一个健康聪明的儿子啊！于是，夫妻二人按照当时的习俗，到附近的尼丘山祈祷。鲁襄公二十二年（前551年）秋季，就在叔梁纥和颜征在又一次到尼丘山祈子的时候，孔子降临到这个世界。夫妇俩连忙在山脚下找了个简陋的山洞，作为临时产房。这个山洞后来被人们尊奉为"夫子洞"，又称"坤灵洞"，洞内原有孔子雕像，后来年久失修，为流沙掩埋。由于地势低洼，九十年代又被秋水长时间浸泡淹没。目前，有关部门已做了比较彻底的保护性清理、修葺，可供游人参观、瞻仰。

和历史上许多大人物一样，孔子的降生和哺育也充满了传奇色彩。据说，在孔子未生之前，颜征在曾梦见北方黑帝召见她，说将来她会诞育圣子，要找一个叫空桑的地方生育。而且，有一只麒麟来到孔家，口吐玉书，上写"水精之子继衰周而素王"几个大字。孔子出生之时，天上飘来了仙乐，两条苍龙从天而降，在孔家流连盘旋，意在保护，又有五位神仙，也来到这里，护卫孔子。可惜孔子生来相貌丑陋，头顶如反扣的盂，中间低而四周高，脸上有"七露"，即眼露筋、鼻露孔、耳露轮、口露齿（眼、鼻、耳均为双数，故为七露）。难怪叔梁纥和颜征在以为生了个妖怪，便丢弃在山洞中逃走了。结果老虎跑来为孔子哺乳，老鹰飞来用翅膀为他打扇，并驱赶蚊蝇。就连千年混浊的黄河，也因为孔子的降生而一度清澈！这就是有关孔子"龙生虎养鹰打扇"出生的传说。这些大多出自纬书和小说的说法，无非是在表明孔子的不同凡响，旨在神话孔子、抬高孔子。

其实孔子就是一个普普通通的凡人，和别的婴儿不可能有什么两样。因为是在尼丘山祈祷而得子，叔梁纥夫妇便为孔子取名曰"丘"，字"仲尼"，以示纪念。既言"仲"，便是排行第二的意思，说明孔子的确还有一位兄长。以后尼丘山为了避孔子的讳，也就改叫"尼山"了，一直到现在。

孔子出生前，其家境已经破落。三岁时，父亲叔梁纥去世，葬于防山。母亲和他一下子失去了庇护，被抛入生活的谷底。也许是为了躲避家庭内部的矛盾纷争，也许是为了谋生或者教育、培养儿子，颜征在带着年幼的孔子离开陬邑，来到鲁国的都城曲阜。此后，年幼的孔子随母亲颜征在迁居曲阜，生活清苦而贫困。由于家境贫寒，孔子不得不从事各种各样的劳动。所以，孔子曾经说："吾少也贱，故多能鄙事。"（《论语·子罕》）

在孔子的少年时期，对他的成长发生了重大影响的，除了大的社会政治背景外，还有两个重要因素，一是由特殊家世决定的饱经坎坷的生活状态，二是鲁国特殊的礼乐文化环境。

孔子时期，正当春秋（前722—前481）晚期。当时，铁器已开始被用作生产工具，农业、手工业有了很大发展，商业贸易也伴随着发展起来。经济力量的提高，带动了社会结构的重大变革，公元前十一世纪，来自黄土高原的周人推翻了中原地区殷商的政治统治，建立了周王朝。周文王的儿子、周武王的弟弟周公旦有鉴于殷商灭亡的历史教训，推行"以德治国，重视人事"的方针，建立了从天子到诸侯、大夫、士的宗法等级制度，周天子为天下共主，分封其子弟及功臣到各地建邦为诸侯，诸侯也用类似的方法在封疆内分派自己的子弟。这样就在全国（天下）形成了一个金字塔般的等级森严的政治权力体系，该体系呈现出鲜明的血缘、伦理特色。为维护这一体系构建的政治伦理秩序，就是通常所谓的"周礼"，这是一套从天子以至庶人在思想行为方面的规范体系。但是，到了春秋末期，随着生产能力的提高，某些诸侯、大夫的经济实力迅速膨胀，不再愿意接受上一级权力的制约。同时，也不排除某些地位本来低下的阶层在经济力量提升的情况下，要求提高政治权力的欲望。从而天下出现了"礼崩乐坏"的混乱现象，以周天子为共主的封建宗法体系的政治社会结构开始动摇，并逐渐解体。

"礼崩乐坏"的一个直接结果，就是阶级关系出现了剧烈变化。许多贵族没落了，一些原来不是贵族的人，却因为战功或经营有道晋升为新贵族。没落的贵族、新贵族和原来的下层贵族形成了一个比较特殊的群体——"士"。特殊的历史环境，使他们在军事、政治、文化、外交活动中，获得了施展才能的机会。他们代表了社会上较低层次阶层的利益，推动了平民阶层社会地位的提升。原来由贵族垄断的文化教育，这时候也开始下移到平民阶层。顺应广大人民学习文化、学术和各方面知识的需要，"士"开创了私人教授学生、传播文化的新教育制度，而孔子正是"士"阶层中比较有代表性的优秀一员。

西周开国初年，周成王在其叔叔周公旦的辅佐下平定了各地的叛乱后，大封天下。周公旦（姬旦）被分封到曲阜。周公要在朝廷辅佐尚未成人的周成王，无法就封，便令其长子伯禽代父就封，伯禽即是鲁国的第一任国君。为了褒奖周公的德行和功勋，成王乃命鲁得郊祭文王，在曲阜建立了与周天子等制的宗庙，鲁国国君有使用天子礼乐的特权。因此，曲阜成为西周王朝在东方的政治、文化中心，后世以"礼仪之邦"称道曲阜，"周礼尽在鲁矣"，即缘于此。就算到了"礼崩乐坏"的春秋末期，鲁国仍然很好地保存着比较完整的礼乐形态。据《左传》记载，孔子八九岁的时候，吴国公子季札来到鲁国观乐。鲁国宫廷乐舞人员为其举行了一场盛大的歌舞宴会，依次演奏了《诗经》的《周南》《召南》《邶》等十三风诗和二雅及颂诗，而且还演出了《大武》《象》《韶》《大夏》等古乐。这说明鲁国有着丰厚、系统的文化遗产，是滋润孔子不平凡人生的肥沃土壤。如此说来，颜征在选择定居曲阜，对于孔子的成长，有着特殊而重要的意义。

正是鲁国深厚的文化底蕴深深影响了孔子，培养了他"信而好古"的特点。青年时期，孔子学习的首要内容是礼、乐、射、御、书、数等"六艺"，这是当时贵族子弟的必修课程。具体说就是要熟知礼仪，能够应付各种场合的问答言辞，具备射箭、驾车、书写文书、计算等各种本领。颜征在确实是一位很不平常的母亲，为了让孩子学习贵族的礼仪，她甚至从集市上买来各种祭祀的礼器。幼年的孔子也没有辜负母亲的期望，经常把各种礼器（俎和豆）摆弄出来做游戏，"陈俎豆，设礼容"（《史记·孔子世家》），学着大人的样子，练习进退行止的礼节。再者，孔子毕竟还算得上一个低级的贵族子弟，可能有机会进入贵族学校，接受正规训练，他自称"十有五而志于学"，大概就是指的这一过程。另外，他还曾多次进入鲁国太庙，对与祭祀礼仪相关的每一件事都不耻下问，不放过任何一个学习的机会。这样，孔子在青少年时期已经基本上掌握了上述六项技能。

鲁昭公七年（前535年），十七岁的孔子遭遇了人生的又一大不幸，含辛茹苦抚养他的年轻母亲颜征在去世了，孔子失去了相依为命的唯一亲人。这时，孔子也碰到了一个不易解决的难题：当初父亲去世时，他只有三岁，根本不知道父亲葬在哪里，母亲后来也没有告诉他。现在母亲死了，孔子是希望父母合葬的，怎么办呢？他只好把母亲的棺柩暂时停放在一个叫"五父之衢"的十字路口，以引起人们的注意，提供父亲墓葬的具体位置。幸好当地一位车夫的母亲知道叔梁纥的葬地，在她指点下，孔子才得以将父母合葬于防山北麓，就在曲阜城东约十三公里处，现在已成为一座古柏参天的著名园林了。

还是在这一年，鲁国执政的季孙氏宴请"士"一级的贵族，孔子自谓也应该在被宴请之列，虽然还穿戴着丧母的孝服，他还是在没有接到正式邀请的情况下贸然前往了。其时季孙氏在鲁国炙手可热，权势如日中天。就在两年前，执政的季武子在原来三分公室的基础上，又四分公室，把鲁国的三军改为四军，自领其二。也就是说，从这时候起，季孙氏已经掌握了鲁国一半的百姓、土地、赋税和武装。孔子这时还很年轻，对这类事没有太深刻的认识，他天真地把季孙氏的宴请看作了自己今后晋身政坛的台阶，可以想见，孔子对未来怀有多么美好的憧憬吧！但是，现实是残酷的，季氏的家臣阳虎不客气地对他说："季氏飨士，非敢飨子也。"（《史记·孔子世家》）季氏要宴请的都是贵族，而不是你孔丘啊，你还是趁早走开吧！孔子只好讪讪地离开了。

赴宴被斥退，肯定带给孔子十分强烈的屈辱感，这对渴望进入贵族阶层的孔子是一个沉重打击，也更加激励了孔子奋发向上。年轻的孔子大概从中体味到了许多世态炎凉，认识到自己所处的社会地位。也许这件事让他明白了：要想跻身于贵族社会，参与到鲁国的贵族政治活动中来，还有很长的路要走，还需要付出更多、更大的努力。

母亲去世以后，孔子要独自谋生了。一开始，他主要是靠做一些鄙贱的粗活来维持生计，有人说他从事过吹鼓手一类的职业，但我们没有找到任何可以信服的资料。大约在他二十岁左右，他曾经做过"委吏""乘田"一类的低级职员，而且干得很出色。《孟子·万章下》说："孔子尝为委吏矣，曰：'会计当而已矣。'尝为乘田矣，曰：'牛羊茁壮而已矣。'"委吏，即仓库管理员，兼负会计等职事；乘田，即苑囿之吏，主管六畜畜牧，都是些尽管低贱，但无须出卖苦力的差事，其收入尽可以安排家用了。所以，鲁昭公九年（前533年），十九岁的孔子开始成家立业，娶了当地亓官氏的女儿为妻。第二年，孔子二十岁的时候，他有了一个儿子。鲁昭公听到这一消息，派人送来了一条鲤鱼表示庆贺。对此，孔子深感荣幸，便给儿子取名孔鲤，字伯鱼，以示纪念。从此，孔家为了避孔鲤的讳，称鲤鱼为红鱼，在其后的两千多年里，孔氏无论是祭祀还是宴乐，席面上都不再使用鲤鱼，这也算孔府菜的一个特色吧。

对后人而言，鲁昭公赐鱼一直是个谜。依当时情理而论，孔子年岁不大，并没有特殊的地位和功勋，充其量不过是曲阜城里一个普通的低级贵族子弟而已，何以能从国君那里邀得如此的荣宠？总不至于是因为他把仓库管理得好，或者将牛羊畜养得比较肥壮吧？比较合理的解释是，如果不是鲁昭公心血来潮，那就是因为孔子"十五而志于学"，至此小有所成，在当时的社会活动中已经颇有名气，才能使鲁昭公有此举措。

但是，昭公赐鲤却对孔子的一生产生了重大影响，它客观上提高了孔子在朝野上下的知名度和社会地位，同时，也使孔子初步萌生了强公室、抑私家、参与贵族政治的决心和信心。但我们还必须看到，此时的鲁昭公虽名为国君，实际上却是三桓的傀儡，本身并没有多少威望和权力。

从二十岁到三十岁的十年间，孔子将主要精力用于读书学习，他比较广泛地阅读鲁国所藏的大量典籍，了解各种文史知识。昭公十七年（前525年），郯国（少昊氏后裔，为鲁之附庸，在鲁国东南方，今山东省郯城县附近）国君郯子朝鲁，昭公设宴招待他。宴会上，鲁国大夫叔孙昭子询问少昊氏以鸟命名官职的情形，郯子作了详细回答，并对黄帝、炎帝、共工氏、太皞氏名官的情况加以说明。这是一段关于中国古代氏族社会图腾崇拜及其与政治的关系的重要资料。孔子听说以后，便专门去拜见郯子，并请教相关问题，收获甚丰，既而大为感慨："吾闻之，'天子失官，官学在四夷'，犹信。"[1]

在学习文史知识、礼仪制度的同时，孔子还下了很大的功夫来学习音乐。据说孔子在少年时代即开始学琴，到二十多岁的时候，其音乐修养已经十分高深，对此，《史记》《淮南子》《韩诗外传》及《庄子》，都有比较详细的记述。而且，从《论语》中我们还发现，孔子十分擅长弹琴。他曾经向职业乐官师襄子学琴，一支曲子弹奏了十天了，还不满足。师襄子说："可以学习新曲子了。"孔子答："我还没有掌握这支曲子要表达的道理。"又十天过去了，襄子说："已经明了其中的道理了，可以学习新的了。"孔子说："道理是明白了，但还没有明白作者的心志。"又练习了十天，师襄子再次劝说学习新曲，孔子仍然回答："作者的心志有些明白，但我还不能想象作者之为人。"直到又经过了一段时间的弹奏，孔子才说："这首乐曲传达出的情感是肃穆而有所深思的样子，心境坦荡而又高瞻远瞩，其志向十分高远。我想象着作者的样子，应该是面色黝黑，身材颀长，仰望苍穹，有一种称王于万国的气魄，这个人肯定就是周文王吧？"师襄子听罢肃然起敬，离席而拜："我的老师曾经告诉我，这首曲子的名称就叫《文王操》！"

不仅学文，孔子还学"武"，至少他射箭和驾车的水平是很高的。据说他曾在矍相园（在今曲阜城西北郊区）练习射箭，观者如堵。后来他也曾向弟子表示："吾何执？执御乎？执射乎？吾执御矣。"（《论语·子罕》）意思是说，在射箭和驾车两种技能方面，孔子更愿意选择驾车，说明他驾车的技艺是不错的。

总之，在三十岁以前，孔子除了因为生存必须从事某些地位低下的职事外，他主要是不放弃任何机会学习各方面的知识。他在掌握了基本的"六艺"——礼、乐、射、御、书、数的基础上，对礼乐、典章文物作了更深层次的探讨、考察，阅读了大量古代典籍。可以说，三十岁以前的孔子，已基本形成了自己的思想观点、处世态度和社会理想，即基本上确立了以周礼为典范的"忠君尊王"思想、

---

[1] 杨伯峻编著：《春秋左传注》，北京：中华书局，2000年，第1389页。

"笃信好学，守死善道"的自律信条、以"仁"为核心的社会理想。这为他今后的学术、政治和社会活动奠定了坚实基础，他之所谓"三十而立"的主要内涵，恐怕就在这里了。

二、兴办私学

孔子以前，学在官府，教育由贵族阶层垄断，庶人百姓便被剥夺了受教育的资格。自从平王东迁，周室衰微，王室的许多官吏失去了昔日的地位，开始沦落至诸侯国或混迹在民间，正如《论语·微子》所载："大师挚适齐，亚饭干适楚，三饭缭适蔡，四饭缺适秦，鼓方叔入于河，播鼗武入于汉，少师阳、击磬襄入于海。""学在官府"渐被"学在四夷"所取代，随之私学兴起。而孔子是中国历史上大规模设坛授徒的第一人。作为"士"，孔子首先举起了创办私学的旗帜，招收弟子，推动了学术下移，而孔子兴办私学应是开始了对其一生乃至对于全人类都至关重要的大事。

孔子的教学生涯大约是在三十岁时开始的。孔子博学多闻，通晓《诗》《书》、礼、乐等知识，深受敬重。他广收门徒，开门授学。据称，孔子有弟子三千人，"身通六艺者七十有二人"（《史记·孔子世家》）。孔子招收学生的标准，灵活而宽泛，对学生不分社会地位高低、身份贵贱及家庭境况的好坏，凡前来执礼求教者，孔子一概接纳，所以，孔子的弟子中既有出身较高的贵族子弟，也有一般的平民子弟，甚至还有曾经坐牢的人，贫寒人家的子弟居多，而且多集中在鲁国，后来随着孔子声望的提高，才逐渐有其他地方的青年负笈来学。孔子的教学生涯很长，因此其弟子也有前后期之分。颜渊的父亲颜路、子路等皆为孔子最早的弟子，而颜渊、子贡、冉有等人稍晚一些，属于早期弟子。随着孔子名声的增大，向他请教的人越来越多，其中后期弟子中较为著名的有曾子、子夏、子张等人。

在长期的实践中，孔子总结出了一套完整的教育理论，并形成了他系统的教育思想。

首先，孔子主张"有教无类"，扩大了教育范围。孔子说："自行束修以上，吾未尝无诲焉。"（《论语·述而》）什么是"束修"？学者历来争论不休。一种意见认为，束修，即十脡脯，指十条干肉，十条为一束，古代作为馈赠他人的礼品，也可理解为弟子拜师的贽见礼物。另一种意见认为，束修指结发束带，修饰仪容，意思是到了一定的年龄，就要修饰打扮起来，可以入学或参与社会活动了。所谓"一定的年龄"，据说汉代郑玄确指为十五岁。但是，我们通过查验唐代写本的《论语》郑玄注，发现郑玄本来的意思仍然以束修为实物，是拜师所持的礼物。因此，把"束修"理解成十脡脯，应该更稳妥一些。但即使是向学生收取十条干肉，也不是什么昂贵的学费，它不过是学生拜孔子为师的一种象征性礼仪，就像后来拜师要俯地磕头一般。很显然孔子注重的也一定仅是一种"拜师"之礼，而不会像通常人们理解的"收取学费"。况且，那些家境十分贫寒的学生能否真的凑足这十条干肉，恐怕也是个问题。有些家境较好的学生，大概会对孔子有所馈赠，而且绝不会仅限于十条干肉，就像后来的南宫敬叔那样。

孔子办学"有教无类"，他以博大的胸怀和超人的勇气，打破了贵族对学校教育的垄断，将私学的大门向所有向学者敞开，不分贵贱、年龄、贫富，人人都可以接受教育。如上所说，凡是束带修饰即到了一定的年龄的人向孔子求学，没有不加以教诲的。在孔子弟子中，子张出身鄙家，颜涿聚出身大盗，子贡为富商大贾，子路为卞之野人，颜渊家境贫寒……这些人在以前很难有受教育的机会，但在孔子的精心教诲下，却成为了"身通六艺者"。可以说，孔子创立的私学，打破了旧的教育格局，使下层人民的子弟也有了受教育的机会，对文化的下移起到了极大的促进作用，顺应了历史发展的潮流。

第二，孔子倡导"举贤才"，为社会培养"君子""成人"。孔子意识到社会的问题本质上是人的问题。要想改造社会，最根本的途径就是使社会中的人得到改造。而教育则是实现这一目标的最佳方案。因此，孔子广招弟子，并对这些人施以教化，以礼乐的素养、仁义的德行来型塑一批又一批的"君子""成人"。子路曾向孔子问询怎样才算是完美的人，孔子回答说："若臧武仲之知，公绰之不欲，卞庄子之勇，冉求之艺，文之以礼乐，亦可以为成人矣。"（《论语·宪问》）

孔子认为只有智勇双全，多才多艺，礼乐仁德，修养深厚的人，才能称得上"成人"，即完美的人。孔子由感叹"今之成人者何必然"，现在这样的人已经看不到了，只好退而求其次，在哪方面突出也可称得上是完美的人。即"见利思义，见危授命，久要不忘平生之言，亦可以为成人矣。"（《论语·宪问》）很明显，孔子教学的目的就是要培养出"君子""成人"，即完美之人才，至少是某一方面突出的人才。只有这些有知识、有德性的君子步入仕途，进而影响政治，引领社会，才能实现改造社会、"天下有道"的理想。

教学内容是由办学宗旨决定的。孔子创办私学的目的是要培养从政治国的人才，他所设计的教学内容必然会围绕这个中心展开。从《论语》一书看，孔子教学的内容是十分复杂多样的，但其基本课程应该还是以"六艺"为主。"六艺"是指礼、乐、射、御、书、数六种基本技能。"礼"是治国的各种规范和贵族之间交往的学问；"乐"是配合"礼"的一种手段；"射"是射箭等军事、体育活动；"御"即驾车，是外出交往的一种基本技能；"书"就是书法；"数"是计算技能。"六艺"可以说是包括了从参与国家大事到日常生活的一些基本技能。

在有关的记载中，我们可以看到孔子在不同的时间、不同的地点教学生演习所学过的"六艺"。孔子弟子受教于孔门，时间地点并不固定。多数时候，是以游学的形式进行的。孔子讲学，或弦歌于"杏坛之上"，或习礼于"大树之下"，或颠沛流离于"政治流亡"的途中。孔子授徒讲学后，无论是从政入仕，还是"周游列国"，抑或归鲁后整理文献，均有弟子陪侍追随，聆听教诲。尤其是"周游列国"的途中，主要弟子追随其左右，师生同甘共苦，患难与共，即使在最艰难危险的时刻，孔子仍然讲诵、习礼不衰。

孔子还编写了教材，即所谓的"六经"。"六经"包括《诗》《书》《礼》《乐》《易》《春秋》六部经典，这可以说是中国第一套比较完整的教材。孔子用《诗经》来提高弟子们的外交应答能力和文学水平；以《书》来给弟子们讲解古代治国的经验教训，用以从政时作为借鉴；通过《礼》《乐》来教导弟子们学习各种礼仪制度，以及配合礼制的各种乐制和演奏各种音乐的技能；以《周易》给弟子们讲解其中所蕴涵的哲学观，用以对社会和人生的观察；更通过《春秋》让弟子们从最为贴近的历史视角来观察当时各国的政治形势。

当然，孔子也十分重视学生的品德教育，《论语》中随处可见他们师生之间讨论"仁""忠""孝""君子"的对话，"子以四教：文、行、忠、信"（《论语·述而》），是孔子从事教学活动的很好总结，其中的"忠"和"信"，就是品德方面的问题。因为孔子的认识十分明确：要想更好地入仕、从政，个人的品德修养至关重要，没有良好的道德品质作保证，是不可能忠于国家、造福百姓、服务社会的。这也说明了孔子以人为本、教书重在育人的教育理念。

孔子主张仁政、德治，倡导"举贤才"，即用"举贤"的办法补充世袭制，以造就更多"贤臣"和"良才"。因此，孔子把培养"士""君子"作为教育目的。他主张"学而优则仕"，打破了政府官员的世卿世禄制局面，这不仅结束了只有贵族子弟才有受教育权力的时代，而且平民子弟上学后，也有了登堂入室，跻身统治阶级行列的可能。以"学而优则仕"改变了过去宗法世袭制的"'血'而优则仕"的局面，对中国历史产生了极为深远的影响。

第三，孔子贯彻"因材施教"的教育理念，总结出了启发诱导、学思结合等教学规律。那么多孔子的弟子之所以能够大放异彩，名垂青史，与孔子因材施教的教学方式密不可分。孔子善于根据学生在学业和性格上的特点，对不同的学生用不同的方法予以教育，效果显著。

孔子在教书育徒的施教过程中重视个体人格的主体意识，强调人的个性差异。他说不同的人有不同的特点和爱好，如"知者乐水，仁者乐山。知者动，仁者静。知者乐，仁者寿。"（《论语·雍也》）又如"闵子侍侧，訚訚如也；子路，行行如也；冉有、子贡，侃侃如也。子乐。"在孔子身旁的闵子骞温和恭顺，子路刚强亢直，冉有、子贡滔滔雄辩。孔子很高兴。进而孔子总结道："柴也愚，参也鲁，师也辟，由也喭。子曰：'回也其庶乎，屡空。赐不受命，而货殖焉，亿则屡中。'"（《论语·先进》）孔子将几个学生的性格概括为：高柴愚笨，曾参迟钝，颛孙师偏激，仲由鲁莽。孔子认为颜回的学问道德差不多了，可是却常常穷得没饭吃。端木赐不安本分，去囤积投机，猜测行情，竟然每每猜对，获得巨额财富。在孔子那里颜回、曾参、闵子骞绝非宋明理学家所称道的一副枯槁死板的模样，而是非常有个性的活生生的人。

正因为对不同的人有不同的认识和理解，所以，孔子认为要对不同的人教以不同的内容，即因材施教。他说："中人以上，可以语上也；中人以下，不可以语上也。"（《论语·雍也》）孔子善于根据每个学生个体的独特性给予不同的教育和引导，使每个学生的才能都能得到淋漓尽致的发挥。《论语·先进》中的这段对话就很能说明问题：

子路问："闻斯行诸？"子曰："有父兄在，如之何其闻斯行之？"冉有问："闻斯行诸？"子曰："闻斯行之。"公西华曰："由也问闻斯行诸，子曰：'有父兄在。'求也问闻斯行诸，子曰：'闻斯行之。'赤也惑，敢问。"子曰："求也退，故进之；由也兼人，故退之。"

同样是对于"闻斯行诸"的发问，冉有性格胆小、谨慎，为了鼓励他，孔子回答说，听到了父兄的教导就去做吧；子路生性鲁莽、好斗，为了阻止他，孔子答曰：虽然有父兄在，但不能听了父兄的话就马上照着去做，要三思而后行。孔子因人而异，正是通过对人的个性、心理特殊性的发掘，实现其注重学生独特性培养的个性教育。

孔子本着"学而不厌，诲人不倦"的态度，在教学过程中非常注意突出学生的主体性。他认为，学生不是消极被动的受动体，而是教学中的中心环节。孔子特别注重培养学生的学习兴趣，充分调动学生的主观能动性，力求做到"不愤不启，不悱不发"（《论语·述而》）。只有学生对这个问题产生了浓厚兴趣、迫切渴望得到答案时才予以指点。对此，颜渊赞道："夫子循循然善诱人。"（《论语·子罕》）在施教过程中，孔子并不一次给出全部答案，而是有步骤地诱导学生进行独立思考，自己找出正确答案，"举一隅不以三隅反，则不复也。"（《论语·述而》）正是孔子的这种举一反三，循序渐进的启发式教学，给学生留出了自由发挥的空间，取得了良好的教学效果。孔子"弟子盖三千，身通六艺者七十有二人"。（《史记·孔子世家》）孔子教导弟子要学思并重，思学结合，"学而不思则罔，思而不学则殆"，因此，对于好学、善学、德性极高的颜渊，孔子总是赞不绝口，对他的英年早逝更是痛心疾首。

　　另外，孔子还总结出了一些有价值的指导学生学习的方法。如要学、习结合，"温故而知新"；要学、闻结合，"多闻，择其善者而从之，多见而识之"；要学、用结合，"耻躬之不逮"，"耻其言过其行"。此外，他还强调学习应该有实事求是的态度，"知之为知之，不知为不知"。总之，孔子的学习经验诚如《中庸》所概括的那样，是"博学之，审问之，慎思之，明辨之，笃行之"。

　　孔子教学成功的关键不仅是言传，更重要的是身教。孔子深深地明白以身作则在教学和仕途中的作用。他认为："躬自厚而薄责于人，则远怨矣。""君子求诸己，小人求诸人。"（《论语·卫灵公》）"政者，正也。子帅以正，孰敢不正？"（《论语·颜渊》）"其身正，不令而行，其身不正，虽令不从。""苟正其身矣，于从政乎何有？不能正其身，如正人何？"（《论语·子路》）孔子热爱教育事业，把毕生的精力都倾注到了教书育人的工作中。作为一个知识渊博的老师，他说自己"发愤忘食，乐以忘忧，不知老之将至"。还说"敏而好学，不耻下问"。孔子平时严于律己，宽以待人，他勤奋好学的求知态度，乐观豁达的人生理念，以及为实现理想而孜孜以求的执着精神，形成了巨大的人格魅力，深深地感染着他的弟子们。弟子们发自内心地崇拜和敬仰着自己的恩师，从而也培养出了他们既严格又融洽的师生关系，所以才有在《论语》中孔子、子路、颜渊等个性鲜明的人物形象的出现。

　　关于《论语》中所反映的孔子及其弟子的性格，李泽厚有如下一段概述：

　　《论语》篇章的各种对话并无一贯系统，甚至七零八碎，但读毕全书，却仍可有一相当完整的生动印象。在那里，孔子是普通人，有说有笑，有情有欲，也发脾气，也干蠢事，也有缺点错误，并不像后儒注疏中所塑造的那样道貌岸然，一丝不苟，十全十美，毫无疵瑕。学生们也一样是活人，各有不同气质、个性、风貌、特长和缺点。[1]

　　孔子兴办私学在当时的社会上尽管不是唯一的，但孔子办学所独具的特色、

---

[1] 李泽厚：《论语今读·前言》，合肥：安徽文艺出版社，1998年，第14页。

所传授的内容，是吸引大量学生前来学习的关键因素。有一件事很能说明问题。鲁国贵族、"三桓"之一的孟僖子（当时鲁国的第三号人物，可谓权倾一时）临死前召见了他的家臣，遗命要自己的两个儿子孟懿子和南宫敬叔拜孔子为师，学习礼仪。孟僖子如此郑重地安排此事，是有深刻原因的。原来，在公元前535年，楚国建成章华台，邀请众诸侯前来观礼。孟僖子随同鲁昭公一同前往，途径郑国，郑简公亲自到梁地慰问昭公一行，结果由于孟僖子不通礼仪，不知道用什么样的礼节应对，大出其丑。到了楚国后，楚灵王又亲自到郊外迎接鲁昭公，孟僖子仍然在礼仪方面不知所措，因而出尽了洋相，使鲁国君臣颜面尽失。孟僖子感到十分惭愧，并以此为终身的奇耻大辱。从此开始认识到了学习礼仪的重要性。他亲自向孔子请教过有关礼的问题，并对儿子们说："我们鲁国有一个通达命礼、学问渊博的人，名字叫孔丘。他是圣人的后裔。他现在才三十多岁，就懂得许多的礼仪知识，他就是当今的圣人，你们一定要拜他为师啊！"这件事在当时影响很大，说明孔子所办的私学在某些方面已经胜过了当时的"公学"——专门为贵族子弟办的学校，得到了社会的广泛认可，甚至推崇。

私学的出现使"学而优则仕"成为可能，也因之打破了"血而优则仕"的贵族世袭制的传统，极大地刺激了社会等级的开放和流动，促进了"士"作为一个独立的阶层登上历史的舞台，且发挥着愈来愈大的作用。这顺应了历史发展的潮流，推动了文化的繁荣、政治的变革和社会的进步。孔子所从事的教育活动，在中国教育史乃至文化史上，具有里程碑式的意义，也正是因为孔子在教育方面的这种特殊贡献，后世尊奉其为"万世师表"。

三、从政仕鲁

对于中国古代知识分子（即"士"）来说，春秋战国时期无疑是一个"痛并快乐着"的时代。一方面旧社会制度的转型，社会秩序的失范，导致"礼崩乐坏"，战乱频仍，他们身心承受着巨大的痛楚。另一方面，也正因为社会秩序的失范，给他们带来了肉体和精神上的巨大解放。它不单单是知识分子从旧的宗法奴隶制的统治秩序中挣脱出来，作为一支独立的社会力量登上了历史舞台。更重要的是知识分子心灵的解放，强烈的主体意识和理性的自觉，使他们从旧的宗法伦理和天命神权观念束缚下的麻木状态中苏醒过来，从人文关怀的原则出发，自觉担当起拯救天下的使命。

在孔子的思想中，士的社会身份与其社会等级关系不大，他们不再拥有与生俱来的社会地位，而更侧重于道德情操的培养与高远理想的追求，强调士的价值取向必须以"道"为最后的依据。"所以中国知识阶层刚刚出现在历史舞台上的时候，孔子便已努力给它贯注一种理想主义的精神，要求它的每一个分子——士——都能超越他自己个体的和群体的利害得失，而发展对整个社会的深厚关怀。"[1]后来的士是否都能做到这一点当然是另外的问题，但由于孔子恰处在士阶层兴起的历史关头，他对这一阶层性格形成的影响，是深远而巨大的。"道"作为自己的天职和人生奋斗的最高价值目标成为新兴之士终生不懈的追求，"士不可以不弘毅，任重而道远。仁以为己任，不亦重乎？死而后已，不亦远乎！"（《论语·泰伯》）反映了以孔子为代表的古代知识分子高度的历史使命感。后世士大夫"身在江湖，心存魏阙"，总难忘情于国家事务，这是儒学的传统，也是中国士大夫知识分子的文化心理特征之一。

孔子晚年曾说自己"三十而立，四十而不惑，五十而知天命"。（《论语·为政》）从"而立"之年到"知天命"之年，孔子逐渐成熟，学业与修养也日臻佳境。

步入"而立"之年，孔子倾向于从政，希望借以实现他的政治理想。孔子说："苟有用我者，期月而已可也，三年有成。"（《论语·子路》）但鲁国沿袭着世卿世禄制度，大权掌握在"三桓"手中，胸怀大志的孔子报国无门。

孔子三十五岁这年（前517年，即鲁昭公二十五年）九月十一日，鲁国发生了一件大事：鲁昭公联合数家鲁国贵族讨伐执政的季平子，结果失败，昭公被驱

---

[1] 余英时：《士与中国文化》，上海：上海人民出版社，2004年，第25页。

逐出国。这件事的直接导火索，是一次再平常不过的斗鸡活动。这年夏天，季平子与贵族郈昭伯斗鸡，季氏为了取胜，在自己的鸡的翅膀上撒了芥末粉，以便伤害对方斗鸡的眼睛。郈氏也不示弱，给自己的鸡的爪子上安了金属刺钩。结果，季氏的鸡败下阵来。季平子大怒，一气之下依仗权势攻占了郈氏的住宅。此事闹到了并没有什么权力的鲁昭公那里，昭公明显偏袒郈昭伯，他们意欲联合起来，对付季氏。

　　其实，这次事变的真正原因十分复杂。本来鲁国国君早就是"三桓"手中的傀儡，尤其是鲁昭公，他作为鲁襄公的庶子，本无继位之望，是执政的季武子为了独揽国家大权，见他"幼弱"，才力排众议，拥立其为国君，以听从季氏的摆布。早在鲁昭公上台后不久（昭公五年），"三桓"四分公室，季氏掌握着鲁国一半的军事和财政力量，更是飞扬跋扈，他们根本没有把鲁昭公看在眼里。昭公十七年（前525年），鲁国发生日食。日，是代表国君的，日食的出现，意味着昭公要大难临头，应该举国祷告，并在太庙举行仪式，击鼓救日。但季平子却不让举行这样的仪式，目的当然是希望灾难降临到昭公身上。在事变发生的当年，鲁昭公按照礼制，要在鲁襄公之庙举行祭祀仪式，季平子又百般阻挠，将仪式上的乐舞搬到自己家中，在自家的厅堂里演奏"八佾舞"。古代乐舞，八个人为一行，称为一佾。按照当时的礼制，天子用八佾，诸侯用六佾，大夫用四佾，士用二佾，因身份的不同有严格的规定。季氏作为鲁国的大夫，按制只能使用四佾，即由三十二人演奏的乐舞。但季氏不仅舍弃了大夫的乐舞，而且连诸侯使用的六佾舞也不屑使用，径直使用了只有周天子才有资格使用的八佾乐舞，其狂悖可见一斑。正如《论语·八佾》所记载："孔子谓季氏：'八佾舞于庭，是可忍也，孰不可忍也？'"正因为季氏的有恃无恐，以下犯上，昭公的祭祀搞不成了，颜面扫地，十分难堪。而季氏和郈氏因斗鸡发生的矛盾，正好被昭公拿来作为报复季氏的借口。

　　当然，如果仅仅是昭公和郈昭伯联合起来对付季氏，力量是明显不够的。由于季氏执政以后，大权独揽，飞扬跋扈，得罪了许多贵族。例如，臧孙氏的弟弟与臧孙氏闹矛盾，逃到季平子那里得到庇护，臧孙氏恼怒之下，拘禁了季平子的下人，季平子也以牙还牙，拘禁了臧孙氏的家臣，臧孙氏就跑到鲁昭公那里去告状。而季平子的叔父季公亥，不满意季平子对家族事务的处理，也联合鲁昭公的三个儿子公为、公果、公贲，暗中谋划倾覆季平子。这样，就形成了一个反对季氏的联合阵线。有了这些力量的支持，鲁昭公终于决定在这年的秋季向季氏动手了。

其实，鲁昭公是一个不怎么成器的人，政治上很不成熟。据说他十九岁时还像小孩子一样，童心未泯，每次参加丧礼，不但不能装出悲戚的样子，反而面呈喜色。幼稚，让鲁昭公在对付季氏这件事上吃了大亏，他过于低估季氏和"三桓"的力量了。在行动前，昭公曾派郈昭伯到三桓之一的孟孙氏处去联络，一直没有得到孟孙氏明确支持的答复。昭公没有认真考虑孟孙氏的态度，就仓促命令反季联军攻打季氏。开始战事进展顺利，昭公的部队攻破了季氏的府第，把季平子包围在一座高台之上。季氏向昭公请罪，请求离开国都，到沂上去居住，昭公不应；又请求到更远的封邑费地去居住，昭公还是不应；最后请求允许他带五辆车子流亡国外，昭公终是不应——鲁昭公对季氏衔恨太深了，他必欲置季平子于死地而后快。

但是，戏剧性的变化就在此刻出现了。"三桓"的另外两支孟孙氏和叔孙氏出于自身和家族利益的考虑，在季氏将要完蛋的关键时候出手了。在他们看来，三桓势成犄角，互为依赖，一损俱损，唇亡齿寒，如果季氏垮台，明天和后天，鲁昭公要逐个收拾的，就是孟孙氏和叔孙氏。他们的支援，彻底解除了季氏的危难，郈昭伯被杀，昭公自知在鲁国已难以立足，只好逃亡到齐国。第二年，齐国攻取了鲁国的郓地，鲁昭公就暂时居住在那里。后来，昭公又被迫逃亡晋国，最终死在那里，再也没有踏上鲁国的土地。

此时的孔子已经有了十分明确的政治主张，对于季氏破坏礼仪制度、僭妄犯上、目无君主的行为，十分愤慨。在后来的那场君臣之间兵戎相见的政治斗争中，以孔子所处的社会地位和身份，自然他不可能直接参与其事，但从孔子的思想道德观念看，他肯定是站在国君鲁昭公一方的。因为孔子有一个重要的政治主张便是"君君、臣臣、父父、子子"，他不赞成臣子对君王有任何不敬。即便从私人关系而言，他也会同情鲁昭公的，因为昭公曾经赐鱼贺其生子，并赞助他适周问礼，物质和精神两个方面的襄助，都会令孔子对昭公感铭五内，他甚至会原谅鲁昭公的错误。有一次陈司败曾向孔子询问鲁昭公是否知礼，孔子给予了肯定的回答。结果陈司败对孔子的弟子巫马期说："我听说真正的仁人是无所偏私的，难道不是这样吗？昭公不避自己与吴国同姓'姬'，却从吴国娶了位夫人，担心称其为'吴姬'脸面上过不去，只好改称为'吴孟子'。按礼，同姓是不能结婚的，昭公的行为能算知礼吗？孔子却说他知礼，这不是有所偏私吗？"从这事可以明确看出孔子对昭公的维护。因此，如果说在这次政变中孔子曾经发表了一些倾向昭公的言论，从而招致了三桓的敌视，是完全符合情理的。

大概正是这样的原因，在鲁昭公逃亡齐国以后，孔子也带着弟子们离开鲁国，投奔了齐国，其中有躲避灾难的意思，也有追随昭公的意思，当然也许还有更深层的原因。就在孔子三十岁那一年，齐景公和齐相晏婴来鲁国访问，曾经召见了孔子。景公倒还罢了，晏婴却是一位十分杰出的政治家，历仕齐灵公、庄公、景公三朝，一直以正色立于廊庙，以清俭闻于朝野，嘉言懿行播于四方，在各诸侯国享有极高的威望。可以想见，晏婴是年轻的孔子政治上的最好榜样。当然，孔子尊崇晏婴绝不仅仅因为他的政绩令名，更为重要的是，他们对待公室和私家的政治态度几乎完全一致。晏婴一直以辅佐齐君、反对大夫的僭越行为、维护宗法礼制为己任，在这方面，他真可谓是孔子的"同志"！

据《孔子世家》记载，齐景公曾问孔子："昔秦穆公国小处僻，其霸何也？"孔子答曰："秦国，国家虽小，但其志向远大；位置偏僻，但行事中正。秦穆公能够用五张羊皮换来身处缧绁的贤人百里奚，封以大夫的爵位，把举国的政事交付他处理。如此重视贤才，虽王可也，其霸小矣！"景公深表满意。这一问一答，饶有意味：一方面，齐景公还多少存有让齐国再次称霸诸侯的幻想，也希望能够发现人才、重用人才帮助自己实现这样的幻想；另一方面，也可以看出孔子的自信和对现实处境的不满意，他多少有些怀才不遇的意思，甚至还存有希望齐景公能像秦穆公重用百里奚那样重用自己的幻想。

关于孔子与晏婴晤面的记载见于《晏子春秋》。晏婴到达鲁国后，孔子便安排学生去观瞻他如何行礼。弟子汇报说晏子在鲁国朝廷上的行止完全与礼的规定相反，说明他并不知礼。等晏婴处理完公事，来拜会孔子，孔子就问他何以如此，晏婴说行礼也要因地因时制宜，相机变化，不可墨守成规，只要大的方面不出格，小的方面有些变通是完全允许的。这让孔子大为敬服，认为："不法之礼，惟晏子为能行之。"

正是有了这样一次会晤，孔子也许隐隐地把齐国看作可以实现其政治理想的乐土，他毕竟对齐景公和晏婴还存有一定的期望。正赶上鲁国发生内乱，昭公奔齐，孔子便自然把齐国当作安身立命的首善之区，带着弟子们去那里播种新的希望了。

孔子这次去齐国，采取的是携弟子边走边讲学的形式。途经泰山，遇到一位在墓前啼哭的妇人。孔子派子路去询问："听您的哭声很悲伤，像遭遇了许多不幸，愿闻其详。"妇人道："起初，我的公公被老虎吃了，接着我的丈夫又命丧虎口。现在，我儿子也被老虎咬死了，能不悲伤吗？"孔子禁不住上前问道："既然这样，为什么不搬迁到别的地方去住呢？"妇人说："还不是因为这里没有苛暴的政令呀！"孔子为之动容，告诫弟子们说："小子们都记住了，苛政猛于虎也！"

孔子和弟子们在泰山附近还遇到了一位名叫荣启期的隐士，穿着野兽皮做成的破衣服，正在那里鼓琴而歌。孔子问曰："先生所以乐，何也？"对曰："吾乐甚多。天生万物，唯人为贵，而吾得为人，是一乐也；男女之别，男尊女卑，故以男为贵，吾既得为男矣，是二乐也；人，生有不见日月，不免襁褓者，吾既已行年九十矣，是三乐也。贫者，士之常也；死者，人之终也。处常得终，当何忧哉！"孔子曰："善乎！是能自宽者也。"不过，此时的孔子只有三十多岁，还没有经受政治上的挫折和磨难，不可能达到荣启期的境界，也不可能真正理解荣启期的心态，当然也不可能与荣启期有真正意义上的精神共鸣，但荣启期的乐观精神无形中给予了孔子很多启发，所以在其后累累若丧家之狗的政治流亡过程中，孔子才能始终乐观豁达，讲诵弦歌不衰。

大约在鲁昭公二十五年（前517年）冬天，孔子到达齐国，投靠在齐国大夫高昭子家，并且做了他的家臣。高昭子在齐国的名声并不太好，而且他的地位和身份，皆与鲁国的"三桓"相似，孔子既然不能认同"三桓"的做法，为什么会跑到高昭子那里去呢？这一直是一桩历史迷案。或许中间有一位史籍阙载的人的推介？或是孔子的某一个学生从中发挥了作用？我们均不得而知。可以确知的是，孔子对高昭子的看法肯定不坏，因为同年九月，也就是在孔子到达齐国前不久，逃亡到齐国的鲁昭公在平阴受到了齐景公的慰问，高昭子作为景公的随员，亲执箪食与四脡脯，对鲁君礼敬有加。这件事让孔子很是感动，认为"其礼与其辞，足观矣"。另外，据司马迁的说法，孔子"为高昭子家臣，欲以通乎景公"，说明高昭子在景公前能够说得上话，孔子依托高昭子，无非希望借以接近景公。后世学者往往对此耿耿于怀，以为是孔子人生历程中的一个莫大污点，未免有点小题大做！孔子曾经说过："富而可求也，虽执鞭之士，吾亦为之。如不可求，从吾所好。"（《论语·述而》）他连"执鞭之士"都能够屈尊去做，何况是一个大国大夫的"家臣"呢！

果然，孔子很快被景公召见，并咨询治国的方略。当时，齐国权柄集中在国氏、高氏两大家族手中，两家的先人本是"天子之二守"，即周天子指定的世袭之官。即使在齐桓公称霸诸侯的时代，对这两大家族，桓公也是敬而远之，名义上尊国氏、高氏为齐国上卿，但实际上并不委以重任，而是提拔那些出身贫贱的优秀人才如管仲、鲍叔牙、宁戚等处理具体国务。但从桓公晚年开始，国氏、高氏重新攫取了齐国政权，一直到景公时期，其间虽有兴衰，但两家的地位基本上没有改变。另外，就在孔子到达齐国的时候，另一家族陈氏也异军突起，成为齐国君权的最大威胁。陈氏本是陈国公子完（字敬仲）之后，公元前627年陈国发生内乱，公子完逃奔齐国，得到齐桓公的庇护，后来发展为齐国陈氏（因陈、田古代同音，故又称田氏）。到了齐景公时候，陈氏广泛收买人心，觊觎齐国权柄的野心日显。对此，齐景公不可能没有觉察，希望在齐国谋求发展的孔子也不可能毫无了解。所以，当景公问政时，孔子的回答简要而含蓄："君君、臣臣、父父、子子。"这是孔子维护君权、抑制陪臣的一贯主张，而且也正好切中了齐国的时弊。景公对此十分满意，说："善哉！信如君不君、臣不臣、父不父、子不子，虽有粟，吾得而食诸？"（《论语·颜渊》）过了几天，景公又向孔子问政，孔子针对齐国的世风答曰："政在节财。"当时的齐国奢侈之风盛行，大兴土木，建离宫，筑高台，极尽奢华之能事，甚至景公的一双靴子也要饰以金银珠玉。而贵族们纷纷效法，每以富奢相骄。与此形成鲜明对照的是，齐国百业凋敝，民不聊生。孔子作为一个仁人君子，自然不会迎合景公而隐瞒自己的政治观点；再说，正当壮年的孔子本希望在政治上大展宏图，也不可能在原则问题上韬光养晦。巧合的是，他的这些回答也正适合了齐景公企图整顿国政、保护君权的需要，景公由此而萌生了任用孔子的想法，甚至还要将尼豀之田赐给孔子。

但景公的想法和做法遭到了晏婴的强烈反对。据《晏子春秋》记载，孔子到达齐国之初，景公就曾对他不去投靠晏婴而去作高昭子的家臣表示不解。孔子向景公坦言，他对晏婴有看法。在孔子看来，晏婴侍奉齐国三任国君都很顺利，是因为他用了三种心思和方法，说明晏婴并不是一位信守执一的君子。这实质上是在景公面前说了晏婴的坏话，而且已经涉及晏婴的人品。晏婴知道后，对齐景公说："不然！我只用一种心思侍奉每一位国君，那就是为了齐国的安定富强，只是视不同情形表现得不一样罢了。"此事可信与否，姑置勿论，但它却表明了孔子和晏婴在政治上的差距。作为老练务实的政治家晏婴，对孔子及其思想学说有更深层的认识：孔子只是一个充满理想的思想家，而不是一个真正意义上的政治家，他的思想学说大多并不适应当时的社会现实。所以，在孔子的任用问题上，晏婴比齐景公更冷静、更理智。他对景公说：孔子讲求礼节，过于繁琐详细，其学说过于迂阔，根本无法解决齐国的现实问题。

齐景公因此改变了对孔子的态度，不再向孔子询问有关礼仪之事。不久，景公坦率地对孔子说："要我像鲁君对待季氏那样对待您，奉您为上卿，我恐怕做不到。"于是就把孔子待遇安排在鲁国的季氏和孟氏之间。这实质上是在敷衍孔子，并未授予他任何实际官职，当然更不再提起要赐予他尼豀之田的事了。

就这样孔子在齐国度过了不到两年的时光。在三十七岁那年，孔子听到传闻，齐大夫要加害于他，齐景公也渐渐疏远了孔子。在如此景况下，孔子只有离开齐国一条路可走。据《孟子》记载："孔子去齐，接淅而行。"说明当时情况十分危急，孔子师徒连做熟一顿饭的时间也没有了，只好把淘洗好的米包起来带走。本为实现美好的理想而来，不意结局竟狼狈如斯！

孔子是带着无奈和痛苦回到了自己的父母之邦——鲁国，而此时的鲁国已经没有了国君，完全处于孔子最不愿见到的"君不君，臣不臣，父不父，子不子"的状态。

从三十七岁到五十一岁这十多年间，孔子基本上是在教授学生、编修诗书的工作中度过的。也正是在这十多年间，鲁国乃至天下，却发生了许多变化。在错综复杂的社会风云中，孔子经受着思想上的一次次磨砺，时代终于造就了一位前无古人后无来者的文化宗师。

在教授学生和整理典籍之余，孔子仍然一直关注着国家政事。鲁昭公自公元前517年秋天流亡国外，直到公元前510年十二月死在晋国乾侯，七年间一直没能回到自己的国家，国家大权长期掌握在执政的季平子手中。昭公死后的第二年，季平子废掉了鲁太子衍，改立昭公之弟公子宋为鲁君，是为鲁定公。由于定公之立没得到先君昭公的遗命，实质上就是季平子私自拥立的，所以更不可能有什么实际权力，只不过是季氏手中的又一个玩偶而已。在这样的形势下，鲁国贵族任性胡为，无所不用其极。《论语·八佾》云："三家以《雍》彻。子曰：'相维辟公，天子穆穆'，奚取于三家之堂？"所谓"三家"，即季孙、叔孙、孟孙之"三桓"，他们胆大包天，在祭祀自己先人时，都是唱着《雍》诗而撤除祭品的。《雍》系《诗经·周颂》中的一篇，是周武王在宗庙祭祀父母周文王和母后太姒时演唱的乐歌，"相维辟公，天子穆穆"形容的就是这样的国家大典。三桓在自己的家庙里堂而皇之地使用《雍》诗，真是到了无法无天的地步。

更为可笑的是，由于"三桓"长期以来忙于对付鲁君，把持国政，以及与其他世家大族争权夺利，无暇顾及家族内部的事务，把采邑都尽数交付家臣或邑宰们来经营，这些家臣和邑宰便逐渐地取得了对采邑的控制权，掌握了三桓的财产和武装，动辄胁迫、囚禁采邑主，多次发动武装叛乱。尤其是季氏的家臣阳虎，完全控制了季孙氏，竟然以家臣的身份掌握着鲁国的国政，形成了"季氏专鲁国，阳虎专季氏"的局面。对此，孔子曾经作过深刻的剖析："天下有道，则礼乐征伐自天子出；天下无道，则礼乐征伐自诸侯出。自诸侯出，盖十世希不失矣；

自大夫出，五世希不失矣；陪臣执国命，三世希不失矣。天下有道，则政不在大夫，天下有道，则庶人不议。"(《论语·季氏》)阳虎专鲁国，正是"陪臣执国命"的典型代表。孔子看到"陪臣执国命"的严峻形势，深为鲁国担忧。阳虎屡次请孔子出仕，均遭拒绝亦在情理之中。因为孔子不可能违背自己的道德理念和处世原则，去和阳虎一类人同流合污。

阳虎是不满意一直作季氏家臣身份的。处心积虑数年之后，他认为自己羽翼已丰，取代季氏的时机成熟了，便联合一批反季力量，于定公八年（前502年）发动政变，准备杀死季桓子，以季寤取代季氏，叔孙辄取代叔孙氏，自己本是孟孙庶孽，自然取代孟孙氏。但人算不如天算，季桓子逃脱到孟孙处，三桓又一次联手，击溃了阳虎的叛乱，阳虎被迫逃离鲁国。

这一事变对鲁国和三桓都是一次沉重的打击，三桓已经不敢再依靠家臣来处理内政了。而且，天下形势也越来越不利于鲁国，司马迁分析道："是时也，晋平公淫，六卿擅权，东伐诸侯；楚灵公兵强，凌轹中国；齐大而近于鲁，鲁小弱，附于楚则晋怒，附于晋则楚来伐，不备于齐，则齐师侵鲁。"(《史记·孔子世家》)在这种内外交困的形势下，鲁国不得不重新审视用人政策，执政者开始把目光投向平民社会，寻找可资利用的人才，孔子及其弟子们便成了最理想的人选。

最先进入政坛的，是孔子的弟子们，他们被安排在季桓子手下处理一些具体行政事务：子路做了季氏宰，总管季氏家的各种事情，高柴被派往季氏的采邑费地为官，冉求也在季氏家担任了一个比较重要的职位。他们在鲁国的一番作为，为孔子的出山造了不小的声势。鲁定公九年（前501年），孔子五十一岁的时候，终于被任命为中都（今山东省汶上县西）宰，很有些牛刀小试的味道。结果，孔子在那里干了一年，政绩突出，四方则之。第二年，孔子便由中都宰擢升为小司空一职，回到鲁国都城曲阜上任了。

按照周制，天子设六卿：司徒、司马、司空、司寇、宗伯、冢宰；诸侯设三卿：司徒、司马、司空，他们又分别兼任冢宰、宗伯、司寇。其中，司空是主管土木建筑工程的官员，下设二小卿，即小司寇和小司空，属小大夫之列。就鲁国而言，季孙、叔孙、孟孙三家为世袭上卿，分别担任司徒、司马、司空。孔子现在就任的，其实是小司空。

据《孔子家语・相鲁》记载，孔子任小司空之后，把土地分为山林、川泽、丘陵、坟衍（高原）、原隰（平地）五类，依土性之不同，因地制宜，安排种植，政绩突出，得到了三桓的信任，很快由小司空提升为大司寇。大司寇是掌管国家司法、刑狱及社会治安的最高长官，在鲁国公室政权中与"三卿"并列。

孔子一跃跻身于鲁国上卿之列，担任大司寇，从当时鲁国的政局来看，是完全可能的。一方面，执政的季桓子能力平平，鲁国的内政、外交方面均无合适人才担此重任；另一方面，孔子本来就是一介平民，没有太复杂的政治背景，构不成对各大家族势力的威胁。因此，选择他为大司寇，比选择任何一个贵族成员更容易让各方面接受。而且，鲁定公上台也有十个年头了，政治上的风风雨雨经历了不少，心里对鲁国政坛上的各种矛盾已经有了比较深入的认识，他何尝不希望有一个比较可靠的政治同盟者！现在孔子进入了鲁国的政治核心，对鲁定公而言，是有百利而无一害的事情。

孔子任大司寇时的政绩也是相当突出的。据《荀子・儒效》记载：牛羊贩子再不敢弄虚作假以欺骗买主，不检点的老婆被赶出家门，行为不法者仓皇逃奔，劳动所获皆按家中亲人的多寡分配，如此等等，无非是些依照礼制移风易俗的事情。文献记述比较详细的，是《荀子・宥坐》里的一个故事：父子二人闹矛盾，告到孔子那里，孔子便把儿子囚禁起来。数月后，父亲心疼儿子的牢狱之苦，主动撤掉诉讼。这是孔子治民的一个范例，不用刑法去硬性约束，而是唤醒人心深处的自然本性，从而实现和谐。这些事例都表明，孔子治国，讲求的是标本兼治，重在治本，最终实现"必也使无讼"的目标。这与孔子"以德治天下，不以力与刑"的一贯主张是完全一致的。

孔子在大司寇任期内最辉煌的、最切实的政绩，是以相礼大夫参加了齐、鲁两国国君在夹谷的会盟。当时，齐、晋、鲁三国的关系十分微妙，齐、晋、楚三国争雄，各不相让，齐、晋两国之间尤为紧张。晋、鲁因都是姬姓封国，关系较近，一直是盟国关系，但鲁国势弱，始终处于屈从地位，晋国总是把鲁国视为附庸，多次羞辱鲁国。鲁国与齐国长期保持着姻娅关系，且地理上相近，合合分分，多有摩擦，领土被齐国掠占了许多。出于争雄的需要，齐国一直相拉拢鲁国，而鲁国也希望能够和近邻修好。在这种形势下，就有了鲁定公十年（前500年）的齐、鲁夹谷（今山东莱芜境内）会盟。

孔子因为有在齐国生活的经历，比较熟悉齐国的情况，且毕竟与齐景公有过一段不错的交往，现在又担任鲁国的大司寇，兼以熟知礼仪，便被任命为这次会盟的傧相。临行前，孔子对鲁定公说："举行文事，一定要有武备，举行武事，也一定要有文备。诸侯国君离开疆土，一定要选择专门的文武官员随从。这次请您带上负责军事的左右司马以为护卫。"孔子的估计完全正确，齐国的确心怀鬼胎，存有劫持鲁君以要挟鲁国的打算。等到两君会盟，齐人便唆使一帮乌合之众闹事，试图趁乱劫持定公。孔子疾步登上盟坛，大声说："两国国君会盟，而蛮夷之俘以兵乱之，这不是齐君率命诸侯的办法。诸侯盟会，岂可以武力相逼？从道义方面讲是不义，从做人方面讲是失礼，齐君难道会这样做吗？"齐国方面只好让乱军退下。待到要签订盟约了，齐国又无理地提出应该加上这样的条款：齐国军队出境作战时，鲁国要以三百乘相从。这是典型的要挟，从而让鲁国成为齐国的附庸。孔子坚决要求删除这一条款，并提出要齐国归还已被侵占的汶阳之地。结果，齐国只好作罢。会后，齐国又安排优伶在鲁君面前舞蹈歌唱，以羞辱鲁国。孔子厉声斥责，说："笑君者当死！"命令司马上前行法，齐优身首异处。最后，齐国提议设宴招待鲁定公，孔子认为不必多此一举，而且也不宜在野外举行，此议亦罢。由于孔子的沉着周旋和据理力争，在夹谷之会上本来处于弱势的鲁国反而占尽了上风，并在盟誓后齐国归还了侵鲁的郓（今山东郓城东）、汶阳（今山东泰安西）、龟阴（今山东泰安南）之田。

夹谷之会的胜利，显示了孔子卓越的政治、外交才能和胆识。这次会盟，是鲁国外交史上一件振奋人心的大事，也使孔子在诸侯间赢得了很高的声誉，尤其是在鲁国，孔子的威望达到了前所未有的高峰。季桓子对孔子在夹谷会盟中的表现十分满意，回来后就让他代行执政之职——"摄相事"，出入庙堂，参与国家各种重大政治活动和祭祀庆典，甚至一度代表国家应对、接待各国宾客，或出使他国，聘问诸侯。据《孔子世家》记载，孔子摄行相事之后，面有喜色。学生们感到很不能理解，就告诫他："闻君子祸至不惧，福至不喜。"孔子美滋滋地回答："是有这样的说法。但不是还有'乐其以贵下人'的说法吗？"看来孔子也未能免俗，陶醉在"因富贵而凌驾于众人之上"的欢喜之中，多少有些"小人得志"的嘴脸。孔子也因为自己的出色表现而踌躇满志。他雄心勃勃，准备实现自己的政治理想，干一番匡扶公室、裁抑私家的大业了。鲁定公十二年（前498年，孔子五十四岁）的夏天，孔子策划了拆毁三都的行动，引起了轩然大波。

三都，是三桓领地内的三座私家城堡，即季孙氏的费邑、叔孙氏的郈邑和孟孙氏的成邑。孔子为了削弱私家以强公室，向鲁定公建议"堕三都"。当时，正值叔孙、季孙之家臣侯犯和南蒯各据其邑叛乱，叔、季二氏也支持这一主张，于是先拆毁了叔孙氏的郈邑（今山东省东平县南）和季氏的费邑（今山东省费县）。堕费时，费宰公山不狃乘虚杀入鲁都曲阜，鲁定公和三桓慌乱中躲进季氏家里，被叛军包围，情势十分危机。幸赖孔子命申句须、乐颀二大夫率部反击，败公山不狃于姑蔑（今山东省泗水县东）。公山不狃逃奔齐国，遂堕费。可是再去堕孟氏的成邑（今山东省宁阳县东北）时，却受到孟氏家臣公敛处父的抵制，他对孟懿子说："如果拆毁成邑，齐人就会侵到国家北门。而且，成邑是孟氏的保障，无成，则无孟氏。您可以假装不知道，由我来出面抵制。"此时的叔孙氏、季孙氏也回过神来，明白当初支持"堕三都"实为失策之举。叛乱的发生，根本原因在于自己选择邑宰不当，但私家城堡的存在，却是三桓赖以自强的根基。这样，三家再次联手，不再支持"堕三都"。"堕三都"遂以失败而告终。

"堕三都"事件暴露了孔子与三桓的深刻矛盾。作为一位有理想、推尊礼治王道的政治家，孔子有一套自己的行政思想，即尊王攘夷，强公室，抑私家。这与三桓所代表的私家势力是矛盾的。而且，这种矛盾是针锋相对、不可调和的。这就决定了孔子与三桓的亲密和谐关系不可能持续太久。堕三都事件就是这种矛盾爆发的突破口，它的失败，宣告了孔子在鲁国政治生命的终结。

堕三都之后，孔子逐渐被三桓冷落，离开了鲁国的政治核心。鲁国的宿敌齐国也不希望孔子继续执政，便于次年春天挑选了八十名美女和一百二十四骏马，送给鲁君和季桓子，目的是想拉拢鲁国成为其附庸。鲁国把美女和马匹安排在曲阜城南门外，姑娘们都穿着华丽的衣裳，跳着曼妙的舞蹈，季桓子抵挡不住诱惑，多次和定公微服观赏，怠于政事。孔子亦大受冷落，子路奉劝道："夫子可以行矣。"孔子犹豫再三，还是有些恋恋不舍，说："鲁国就要举行郊祭了，依礼应该分赐祭肉给大夫们。倘若能分我一块祭肉，就说明还有希望。"师徒们眼巴巴地等到郊祭结束，终于没有看到祭肉。孔子最后的一点幻想破灭了，遂决心离开鲁国，另谋出路。

孔子离开鲁国的情形狼狈而可怜！据《孟子·告子下》所述，他甚至连参加祭祀时穿戴的礼服都没有换下来，就匆匆启程了。"不知者以为为肉也，其知者以为为无礼也。"这次"无礼行为"使孔子的自尊深深地受到了伤害。眼看自己安邦定国的愿望已不可能实现，遂于定公十三年（前497年）孔子在绝望中忍痛弃官去鲁，带领一批弟子，开始了漫长的周游列国的经历。

四、周游列国

为了自己德治的政治理想，已经是五十四岁的孔子踏上了远离祖国的行程，开始了长达十四年的周游列国生活。孔子游历各国，目的是为了寻求能够实现其政治抱负的邦国。然而，"无道"的现实决定了他难以找到理想的栖身之所，最终使得他的游历成为"政治流亡"。

孔子周游列国的第一站是卫国。卫国是周武王之弟康叔的封国，与鲁国同为姬姓兄弟之国，在文化上比较接近。孔子在鲁任司寇摄相事的时候，卫国贤大夫蘧伯玉曾派使臣拜访过孔子；另外，子路的妻兄颜浊聚，早年也曾求学于夫子门下，此时在卫国任大夫之职。有了这两层关系，孔子才带着弟子们来到这里。这次随行的弟子主要有子路、颜回、冉求、子羔等。

孔子和一批弟子初入卫境时，看到卫国人多地肥，孔子说："庶矣哉！"当时弟子冉有驾车，冉有问："既庶矣，又何加焉？"孔子答曰："富之。"又问："富矣，又何加焉？"孔子回答："教之。"(《论语·子路》)孔子与冉有的对话，反映了孔子治理国家"先富后教"的主张。

孔子一行到达卫都帝丘（今河南濮阳西南）后，住在了孔子弟子子路的妻兄颜浊聚家中。因为是鲁国上卿，声名远播，孔子一行的到来在卫国朝野引起了不小的轰动。卫灵公很快接见了孔子，并以礼相待。孔子在鲁国时"奉粟六万"，因而卫灵公也给了他"奉粟六万"的待遇。然而，卫灵公本身昏庸无道，他只想利用孔子的声名来装点门面，显示其礼贤下士的风范，实际并未授予孔子官职，最多也只是把孔子当作一位高级顾问而已。所以，孔子平常几乎无事可做，只好教诲弟子，学习文献。因此孔子在卫国始终未获重用。居卫不久，卫公叔戍叛逃。公叔戍是大夫公叔文之子，孔子尊重公叔文"富而能臣""富而不骄"(《左传·定公十三年》)，与弟子采集其言论和事迹，与公叔戍也有来往。因此，就有人在卫灵公前讲孔子的坏话。灵公听信谗言，派人监视孔子。孔子担心因此获罪，便在这年的十月离开了卫国，准备到南方的陈国去。行出百余里，到了郑国的匡邑（今河南长垣县），竟遇到了意想不到的大麻烦。

早在鲁定公六年（前504年），阳虎曾带领鲁兵伐郑，对匡人多所杀戮。孔子一行经过此地时，由于孔子貌似阳虎，匡人误以为阳虎复来，便把孔子师徒围困，处境一度十分危险。面对这样的险境，孔子慨然说道："文王既没，文不在兹乎！天之将丧斯文也，后死者不得与于斯文也；天之未丧斯文也，匡人其如予何！"(《论语·子罕》)显示了孔子对"斯文在兹"的担当与自信！

经过这番折腾，陈国去不成了，师徒们只好又回到卫国。真可谓祸不单行，途经蒲地（今山西隰县）的时候，正赶上蒲人阴谋发动叛乱，孔子师徒又一次被扣押在那里。以五乘车追随孔子的陈国弟子公良孺很有勇力，他大声疾呼："吾昔从夫子遇难于匡，今又遇难于此，命也已。吾与夫子再罹难，宁斗而死。"便与子路等人不要命地冲上去，一番拼死打斗后，蒲人害怕了，提出条件说：只要不回到卫国，我们就放过你们。孔子答应了这个条件，与蒲人盟誓后得以脱身。但他带着弟子们还是回到了卫国，子贡对此十分不解："盟可负邪？"孔子回答："受胁迫签订的盟约，何必理它！"(《史记·孔子世家》)虽然孔子一直强调"民无信不立"，但若是在别人胁迫的情况下做出的承诺，就无需信守诺言。这一事例说明了孔子处事并非顽固迁腐，恪守教条，而是会根据条件的变化灵活的处理各类棘手之事。

卫灵公闻知孔子返回，亲自到郊外迎接。孔子见灵公如此礼遇，认为出仕有望。实际上，卫灵公终未起用孔子，使孔子心情惆怅。当时，灵公年老昏庸，卫国朝政为夫人南子所左右。而南子本人生活淫乱，名声不好。这时，她也想见见孔子这位"国际"名人，便派人致意说："四方之君子欲与寡君为兄弟者，定要先见夫人。夫人愿见您一面。"孔子不得已而见之，"夫人在絺帷中，孔子入门，北面稽首，夫人自帷中再拜，环珮玉声璆然。"子路对此很不愉快。孔子再三解释："吾向为弗见。见之，礼答焉。"唯恐不信，又指天发誓说："予所否者，天厌之！天厌之！"（《论语·雍也》）

尽管孔子在卫国享受着很高的物质待遇，但他之所以离开父母之邦，颠沛流离于异国他乡，并非要寻找一个养老之所，而是要实现其仁政的理想，他一直在寻求可以让他施展抱负的贤主明君。显然，卫灵公是不合格的，孔子不免有些郁闷和惆怅。偏偏这个时候，又发生了一件让孔子深以为耻的事。卫灵公出游，让孔子随行。灵公的本意是向孔子示以恩宠，但在安排车次时出了问题：灵公和夫人南子同乘一车，走在最前面，让孔子坐在后一辆车上，同车的却是一个宦者，就这样招摇过市。孔子对此十分气愤，觉得自己在灵公的心目中简直就是一个弄臣，便直斥灵公道："吾未见好德如好色者！"这件事深深地刺伤了孔子，他决定离开卫国。这一年，鲁定公卒，其子蒋立，是为鲁哀公，孔子五十七岁。

孔子觉得已没有在卫国停留的必要，便决定去晋国，欲借晋国中军元帅赵简子之力实现自己的政治理想。孔子师徒一行离卫向西而行，准备渡河。走到黄河边上，闻知晋国发生了内乱，赵简子把鸣犊和舜华两位贤大夫杀害了。这事给孔子精神上以重重的打击，从鸣犊和舜华身上，他似乎看到了自己的命运，不禁对着滔滔黄河水慨叹道："美哉水，洋洋乎！丘之不济此，命也夫！"（《史记·孔子世家》）遗憾之余，师徒们只好悻悻而返。

鲁哀公二年（前493年）夏四月，卫灵公卒，太子蒯聩两年前已被驱逐出国，故灵公之孙辄（蒯聩之子）立，是为卫出公。但蒯聩却在晋国的支持下回国，与儿子辄就君位继承问题争得你死我活。卫国大乱，晋、齐相继介入。主张"危邦不居，乱邦不入"的孔子，只得投奔他国了。

是年秋天，孔子师徒离开卫国，前往陈国。经过曹国都城陶丘（今山东省定陶县），到达了宋国都城商丘。其前，宋国大夫桓魋为了死后不朽，用了三年多的时间为自己制造石椁。孔子听说后，评价说：像桓魋这样奢靡无度的人，死了还是早一点烂掉的好！桓魋由此早就对孔子怀恨在心。现在孔子自己送上门来，桓魋岂肯善罢甘休。当孔子师徒在大树下演习礼仪的时候，桓魋派人把大树砍倒，并扬言要杀掉孔子。孔子一面安慰弟子："天生德于予，桓魋其如予何！"一面乔装改扮，与弟子乘夜逃出宋境，绕道奔向郑国。一路上分头逃命，多有失散。当师徒们在郑国都城新郑（今河南新郑）东门外会合时，便出现了历史上十分幽默的一幕：子贡在城内四处打听老师的消息，有人指点他说："东门有人，其颡似尧，其项类皋陶，其肩类子产，然自腰以下不及禹三寸，累累若丧家之狗。"（《史记·孔子世家》）见到孔子后，子贡据实以告，孔子不禁哑然失笑："说我长相如何，那不重要。说我像丧家之狗，然也！然也！"这话听来滑稽好笑，但又饱含辛酸：夫子一直视自己为"道"的象征，他之丧家，不正说明了天下各国的丧道——天下无道！

几经周折，鲁哀公三年（前492年），孔子终于到达了陈国都城宛丘，这一年，他正好六十岁，已经步入"耳顺"之年了。孔子在陈国的活动，见于文献的极少。据《史记·孔子世家》记载，哀公三年夏，曲阜发生火灾，孔子在陈听说后，推测肯定是桓公、僖公庙着火了。后有确切消息传来，事实果如其言。另一件事发生在陈国宫廷，一只隼从天而堕，射中它的箭十分奇特，众人不识，试问之于孔子，孔子说："这是肃慎氏之矢。当年周武王克商时，颁赐给了陈国。不妨到府库里查查看。"经查找核对，确如所言。孔子料事如神，令陈国上下无不敬仰。

鲁哀公六年（前489年），吴伐陈，楚来救，六十三的孔子为躲避战乱，携弟子一路南行，漂泊在陈、蔡之间，最后到了楚国的负函（今河南省信阳附近）。

这时，围绕陈国的战事已经爆发，四处都是逃难的百姓，孔子师徒没了粮食，连野菜也挖不到，弟子们饿得站不起来。现实的穷窘，使他们对孔子学说的信仰发生了动摇。子路首先发难："君子亦有穷乎？"孔子平静地回答："君子固穷，小人穷斯滥矣！"（《论语·卫灵公》）

为了安抚大家，孔子便个别谈话。他问子路："吾道非耶？吾何为至于此？"子路坦率地说："是我们不仁吗？不是！是人家不相信咱。是我们不智吗？不是！是人家不按咱说的办。"孔子说："你讲的不无道理。但是，倘若仁者必信，哪会有伯夷、叔齐？倘若智者必行，哪会有王子比干？"

他又叫来了子贡，问以同样的问题。子贡说："夫子之道太大了，天下容纳不下。您为什么不把它弄得稍小一点呢？"孔子说："良农能播种，但不见得能收获；良工能为巧，但不见得能遂顺众人之心；君子能修道，但不见得能让别人接受。赐啊！你不去努力修道，却去考虑怎么让人接纳，你的志向大概不难实现了。"

最后，他叫来了颜回。这位年轻的弟子平时不言不语，但心地澄澈坦荡，是孔子最得意的门生。据传有这样一个故事：饿了多日的师徒，好不容易讨来了一些米。这天正当颜回值日做饭，孔子无意中从外面看到颜回盛了一勺饭悄悄地吃了。孔子不动声色，吃饭前说："大家不要急着吃，我要用今天的饭食先祭奠一下祖先神明。"欲以观察颜回的反应。颜回连忙阻拦说："不行！刚才一块灰尘掉在锅里，不舀出来会弄脏了饭，舀出来倒掉又舍不得，我只好吃了，不洁之物是不能用来祭祀的。"孔子很是感动："谁说眼见为实？刚才就差点冤枉了颜回。"这次到了危难的时候，孔子也要用同样的问题来检验一下颜回的境界。结果，颜回的回答是："夫子之道至大，故天下莫能容。虽然，夫子推而行之，不容何病，不容然后见君子！夫道之不修也，是吾丑也。夫道既已大修而不用，是有国者之丑也。不容何病，不容然后见君子！"如此回答，正中孔子下怀，既在孔子意料之中，又在意料之外，夫子不禁欣然而笑："好小子！你要是有很多钱，我宁愿跟着你当管家！"言外之意是：还是颜回理解我，如果那些有国者都如颜回一般，我怎会找不到出路！

司马迁把这番对话详细地记录在《史记·孔子世家》中，因为它展示了孔门师徒不同的思想境界和人格操守，也体现了孔子高超的教学艺术。

负函原为蔡国城邑，后被楚国侵占。据说当初楚昭王曾想以书社地七百里封孔子，这大概是孔子游楚的主要原因。不巧的是，此时昭王已死，孔子只好暂时在负函安顿下来。孔子在陈、蔡之间及负函逗留了约一两年的时间，在游历过程中，孔子曾经遇到长沮、桀溺、荷蓧丈人、接舆等隐者，他们讽劝孔子放弃追求，避世自保。孔子则说："鸟兽不可与同群。天下有道，丘不与易也。"（《史记·孔子世家》）事实上，孔子知道所处非时，但"穷达以时，德行一也"。（《郭店楚墓竹简·穷达以时》）他清楚"道之不行"，但仍"知其不可而为之"。（《论语·宪问》）

鲁哀公七年（前488年），孔子又到卫国。子路问孔子："卫君待子而为政，子将奚先？"孔子由此提出了"正名"的主张。

居卫日久，思乡愈切。此时，孔子弟子冉有为季氏宰，力促季康子迎请孔子归鲁。鲁哀公十一年（前484），季康子派人以币迎孔子，年已六十八岁的孔子终于回到了阔别已久的祖国——鲁国。

自定公十三年（前497年）离鲁，孔子颠沛流离十四载，先后到过卫、宋、曹、郑、陈、蔡、楚七个诸侯国，其中在卫近十年，在陈近四年。孔子周游列国，虽然终不见用，未能实现其政治理想，但在各地宣扬了自己的仁爱主张，还有不少弟子在各国为政，推动了儒学的传播，扩大了儒学的影响。

孔子自卫返鲁，已垂垂老矣，他在鲁国度过了最后的五年时光。孔子的归来，在鲁国是一件大事，鲁国君臣都表示出极大的热情，尊孔子为"国老"。这一职位尊贵而无实际权力，主要还是备充顾问而已。从后来孔子的言行，以及和哀公、季康子的交往看，实际情况也确实如此。孔子毕竟已是一位进入垂暮之年的老人，其体力、精力均难以胜任具体的工作。安排这样一个体面又无实际任务的职位，对各方面都是最恰当不过的事。

孔子晚年的政治活动，丰富而琐细。这主要是因为他既为"国老"，无论国君或季康子，都没有必要不尊重他，遇事和他商议、讨论一下，根本无关大局，何乐而不为？同时，孔门弟子有很多都担任了具体职务，把平日的行政事务向老师汇报一下，听听他的意见，也是很自然的事情。

除"顾问政治"外，晚年的孔子还致力于《易》的传释工作和《春秋》的编纂工作，对于中国哲学、历史，乃至政治思想方面，做出了卓越贡献。

"人生七十古来稀"，谁不希望能够安享幸福的晚年？但命运似乎对孔子并不眷顾，一个又一个灾难和不幸，接二连三地降临在这位为社会的进步、人类的发展耗费了毕生精力的老人身上。就在夫子归鲁的前一年，夫人亓官氏即已病故。又过了一年，即鲁哀公十三年（前482年），孔子正好七十岁，他唯一的儿子孔鲤病逝，年仅五十岁。这对孔子无疑又是一次沉重的打击。次年，孔子一生中最钟爱的弟子颜渊去世了，年仅四十一岁。孟子曾说："子夏、子游、子张，皆有圣人之一体；冉牛、闵子、颜渊，则具体而微。"也就是说，子夏等人只是继承了孔子某个侧面，而冉牛等三人则酷肖乃师，是"具体而微"的小"圣人"。去年，冉牛已经患"恶疾"辞世，当时，孔子不顾年老体衰，到冉牛的住处探望，"自牖执其手，曰：'亡之，命矣夫！斯人也而有斯疾也！斯人也而有斯疾也！'"（《论语·雍也》）沉痛之情溢于言表。现在，对于颜回的英年早逝，夫子更是哀痛欲绝，他仰天恸哭："噫！天丧予！天丧予！"（《论语·先进》）在颜回死后很长一段时间，孔子一直念念不忘，逢人即讲颜回的好处。次年，即鲁哀公十五年（前480年）冬天，又传来了子路的死讯。当时，子路在卫国担任执政大夫孔悝的家臣。孔悝卷入了卫国君主与其父蒯聩争夺君权的斗争，被蒯聩劫持。子路闻讯急忙跑去营救。路上碰到孔门弟子高柴，劝他不要进去自寻死路。但子路说："食人之禄，就要救人之难！"不顾生死冲入城内。结果寡不敌众，被戈击断了帽带子。子路自谓必死，便从容捡起帽子，说："君子死，冠不免。"就在他结系帽带的时候被杀，并被蒯聩党徒剁成肉酱。这一年，子路六十三岁。

孔子一听到卫国发生政变的消息，就断定子路必死无疑。他太了解这个学生了，在众弟子当中，子路追随夫子时间最久，也最敢于在孔子面前讲真话，为此还和老师闹过不少别扭。但他对孔子最为忠心耿耿，维护孔子、捍卫师门最为用力。孔子十分悲伤，哭于中庭："噫！天祝（断）予！"当传信的人说子路被人砍成肉酱的时候，孔子立即把家里准备食用的肉酱全部倒掉。子路的死，给孔子老弱的生命以最后的、也是最致命的打击！

连续的不幸严重摧残着孔子的身体，约在哀公十四年，他患了一场大病，弟子们甚至为他准备了后事，鲁哀公也赶来看望他。在这样的景况下，孔子也要坚守礼法。他躺在卧榻之上，让学生把朝服盖在身上，连腰间的绅带也要搭在上面，然后把头调向东方，表示拜见国君。对此，我们已经不能再使用"固执"和"迂腐"的字眼评价夫子了，它展示的是一个人对信仰和原则的忠诚与恪守，这是孔子一生当中最值得我们敬仰的美好品德。

孔子的身体还没有痊愈，一件具有非同寻常意义的事情发生了。哀公十四年春天，鲁国在大野泽（今山东巨野县一带）围猎，为叔孙氏驾车的鉏商捕获了一头怪兽，以为不吉利，就送给了管理山林的虞人。孔子听说后，认为那是传说中的神兽——麒麟。在孔子看来，麟是祥瑞之兽，天下有道时才出现。现在天下无道，麟却出现了，并被微贱之人捕获，这才是一个不吉利的征兆。孔子由麟联想到自己：难道我不就是一只应该出现在有道天下的神兽吗？生于末世，无法实现政治理想，这和麟之出现并被捕获，不是一样的命运吗？孔子似乎一下子明白了自己的命运，不禁悲从中来，反袂拭面，涕泗沾襟："麟也！胡为乎来哉！胡为乎来哉！"既而又仰天长叹："河不出图，雒不出书，吾已矣夫！……吾道穷矣！"（《史记·孔子世家》）本来没有任何实际意义的一件偶然事件，却从精神上彻底摧垮了孔夫子，他甚至无心继续经营自己"后世知丘者以《春秋》，而罪丘者亦以《春秋》"的伟大事业，从此搁笔，不再写作。因此，我们在《春秋》的这一年下面，仅看到了短短五个字："春，西狩获麟。"这也是《春秋》的绝笔！

在此后的两年里，夫子默默承受着爱徒接连死去的腥风血雨。到了鲁哀公十六年的春天，他已经敏锐地预感到自己将不久于人世了。因此，在死前七天的早晨，他拖着拐杖，独自站在门口，眺望北方，那里是泰山的所在，低缓而悠然地唱出了他生命中的最后一首歌："太山坏乎！梁柱摧乎！哲人萎乎！"一曲未终，夫子已潸然泪下。回到屋里，他当户而坐，向听到歌声赶来探视的子贡平静地交代后事："天下无道久矣，莫能宗予。夏人殡于东阶，周人于西阶，殷人两柱间。昨暮予梦坐奠两柱之间，予始殷人也。"（《史记·孔子世家》）七天之后，孔子告别了这个留给他无限遗憾和痛苦的世界，一个让他最终也放心不下的纷乱世界！他就像一颗绚丽的流星，从长天划过，用七十三年的短暂生命，发出璀璨夺目的光芒，永远照亮了中国文化的每一个角落。这一天，是公元前 479 年周历四月己丑，当夏历二月十一日。

孔子死后，葬于曲阜城北泗水南岸，弟子们结庐服丧三年而去，只有子贡在冢上结庐服丧六年才离开。有些弟子和鲁国百姓从墓而居的有百余家，因此形成了"孔里"。弟子们还将孔子故居改为庙堂，把夫子生前所用衣冠、乐器、礼器、图书等，陈列其中，并按时祭奠。这就是后来孔林、孔庙的雏形。后世在此基础上形成了规模宏大的孔庙，至明清时期奠定了现在的格局。孔庙不仅祭祀孔子，而且还以孔子弟子、先贤先儒配享从祀，表达了封建帝王及士大夫阶层对儒学的尊崇。从唐代开始，全国各州县均设孔庙（又称文庙），至清代时全国有一千五百余座孔庙，而且在韩国、日本、越南等世界各地也建有大量的孔子庙。

孔子学说经众弟子及历代后学发扬光大，成为中国传统思想的核心部分，深刻地影响着中国文化的每一个层面，而且弥久不衰。由于孔学对于维护封建统治有积极作用，历代帝王给予孔子以各种各样的礼遇，对孔子及其后人多有褒奖，孔子死后所享受的荣宠，是中国历史上任何一个人都无法望其项背的。孔庙、孔府、孔林，合称"三孔"，是孔子在中国文化中巨大影响的标志，也是世界文化遗产的精粹。

在后人研究孔子的众多成果中，《史记·孔子世家》有着特殊的分量。司马迁并没有斤斤计较于孔子思想的具体内涵，也没有去讨论孔子学说对社会、对人类到底能够发生怎样的作用，他只是用如椽巨笔，描绘了孔子不平凡的一生，其中尤其关注孔子历尽磨难、到处碰壁的遭遇，关注孔子至死不渝、百折不挠的奋斗历程。司马迁向后人传达的信息是：孔子精神的内涵在于他始终以社会和谐、人类幸福为奋斗的目标，始终以挽救世道人心为己任，始终关注社会和人类持续、长久的发展和进步。一篇《孔子世家》，从头至尾，透射出的是人文精神的光辉，我们从中看到了知识分子的责任和良心。就此而言，司马迁可谓孔子的真正知己。

　　《孔子世家》最后，司马迁饱含激情地写道："《诗》有之：'高山仰止，景行行止。'虽不能至，然心向往之。余读孔氏书，想见其为人。适鲁，观仲尼庙堂车服礼器，诸生以时习礼其家，余低回留之不能去云。天下君王至于贤人众矣，当时则荣，没则已焉。孔子布衣，传十余世，学者宗之。自天子王侯，中国言六艺者折中于夫子，可谓至圣矣！"每读及此，都会让人感念至深，热泪盈眶。

第二讲 《论语》及其核心思想

　　《论语》是以语录形式简要记载孔子言行的一部书。它以记述孔子的言论为主，约略涉及孔子的一些言行事迹。众所周知，儒家最基本的文献典籍首推《易》《书》《诗》《礼》《乐》《春秋》六部经典。历来学者均认为：六经之为经，与孔子有莫大的关系。故欲研治六经，必须自孔子入手，乃可得其真谛。而欲明了孔子之道德学问，又必须先从《论语》入手，因为"孔子一生仕止久速，造次颠沛，纂修删述，盛德大业，靡一不具《论语》"。[1]可见，《论语》是研究孔子及儒家思想最基本、最可靠的原始文献之一。一部《论语》篇幅不长，却影响了中国历史两千多年，在世界范围内亦产生了重大影响，被誉为东方的"圣经"。甚至宋人赵普曾有"半部《论语》治天下"之说。

一、《论语》的成书

　　《论语》之名，最早见于《礼记·坊记》："《论语》曰：三年无改于父之道，

---

[1] 朱彝尊：《经义考》，卷二——引谭贞默语。

可谓孝矣。"一般认为，《坊记》是孔子之孙子思的作品。由此可证，《论语》一名在战国时期已经出现。汉代也有单称其为"论"者，如洪适《隶释》载《衡方碑》曰："仲尼既殁，诸子缀《论》。"亦有单称其为"语""传""记"者。

　　《论语》之名字究竟该做何解释？《汉书·艺文志》说："《论语》者，孔子应答弟子、时人及弟子相与言而接闻于夫子之语也。当时弟子各有所记，夫子既卒，门人相与辑而论纂，故谓之《论语》。""语"就是孔子应答弟子、时人以及弟子听老师说的话；"论"就是按照一定次序"辑而论纂"的意思。孔子去世后，孔门弟子相与辑其所闻知而商议论定，将孔子及弟子言行、事迹编辑成书，是为《论语》。

　　关于《论语》的得名，后代还有很多的说法。比如，东汉刘熙《释名·释典艺》："《论语》，记孔子与弟子所语之言也。论，伦也，有伦理也。语，叙也，叙己所欲言也。"南朝梁皇侃《论语义疏·叙》曰："语者，论难答述之谓也。……此书既是论难答述之事，宜以论为名，故名为《论语》也。"宋代邢昺《论语正义》又发挥说："论者，纶也、轮也、理也、次也、撰也。"这些说法，都是各代学人针对《论语》思想功用做出的不同解说。相比较而言，"辑而论纂"的说法较为切合《论语》命名之原意，也多为学界同仁所接受。

　　关于《论语》的编纂者，众说纷纭。大多数学者认为《论语》是由孔子弟子编撰完成的。汉代刘向校书秘府，整理典籍，对《论语》的编撰有个基本的判断，何晏《论语集解·序》引刘向云："鲁《论语》二十篇，皆孔子弟子记诸善言也。"班固《汉书·艺文志》、王充《论衡·正说》、赵岐《孟子题辞》等都持这一种看法。陆德明《经典释文》对《论语》的编撰作了进一步的说明："夫子既没，微言已绝。弟子恐离居以后，各生异见，而圣言永灭。故相与论撰，因辑时贤及古明王之语，合成一法，谓之《论语》。"以上各家几乎众口一词，认为《论语》是由孔子弟子编撰而成的。这一观点确有道理，因为《论语》所记孔子教弟子或与弟子相问答之语，外人难以知晓，自当为孔门弟子所亲闻。

　　不过，从《论语》的内容来看，其中有些篇章可能是出于孔子再传弟子所记。如《论语·泰伯》："曾子有疾，召门弟子曰：'启予足！启予手！《诗》云：

战战兢兢，如临深渊，如履薄冰。而今而后，吾知免夫！小子！'"此章记曾子临终之事，显然不可能是曾子所记，很有可能是当时在场的曾子门人所记。又如，《论语·子张》记载了子张、子夏、子游、曾子、子贡等人的言论，可以说是孔子弟子言行录。这些篇章，毫无疑问应当是孔子再传弟子所增订。

这样看来，《论语》并非一次成书，而是先由孔子弟子共同纂辑，后经孔子再传弟子增订完成的。《论语》的最初纂辑论定的时间，当在夫子既卒，弟子奔丧聚首期间。皇侃《论语义疏·序》说："哲人其萎……门人痛大山长毁，哀梁木永摧；隐几非昔，离索行泪；微言一绝，景行莫书。于是，弟子金陈往训，各记旧闻，撰为是书。成而实录，上以尊仰圣师，下则垂轨万代。"孔子众弟子借为老师守丧相聚的机缘，各述所闻，各言所记，汇辑孔子嘉言懿行流传于后世，以作为对老师最好的纪念，是完全有可能的。从情理上说，这也是时机最为成熟、汇集资料最为方便的时候。因此，汉代学者称《论语》是"门人相与辑而论纂""弟子共纪孔子之言行"，应该说是符合事实的，《论语》初次编定者的主体应为孔门直系弟子。其中起到较大贡献的应当是子贡、冉求、闵损等这些孔子中年的学生，曾参、有子、子夏、子张、子游等孔门后进弟子协助编撰。

从《论语》中有子、曾子、冉子、闵子的称呼来看，《论语》初编本在流传过程中孔门再传弟子对其有所增益。由于曾子在孔门弟子中年龄较轻且长寿，在《论语》的后期编纂中起着重要作用，有学者提出《论语》为曾子领纂，这一说法较为近于实际。综观《论语》全书，称曾子者十七处，记曾子之言十四处，远远多于有子、冉子等人。《宪问》篇"子曰：不在其位，不谋其政"章后附"曾子曰：君子思不出其位"，显然在着意突出曾子对孔子思想的阐释。而《论语》专门记载曾子临终之事与言，也可见增订者对曾子的推崇与尊敬。柳宗元《论语辨》云："或曰：孔子弟子尝杂记其言，然而卒成其书者，曾氏之徒也。"也就是说，《论语》由曾子弟子最终增订完成。

那么《论语》一书有没有逻辑结构或次序呢？今人杨伯峻先生认为，《论语》是"若干断片的篇章集合体。这些篇章的排列不一定有什么道理，也不一定有什么关联。"南怀瑾先生在《论语别裁》中则提出，《论语》篇章结构不是杂乱无章的，而是有条理的，他说："《论语》每篇都条理井然，脉络一贯。而且二十篇的编排，都是首尾相应，等于一篇天衣无缝的好文章。"究竟孰是孰非？从《论语》的实际来看，确有一些章节在不同篇中重复出现，而且同一篇中章与章之间的意义跳跃性很大，但这并不意味着《论语》篇章之间没有逻辑关系，《论语》二十篇始于《学而》，终于《尧曰》，"内圣之功，以'学而时习'策之于始；外王之治，以'四海困穷'儆之于终。"[1]自修身至治国平天下，正反映了孔子"下学而上达"的理念和"学以致尧"的人生理想，这可以说是《论语》一书最大的逻辑。尤其是《论语》的一些篇章如《乡党》《子张》内容非常集中，显然是有意为之。此外，《论语》每篇之中都有一个或几个重点问题或集中讨论的问题，或论孝，或论政，或论仁，或论学，或评论历史人物等等，也说明《论语》各篇有一定的主旨。因此，我们认为《论语》并非若干断片篇章的简单集合，而是存在着一定的逻辑关系，今本《论语》应是在初辑本基础上改编增订而成。

二、《论语》的流传和主要注本

《论语》成书于战国初期，和许多先秦古籍一样，《论语》经过秦火和战乱曾一度失传。到了汉代，又重新出现若干传本。较为著名的有三种：即鲁《论语》、齐《论语》、古《论语》。

汉代学术以儒家为主，儒学以齐鲁最盛。鲁《论语》是鲁国传本，简称《鲁论》，二十篇。齐《论语》是齐国传本，简称《齐论》，二十二篇。比鲁《论语》多出《问王》《知道》两篇，其余二十篇中，章句也比鲁《论语》多。二者都属于今文经。

《齐论》和《鲁论》之外，还有古文《论语》。鲁恭王坏孔子宅，从壁中得古文《论语》，亦无《问王》《知道》两篇，但又将《尧曰》下章《子张问》分出来

---

[1] 钱基博：《古籍举要》，南宁：广西师范大学出版社，2009年，第5～6页。

成为一篇，故有两《子张》，共二十一篇。孔安国曾为之作训释，但世久不传。

汉代研习传承《齐论》的有昌邑中尉王吉、少府宋畸、琅琊王卿、御史大夫贡禹、尚书令五鹿充宗等，但只有王吉所传甚具特色而成一家之言。而《鲁论》名家众多，有常山都尉龚奋、长沙少府夏侯胜、丞相韦贤、鲁扶卿、前将军萧望之等，其中最为著名的是安昌侯张禹。张禹先从夏侯胜习《鲁论》，后又从胶东庸谭受《齐论》。他将《鲁论》《齐论》加以综合，以《鲁论》篇目为根据，删去《问王》《知道》两篇而成《张侯论》。由于张禹为帝王之师，位高势盛，所以张禹所传《论语》盛传于世，被尊奉《张侯论》，遂有《汉书·张禹传》所载"欲为《论》，念张文"之谣。此后，齐、鲁、古文《论语》诸家浸微。今传本《论语》即源于张禹融合的鲁、齐《论语》本。另有一竹简残本《论语》，1973 年出土于河北定县八角廊汉墓，这是现存《论语》最古老的版本。

从版本上看，《古》《齐》《鲁》三论存在着一些差别，但这种差别只是形式上的，其整体仍存在着一致性。正因如此，《论语》虽有今古文之分，齐鲁学对峙，但并不是互为壁垒，而是相互融合、参考、借鉴。东汉郑玄在这一融合的学术背景下，根据《鲁论》及《张侯论》与包咸、周氏的章句，参考《齐论》及马融注的《古论》为《论语》作注。魏晋时期的何晏以《张侯论》为底本，以郑玄注本为参校，统括前代诸家，精心结纂，撰成《论语集解》，成为《论语》流传至今的最早的完整注本。

其后注释《论语》之著名者有南朝梁皇侃的《论语集解义疏》。主要是疏何晏的《论语集解》，汇集 28 家注，对《论语》作详细讲解。此书南宋时已佚，但唐代已传入日本，所以清乾隆年间又从日本寻回。该书继承了汉儒的章句训诂之学和纲常孝道思想，同时又受到佛学理论的影响，成为魏晋南北朝经学义疏中的代表作。

北宋邢昺《论语注疏》（又称《论语正义》）是奉诏校定而颁列学官的著作，被收入《十三经注疏》。《四库全书总目》认为邢昺能"剪皇氏之枝蔓，而稍傅以义理"，称许此书是由汉学到宋学转变的关节点："汉学、宋学，兹其转关，是《疏》出而皇《疏》微。迨伊洛之说出而是《疏》又微。故《中兴书目》曰：

'其书于章句训诂、名物之际详矣。'盖微言其未造精微也。然先有是《疏》，而后讲学诸儒，得沿溯以窥其奥，祭先河而后海，亦何可以后来居上，遂尽废其功乎！"

南宋朱熹的《论语集注》，一方面继承了汉代解经的方法，注重诂字释词以探求经文本义，另一方面又注重阐发义理，避免穿凿附会。因此成为《论语》学史上的经典著作之一，影响达七八百年之久。

清人注疏中影响最大的当属刘宝楠的《论语正义》二十四卷。该书广采前人注说，博取众长，择善而从，征引资料广博丰富，解释考证缜密翔实，论断深刻通达，是古今说解《论语》诸书中最为详备的著述，至今仍有较高参考价值。

三、《论语》的核心思想

《论语》一书共二十篇。各篇的命名并没有特别的用意，只是选用该篇开始的两三个字作为一篇的题目。而《论语》全书二十篇中以"子曰"起首的有七篇，因此这些篇的篇名就选用"子曰"之后的两三个字为篇名，以便区别。

孔子生活在春秋末年，面对急剧变革、"礼崩乐坏"的社会现实，感慨万千："周监于二代，郁郁乎文哉！吾从周。"（《论语·八佾》）孔子十分向往西周前期那种宗法礼乐制度下的天下有道、秩序井然的社会大治局面。孔子以文自任，心系苍生，胸怀天下，自觉地担当起华夏文化传承的历史责任，孜孜以求，力图重建"君君、臣臣、父父、子子"井然有序的和谐社会。为此，孔子关注现实，积极入世。他不仅授徒讲学，而且对古代文化加以反思和总结，从而建构了以仁、礼、中庸为基本内容的儒家学说，这些思想在《论语》里都有淋漓尽致地体现。

1. 仁

"仁"是儒学的核心概念。"仁者，爱人"是孔子对"仁"最明确、最扼要的概括，也是人之所以为人的普遍的本质特征。因此，孔子创立的儒学也被称为"仁学"。

仁的基本含义是"爱人"，是建立在宗法血缘关系上的一种普遍的道德情感。孔子的弟子有若曾说："孝悌也者，其为人之本欤！"（《论语·学而》）仁的基点是家庭内部的相亲相爱，而"孝悌"就是血缘亲情的表现方式，此所谓"亲亲为大"。

孔子强调仁爱之心要在"爱亲"的基础上扩展开来，做到"爱众"。他特别指出要以仁爱之心对待广大的普通民众，提倡"敬事而信，节用而爱人"，"博施于民而能济众"，以实现"老者安之，朋友信之，少者怀之"（《论语·公冶长》）的和谐的社会人际关系。

不仅如此，孔子还主张仁德既要施之于大众，更要普及于自然万物。《论语》载"子钓而不纲，弋不射宿"，深刻地体现出孔子"仁民而爱物"的博大胸怀。

从"爱亲"到"爱人"再到"爱自然万物"，孔子的仁爱思想逐步扩充、延伸，中国文化的"天人合一""厚德载物"观念也得到丰富地展现。

那么，如何践行仁呢？孔子说："苟志于仁矣，无恶也。"（《论语·里仁》）仁是人"不可须臾离开"的普遍性原则。然而，孔子从不以仁者自居，"若圣与仁，则吾岂敢？"子路、冉求、公西华等弟子各有专才，堪当大任，孔子不以仁许之，而仅称赞颜子"三月不违仁"。可见，一个人要充分保持仁的品德是相当困难的。但在孔子看来，实践仁也并非难事。一个人只要做到刚强、坚毅、质朴、慎言，就近于仁。孔子曰："仁远乎哉？吾欲仁，斯仁至矣。"（《论语·述而》）"为仁由己，而由人乎哉？"（《论语·颜渊》）践仁对所有人来说，是愿不愿的问题，是为不为的问题，不是能不能的问题。面对错综复杂的世界和各种各样人际关系，假如每个人都能持之以恒地致力于道德践履，笃行"恭""宽""信""敏""惠"等道德准则，遵守"己欲立而立人，己欲达而达人""己所不欲，勿施于人"的"忠恕之道"，最后一定会达致"天下归仁"的理想社会。

为建立一个有序、合理、公正、和谐的理想社会，孔子承继周公"敬德保民"的传统，提出了"为政以德"的德治主义原则，而"为政以德"就是孔子德治思想的基本概括。

孔子认为，"政"字就是"正"的含义，要求从政者端正自身的思想与行为：

"季康子问政于孔子。子曰：'政者，正也。子率以正，孰敢不正？'"（《论语·颜渊》）又说："其身正，不令而行，其身不正，虽令不从。"（《论语·子路》）特别强调君主等当政者对社会大众的表率、导向、示范作用。孔子说："君子之德，风；小人之德，草。草上之风，必偃。"（《论语·颜渊》）认为为政者加强道德修养，以身作则，才能正己正人："苟能正其身矣，于从政乎何有？不能正其身，如正人何？"（《论语·子路》）端正社会风气，提高全社会的道德水平，必须先从官德的提升开始。官德正，方能民德厚、风俗淳。所以，孔子大力提倡举贤才，把贤人在位看作政治清明的必要条件。

孔子强调德在治国方面的优先性，但并不完全否定"刑"或"法"，而是极力强调"德主刑辅"的原则。孔子说："道之以政，齐之以刑，民免而无耻；道之以德，齐之以礼，有耻且格。"（《论语·为政》）要求当政者把对民众的道德教化放在首要位置。孔子反对统治者没有道德教化，即对百姓进行法律惩罚的行为，孔子斥其虐政、暴政："不教而杀谓之虐，不戒视而成谓之暴，慢令致期谓之贼"。（《论语·尧曰》）但孔子也认为法治不可缺少，当教化、引导失效的时候，则要施以刑罚。在孔子看来，宽与猛是治理国家的两种手段，这两种手段应掌握时机，交替使用，猛以济宽，宽以济猛，宽猛相济，才能造成和谐的政治局面。

2. 礼

"礼"是孔子思想学说的基本范畴。起源于民间习俗和原始宗教活动，具有因俗制宜的功能和精神威慑力量。夏礼、殷礼、周礼因革损益，一脉相继。经周公制礼作乐，典章制度较前代更为完备。周礼涵盖了社会规范、社会制度、行为方式等各个方面，确立了贵贱尊卑的等级秩序和制度。

孔子尊崇周礼，极力主张重建礼乐秩序。他肯定礼的社会价值和意义，但并非照搬周礼，而是根据时代的需要，对礼有所改造和发展。把礼由春秋早期的天之经、地之义、物之则、民之行等哲学总括落实为国家制度及个人修养的道德规范体系。

首先，在孔子那里，礼是"仁"得以实现的方式和得以表现的手段。他说："礼云礼云，玉帛云乎哉！乐云乐云，钟鼓云乎哉！"（《论语·阳货》）"礼"除了具有外在的仪文、容色等"礼仪"方面，更主要的是其内在的精神实质"礼义"，所谓"礼之所尊，尊其义也"。孔子强调："人而不仁，如礼何？人而不仁，如乐何？"（《论语·八佾》）孔子以仁作为礼之精神，认为只有达到仁的思想境界，才会在社会实践中真正践行行为规范的"礼"。

其次，孔子特别重视礼在修己方面的作用。他从"性相近，习相远"的理论出发，提出必须长久地施以道德教化，"约之以礼"，才能使人们的思想境界在潜移默化中得到提升。所以，孔子强调"不学礼，无以立"（《论语·季氏》），倡导"克己复礼"。要求个体以内在的自觉进行德性涵养，克制自己的言行举止，确实做到"严于律己，宽以待人"，"非礼勿视，非礼勿听，非礼勿言，非礼勿动"，一切言行依礼而行。

再次，孔子提出"正名"的主张，作为恢复礼制秩序的起点。"正名"是治国大事，孔子说："名不正则言不顺，言不顺则事不成，事不成则礼乐不兴，礼乐不兴则刑罚不中，刑罚不中则民无所措手足。"（《论语·子路》）认为和谐、有序的社会秩序必须依靠礼来维系，只有这样，社会各个阶层才能各安其分，各司其职。为挽救当时礼乐崩颓的混乱局面，孔子积极倡导"为国以礼"（《论语·先进》）、"以礼让为国"（《论语·里仁》）、"事君尽礼"（《论语·八佾》）、"齐之以礼"（《论语·为政》）、"礼以行之"（《论语·卫灵公》），力图从外在的层面上规范社会政治、生活秩序，维护尊尊、亲亲的宗法等级制，使每个人的言论、行动都恪守名分的要求，杜绝大臣、贵族对君主的僭越行为，使君臣、父子各安其位，最终实现"君君、臣臣、父父、子子"上下有序的王道政治。

3. 中庸

中庸是儒家的人生哲学、处世哲学。孔子特别强调、亦特别推崇中庸，以表达自己的伦理思想和哲学方法。中庸贯穿于孔子思想各部分。他曾深深地慨叹说："中庸之为德也，其至矣乎！民鲜久矣。"（《论语·雍也》）在孔子学说中，"中庸"不仅属于伦理范畴，也属于哲学范畴。《论语·先进》载："子贡问：'师与商也孰贤？'子曰：'师之过，商也不及。'曰：'然则师愈与？'子曰：'过犹不及。'"也就是说，中庸是指以不偏不倚、无过无不及的态度为人处世，与我们平日说的做事要有分寸，既不能做过了头，也不能达不到标准，"适度"是最重要的。

事实上，孔子本人也正是以"中"为自己的思想方法和行为准则的，他说"吾知乎哉？无知也。有鄙夫问于我，空空如也，我叩其两端而竭焉。""叩其两端"是孔子在认识事物、获取知识、解疑释惑的过程中体会到的一种完美的思想方法，此种方法，其核心即为"用其中"。就道德修养和行为修养的层面说，孔子"用其中"的具体体现则是："子绝四：毋意，毋必，毋固，毋我。"（《论语·子罕》）"毋意"，不悬空揣测。"毋必"，不绝对肯定。"毋固"，不拘泥固执。"毋我"，不唯我独是。"子绝四"，则是指孔子没有"意""必""固""我"四种毛病。在这里，"四毋"的核心仍是"中"。这种思维观念、行为原则，或许可以谓之"允执其中"。这说明，对于传统文化持"因、损、益"态度的孔子，对传统"尚中"观念是持完全赞成态度的。

孔子的贡献在于，将"时"与"中"联系起来，形成了"时中"的观念："仲尼曰：'君子中庸，小人反中庸。'君子之中庸也，君子而时中；小人之中庸也，小人而无忌惮。"（《中庸章句》）"时中"，即"随时以处中"。战国时期的孟子，对孔子"中"的思想有了进一步的发展。孟子重"时"，强调"时中"，这是保证连续性、常规性用中的必由之路，那么，孟子重"权"，强调"用权"，则体现了他对非常规情形下，如何用中执中的独特思考，也可以视为孟子对孔子"中"的思想的一大推进。孟子认为"执中"是一个总的原则，因此，在实践过程中，必须始终与具体的环境条件和对象结合起来，进行具体的"权衡"，然后得出具体的评判，采取适合的对策。《孟子·尽心上》说："杨子取为我，拔一毛而利天下，不为也。墨子兼爱，摩顶放踵利天下，为之。子莫执中。执中为近之。执中无权，犹执一也。所恶执一者，为其贼道也，举一而废百也。"名曰"执中"，实际上只是固守一个"执中"的死模式，而无视客观实际的变化，这还是在"执一"，是"举一而废百"，因而危害真正的"执中"之道。

孟子的"权"有两种意义：一是权变之权，二是权衡之权。权变之权，就是把"权"视为有违一般常规的应急性行为措施，也叫通权达变，其典型就是孟子与淳于越讨论"男女授受不亲"的经权之论。淳于越认为：男女授受不亲是重要的礼制大防，因此，男女应始终恪守不渝，即使在嫂溺，面临被淹死的情况下，小叔子也不能援之以手，否则就违背了礼。但孟子指出："嫂溺不援，是豺狼也。"（《孟子·离娄上》）因为男女授受不亲作为一般道德原则，是防止日常生活中男女淫乱而设定的，而嫂溺援手，目的是救生，并非淫乱，救生是出于人的"恻隐之心"，符合最高的"仁爱""人性"原则。"嫂溺不援"便失去了对人的生命的起码的呵护，更丧失了与禽兽"几稀"相别的"恻隐之心"，也就落为"豺狼"了。"权衡之权"其典型是"执中无权"论。即只有原则性与灵活性完美结合，才能做到真正的"中"。孔子中庸思想本身也是讲究"时中"与"权变"的，他希望处理事情要审时度势，随时势的变化而处中。前面讲到的孔子因形势危急假意与蒲人盟誓，承诺不返回卫国。但脱离险境后，师徒却又返回卫国的事例就是很好的"权变"。

可以说，儒家最高的价值标准就是"中庸"。孔子讲"礼之用，和为贵"；孟子讲"天时不如地利，地利不如人和"；《易传》讲"中行无咎"；《礼记·礼运》讲"圣人乃天下为一家，以中国为一人"的"大同"；《中庸》讲"致中和，天地位焉，万物育焉"。在儒家看来，道德虽然是超功利的，但道德实有极大的功用，这功用就是达到人己物我的和谐。正因为如此，孔子将中庸视为一种最高的道德。中庸就是要反对过与不及，以保持事物的均衡协调。在中国古代，中庸也可以说是一种调节社会矛盾使之达到中和状态的高级哲理，所谓"极高明而道中庸""舜执其两端而用其中于民"，就是这种哲理的妙用。孔子以后，历代儒生对于中庸思想进行了反复的阐释与发挥，使中庸之道成为儒家认识世界的基本方法，对人们的思想观念、国民性格和行为方式都产生了深远的影响。

四、《论语》的地位和影响

《论语》自战国初年成书以后，在儒家经典中并不占重要地位。自西汉武帝"罢黜百家，独尊儒术"，立五经博士，儒学成为中国古代社会的正统思想以后，

《论语》才越来越受到社会各阶层的重视。在汉代以经学为核心的儒学体系中，《论语》往往被看作六经的"传"或"记"，具有辅翼六经的作用，所以，《论语》一直作为儿童的启蒙读本流传于世。东汉时期，《论语》被列为经书，自此上升为儒家经典。

北宋时期，随着统治者崇文抑武国策的实施，孔子和儒学的地位不断得到强化。学者们强调：《论语》代表孔子思想，必须加以重视，因而《论语》的地位亦随之不断提高。《论语》经典地位的真正提高在南宋时期，其具体表现是：朱熹把《论语》与《大学》《中庸》《孟子》合编为"四书"，并做《四书章句集注》，作为科举取士的必考书目，《论语》历史性地提升到"大经"的地位。

在中国文化史上，"四书"是相对于"五经"而言的。从汉至唐的一千多年里，中国人思想文化领域的权威是周孔，与之相配合的就是"五经"。自宋至元明清，最重要的精神文化权威是孔孟，教育和思想文化领域最有影响的经典就是"四书"，代表着从孔子经曾参、子思到孟子这一儒家体系的基本思想。陈来先生说，从周孔到孔孟，从"五经"到"四书"，是中国文化、典籍和精神权威的一次重大变化。

"四书"是《大学》《中庸》《论语》《孟子》四部儒家重要经典的总称，南宋著名理学家朱熹把《大学》《中庸》从《礼记》中抽出，与《论语》《孟子》合在一起加以注释，称为"四子书"，简称"四书"。"四书"之于中国，如同《古兰经》之于阿拉伯，《圣经》之于西方。所以，凡是对中国传统文化稍有了解的人，都知道《四书》。

作为儒家的一个经籍体系，"四书"是对"五经"自然的接续和继承，"四书"既把"五经"的内容包含在内，又以简明的方式把"五经"的精华凝练出来。"五经"好比是粗禾，带着皮的稻谷，还没经过筛捡、打磨；"四书"就像是精米熟饭。二者相较，"五经"繁重，"四书"简易。因此，朱子说："四书，六经之阶梯。"（《朱子语类》）将"四书"看作达至"六经"的途径。元代，"四书"被定为科举考试的标准教材。明初定制，以《易》《书》《诗》《礼》《春秋》为"五经"，《大学》《中庸》《论语》《孟子》为"四书"。"四书"与"五经"遂各自成一典籍。清代以

"四书"取士，"四书"成为家传户诵之普遍读本，从而造就了"四书"独特的崇高地位，其影响随之超过"五经"，成为孕育中华民族"伦理共识"和"文化认同"的基本经典。东汉经学家赵岐在《孟子题辞》中，对《论语》重要的历史地位给予了充分肯定："《论语》者，五经之錧辖，六艺之喉衿也。"清末满族学者唐晏在其所著《两汉三国学案》中，也特别强调了《论语》的重要地位："群经之锁钥，百代之权衡。"

《论语》自成书以来，一直至清代，都是蒙学必读、科举必考的重要书籍，传承习用绵延不绝。在儒家经典中，《论语》对后世的影响，可谓时间最长久，地域最广远。历代王朝的统治者都从《论语》中学习修身、治国之道，故有"半部《论语》治天下"之说。

第三讲　孔子的主要弟子

作为我国历史上最伟大的教育家，孔子一生本着"有教无类"的精神，大部分时间都在从事教育活动，弟子三千，贤者七十二，可谓桃李满天下。孔子曾经把他的弟子分为四科：德行、言语、政事、文学。其中德行方面最为突出的有颜渊、闵子骞、冉伯牛、仲弓；言语方面最有名的当数子贡和宰我；政事方面比较擅长的则是子路和冉有；文学方面以子游、子夏比较著名。

一、"德行"代表——颜回

颜回（前521—前481），姓颜，名回，字子渊，春秋末年鲁国人，是孔子最得意的学生，被誉为德行第一。后儒将其列为"四配"之首，尊称其为颜子。孔子和颜回在长期的教与学的实践中形成了情深义厚、亲如父子的师生关系。《吕氏春秋》对此有一段极为形象的描述："颜回之于孔子也，犹曾参之事父也。"

颜回对孔子的思想了解最深，对老师敬仰备至。后世常用"孔行颜随"来形容颜回对孔子思想不打折扣的理解和执行。我们现在所常用的"亦步亦趋"一词，来源于《庄子·田子方》的记载，其本意就是描述颜回对孔子的追随。在孔门弟子中，颜回是道德践履的典范。据记载，颜回的生活是相当穷困的，"箪食瓢饮"便是对此的生动写照。日常生活的窘迫，没有将颜回击倒，反而激发了他勤学不止，安贫乐道的精神，竟在"人不堪其忧"的极差环境下，做到了"不改其乐"。颜回一生执着地学习和践行孔子的思想学说，去追求道德上的最高境界——"仁"德的实现，这就是我们常常称赞的"孔颜乐处"。对于"好学"的颜回，孔子钟爱有加，由衷地赞叹："贤哉，回也！"

为了实现远大的理想和抱负，颜回特别注重在自己的道德修养上下功夫。时时处处都以"仁"的标准来严格要求自己。相传孔子不饮盗泉之水，颜回不舍朝歌之馆。为什么呢？孔子不饮盗泉之水，是因为该泉以盗为名，孔子认为喝了之后，会玷污自己的清白之名；朝歌是殷纣王都城的名字，而殷纣王又是以暴虐著称的帝王，因此，颜回认为朝歌是不仁不德之地，因而忌讳在那里住宿。可见，颜回对仁德的重视程度。我们知道，孔子是不轻易以"仁"许人的，但他却曾明确地说颜回就是一个具有仁德的人！在孔子看来，仁是一种至高无上的德行，在一般人身上能够存在一两天就已经很了不起了。但颜回却能做到"三月不违仁"，而且即使在一顿饭的时间里违背仁德的现象也不曾发生过。对此，孔子甚至自叹弗如。因此，颜回被孔子看作其道德学问的理想继承人。当颜回不幸早死时，孔子的悲痛就可想而知了，悲痛到极点的孔子以至于呼天号地，失魂落魄，大呼"天丧予，天丧予！"

颜回能够在日常生活中恪遵孔子的教导，力行不辍，不断坚持善的积累，把修德行仁落实到日常生活的点点滴滴，究其原因，就在于颜回的心灵深处有一种对他人的深切关爱之情和仁爱包容之心。《韩诗外传》中曾记载了子路、子贡与颜回三个人之间关于如何对待他人的对话。子路认为，人对我好，我就对人好；人对我不好，我也会对人不好。子贡认为，人对我好，我当然要对人好；人对我不好，我要随机应变。而颜回却认为：人对我好，我自当对人好；人对我不好，我也要善待人家。孔子对颜回的待人之道给予了很高的评价。在颜回看来，不能以礼待人，要指望别人以礼待己，那是不可能的。颜回始终保持着谦谦君子的形象，曾子曾说颜回是"犯而不校"，受了别人的气也从来不去计较。

颜回作为孔门高足，堪称道德实践的千古典范。后世所谓的"颜子精神"，就是指颜回这种对道德的最高境界的切身追求，也称为"德性之乐"。颜子精神为后世所称许，为历代统治者所重视。所以，历代统治者在推崇孔子的同时，也给予了颜回比较高的地位。从汉代开始，祭祀孔子即以颜回配享。明代嘉靖九年（1530）尊颜回为"复圣"，对颜回的尊崇达到了顶峰。为了表达对颜回的尊崇，人们还专门为他立庙。在今天的山东曲阜孔府以东不远的地方，人们看到的"复圣庙"（俗称颜庙），就是专门祭祀颜回的地方。

二、"言语"代表——端木赐

端木赐（前520—？），复姓端木，名赐，字子贡，春秋时期卫国（今河南浚县）人。在孔门弟子中，子贡以能言善辩而著称，他既是当时著名的商人，也是孔门之中最具有外交才能的弟子。孔子去世后，孔门弟子守丧三年，"唯子贡庐于冢上，凡六年"。（《史记·孔子世家》）子贡对孔子的感情由此可见是非同一般的。

众所周知，颜回是孔子最为得意的弟子。与颜回相比，子贡也受到了孔子格外的器重。据统计，《论语》中与子贡相关的材料有35章，而与颜回相关的却只有20章；在《论语》中，子贡的名字出现了57次，颜回的名字却仅出现了32次。由此可以看出，子贡在孔门中的地位是十分重要的。

子贡出身于商人之家，具有杰出的经商才能。孔子对子贡的经商能力是充分肯定的："赐不受命，而货殖焉，亿则屡中。"（《论语·先进》）以致"家累千金"。意思是说，子贡不受他人之命，而猜测行情做买卖，居然每每都会猜中，故"家累千金"。可以说，子贡是孔门弟子中最富有的，但他富不忘本，以自己雄厚的财力，为孔子师徒周游列国，宣传自己的德治思想提供经济保障。

（孔子）厄于陈蔡，从者七日不食。子贡以所赍货，窃犯围而出，告籴于野人，得米一石焉。（《孔子家语·在厄》）

孔子师徒被困于陈蔡之间，七日没有粮食吃。在这危急时刻，子贡突围出去，用自己要贩卖的货物换来了一石米，才使孔子师徒得救。对于子贡的杰出才能，孔子经常加以赞叹："赐也达，于从政乎何有？"（《论语·雍也》）"赐之敏也贤于丘"。（《说苑·杂言》）据《论语·公冶长》记载，孔子问子贡："你觉得自己和颜回比，谁更聪明呢？"子贡回答说："回也闻一以知十，赐也闻一以知二。"子曰："弗如也，吾与女弗如也。"孔子把子贡与颜回作比较，显然是激励子贡，看到子贡意识到了自己不如颜回，孔子更加高兴，而"吾与女弗如"的感叹，更表明了孔子对子贡的认同。钱穆先生分析道："子贡少颜子一岁，观孔子与回孰愈之问，见二人在孔门之相伯仲。"[1]

由于子贡能言善辩，因材施教的孔子就特别注重培养其外交能力。而子贡凭借着自己的聪明与悟性，很快在同门中脱颖而出，成为当时叱咤风云、举足轻重的外交家。《史记·仲尼弟子列传》中说："子贡一出，存鲁、乱齐、破吴，强晋而霸越。子贡一使，使势相破，十年之中，五国各有变。"这说明，子贡的外交才能，足以对春秋时期的社会形势产生重大影响。所以当时的各诸侯国君对子贡十分尊重。如《史记》中有"国君无不分庭与之抗礼"的记载，就是说，子贡在进见各诸侯国君时，各国国君都以平等的礼节来会见他，以至于很多人都认为"子贡贤于仲尼"，对此，子贡持有清醒的头脑，曰："譬之宫墙，赐之墙也及肩，窥见宫室之好。夫子之墙数仞，不得其门而入，不见宫室之美，百官之富。"（《论语·子张》）

俗话说：爱其师，信其道。子贡对孔子极为尊重，十分坚定地维护孔子的学说。子贡把老师孔子比作日月、天地、江海、泰山，把孔子学说比作日月之光明、天地之高厚、江海之深广、泰山之伟大，他认为别人永远只能仰望孔子，而不可能达到孔子的水平，所以当有人诋毁孔子时，子贡立刻站出来制止："不要这样做，孔子是不可诋毁的！别人的贤德，就像一个小丘陵一样，是很容易超越的；而孔子的贤德呢，就像是日月一样，是绝对无法逾越的。人虽欲自绝，但对于日月毫无所损。贬损夫子的人，可见是多么的自不量力！"（《论语·子张》）在子贡看

---

[1] 钱穆：《先秦诸子系年·孔子弟子通考》，北京：商务印书馆，2002年，第81页。

来，孔子是别人无法超越的，谁要说孔子的坏话，只是表明这个人自不量力。

子贡由衷地敬佩孔子，仰慕他的学说，他对孔子的赞美达到了无以复加的地步，他不仅利用自己雄厚的经济实力资助孔子，更利用自己能言善辩、游历四方、擅长外交的才能宣传孔子的学说，提高孔子的地位，"使孔子名布扬于天下"，致更多的学生投入到孔子门下。孔子弟子众多，门内兴旺，与子贡的宣传密不可分，所以孔子说："自吾得赐（子贡）也，远方之士日至。"（《孔丛子·论书》）可以说，作为孔子的得意门生，子贡无论在孔门弟子中的特殊地位，还是在弘扬孔子学说的过程中，都起到了十分重要的作用，后人把他尊为儒家"十哲"之一。

三、"政事"代表——仲由

仲由（前542—前480），姓仲，名由，字子路（季路），春秋末年鲁国人。仲由出身卑贱，"好勇力，志伉直"。（《史记·仲尼弟子列传》）子路拜孔子为师，在孔门弟子中最有特点，也是最富有戏剧性的。对此，《孔子家语》以及《史记·仲尼弟子列传》中都有记载。据说孔子最初见到子路的时候，他的装扮真是滑稽得很：身披野猪皮，头上插着色彩斑斓的公鸡毛，还带着佩剑，一副随时都会惹事的样子。孔子想收他为徒，但子路却不以为然。他说："世上的好多东西都是先天生就的。比如南山上的竹子，并没有人去整修它，它照样长得很直；把竹子做成箭，连犀牛皮都可以穿透。这难道不是先天生就的吗？如此而论，何必要学？"孔子说："竹子如果削尖了再配上羽毛，装上箭头，射入犀牛皮不是会更深吗？"几句话把子路说的心服口服，立刻拜孔子为师。子路"孔门拜师"，成为其人生道路上的重要转折点。

为人果敢直爽是子路的优点，但有时会过于偏激。在孔子的循循善诱，耐心教诲下，子路逐步去掉了身上鲁莽的坏毛病，对孔子思想的理解也日益加深。在《论语》等有关典籍中，多处记载了子路向孔子提出的各种问题，大体围绕三方面：一是与做人有关的问题，如问强与勇、问君子、问士、问礼、问孝、问成人等等；二是问与政事有关的问题，包括问政、问事君、问贤人治国等问题；三是问对历史人物以及历史事件的评价问题，包括问管仲、问子产、问中行氏等等。所有的问题，孔子都给予耐心的回答。在孔子的感召下，子路终于成为孔门最忠实的信徒，毕生捍卫弘扬孔子之道。

子路是孔门之中尊师卫道的典范。子路尊重孔子，拳拳之心溢于言表。周游列国期间，孔子师徒困厄重重，一路上，子路或亲自驾车，或充当侍卫，随时准备以自己的生命来保护孔子。子路坚决捍卫孔子的尊严，对攻击孔子的言论进行反击，但他对老师却从不盲从，因为在子路看来，只有老师少出现过失，才能最大限度保持老师的尊严。所以，从某种意义上说，子路对待孔子的态度与其他同门相比，显得更为聪明与理性。子路对孔子的某些言行会直言不讳地提出质疑与规劝。在《论语》中至少有两次记载子路因孔子言行而"不悦"。一是孔子"欲应佛肸之召"（《论语·阳货》），一是"子见南子"（《论语·雍也》）。"子见南子"前面已经提到，这里讲一讲"孔子欲应佛肸之召"。

晋国大夫范氏的家臣佛肸为中牟宰，盘踞在中牟对抗执政的赵简子。佛肸很想让孔子师徒来帮助自己，便派人来请，孔子欲往，却遭到了子路强烈的反对。他说："我听您亲口讲过：'其身亲为不善者，君子不入也。'今佛肸以中牟叛乱，您却想去帮他，为什么？"子路理直气壮，言语铿锵有力。孔子幽幽地答道："我是说过那样的话！但我相信自己定会处污泥而不染的。我难道是一个苦葫芦吗？徒然挂在那里，却不能食用！"最后，孔子还是接受了子路的建议，打消了去中牟做官的念头。

子路在对孔子的言论提出质疑时，言辞很直接。如《论语·子路》记载，孔子在谈到他的"正名"主张时，子路竟然脱口而出："有是哉！子之迂也，奚其正？"子路的一些言论尽管有时会使孔子感到难堪，但孔子还是很喜欢也很庆幸有子路这样一个弟子的。孔子曾经说："自吾得由，恶言不闻于耳。"（《史记·仲尼弟子列传》）正如唐太宗所言，若想做事不出错，必须有三面镜子：以铜为镜，可以正衣冠；以史为镜，可以知兴替；以人为镜，可以明得失。子路就是孔子的"人镜"啊！

孔子与子路的亲密师生关系还表现在，子路在追随孔子求学的过程中为老师做了很多实事。例如，在孔子周游列国忍饥挨饿时，子路多能设法弄些食物帮助孔子渡过难关。又如，当孔子身患重病之时，子路为他向神灵祈祷，此举虽未能得到孔子的同意，但子路时刻关注老师身体的孝心令人感动。另外，由于子路英勇无比，时刻陪伴在孔子的身边，实际上起到了保镖的作用。因此，孔子有言："道不行，乘桴浮与海。从我者，其由与？"（《论语·公冶长》）这是对子路最高的褒奖，可见孔子对子路的感情是多么深厚啊！

子路也有过短暂的从政生涯，他曾经做过卫国的蒲邑宰，把这个边鄙之地治理得井井有条。在任职期间，他坚持孔子提倡的德治主张，孔子看后竟至"三称其善"。（《孔子家语·辨政》）为了遵循孔子的道德教化，子路最后付出了生命的代价，这就是历史上有名的子路"结缨卫难"（前面已经讲过）。噩耗传来，孔子悲痛欲绝，连声说："天祝（断）予！"是上天要毁灭我啊！另外，子路的"百里负米养亲"的孝行，也在中国民间广为流传。

在中国历代著述中，子路往往被当成孔子因材施教的典范加以宣扬。勇武鲁莽的子路在孔子的谆谆教诲下成为理政能手，曾得孔子高度的称赞："由也，千乘之国，可使治赋也。"（《论语·公冶长》）从子路前后判若两人的变化，可知孔子教化之功的巨大。《后汉书》中赞"子路至贤"，有"杀身成名，死而不悔"的精神;《三国志》中称子路有"亚圣之德"。后世常常把子路看成"执金吾"的化身，即秉公执法的榜样。历代统治者对子路也不断追加谥号。唐代时，子路晋升成为儒家"十哲"之一，配享孔庙。在今天的山东微山有仲子庙，是专门纪念子路的地方。

四、"文学"代表——卜商

卜商（前507—?），姓卜，名商，字子夏，春秋末战国初卫国温邑（今河南温县西）人。子夏属于孔子的晚年弟子，据《史记·仲尼弟子列传》载，子夏少孔子四十四岁，即在孔子去世的时候，子夏还不到三十岁。子夏投师孔子门下的时候，家境相当贫穷，"衣若县（悬）鹑"，他穿的衣服是补丁摞补丁，五彩斑斓，像是披了一副鸟的羽毛。在孔子的悉心教诲培养下，子夏对于古代典籍产生了极大的兴趣，并取得了不凡的成绩，在孔门弟子中以"文学"著称。

人们一般认为，子夏淡于仕途，对现实政治似乎没有太大的兴趣，其实这是一种误解。事实上，在政治方面，无论从理论上还是从实践上，子夏都是有所建树的。孔子在世的时候，子夏就曾经做过莒父宰。"学而优则仕"的思想对中国人的影响十分深远，而这一名言正是出自子夏之口（《论语·子张》）。

子夏"学而优则仕"的思想是对孔子"内圣外王"思想路线的深刻理解与发挥。孔子讲"修己以安人""修己以安百姓"，"修己"是齐家、治国、平天下的基本出发点。子夏深刻领会了老师的思想，在"修己"的问题上，特别强调"学"的重要性。据《韩诗外传》记载，鲁哀公曾经问子夏："只有先学习然后才能安国保民吗？"子夏说："我还没听说过有谁没通过学习就能安国保民的。"哀公又反问："难道像五帝这样的古圣王也有老师吗？"子夏说："当然有。五帝如果没有老师，他们的功业也不可能彰显于天下。即使如五帝圣王，也要投师问学。"可见，子夏已经把"学"的重要意义作了进一步的提升。那么怎样才算"好学"呢？子夏认为，只有每天知道自己所未知的，每月复习自己所学过的而不至于忘记，那就算是好学的了。此外，子夏十分注重人们贯穿于现实生活中的活学问，譬如，他认为，一个人如果能够做到对妻子注重品德而不注重容貌，对父母能够竭尽全力去侍奉，对君上的尊严能够敢于舍弃生命去捍卫，与朋友交往能够言而有信。这样的人，虽然没有老师，但也一定认为他是"学"过了。

在孔门弟子中，子夏对于古代典籍的造诣是首屈一指的。子夏多次向孔子请教《诗》《书》《易》《春秋》等问题。据《论语·八佾》记载，子夏在读到《诗经·卫风》中"巧笑倩兮"一句时问孔子："有酒窝的脸蛋笑得真美呀，黑白分明的眼睛顾盼有神真让人喜爱呀，洁白的底子上画着花卉呀，这几句诗是什么意思呢？"孔子说："先有洁白的底子，然后才能绘画。"子夏听了，立刻说道："是不是先有仁义，然后才有礼乐呢？"孔子看到子夏能举一反三，心领神会，非常高兴："你说得太好了，你真是个能够启发我的人！现在我可以同你讨论《诗》了。"

这说明，子夏不仅能够领会孔子的思想，有时候还能对孔子有所启发。这也就是平日我们极力提倡的"教学相长"吧！

在《吕氏春秋·察微》篇还记载了这样一件事，子夏在去晋国经过卫国的途中，听到一个人正在读史书，其中有一句话："晋师三豕涉河。"子夏听了，立刻纠正道："不是三豕，而是己亥。因为三与己相似，豕与亥相似。"这个人一查证，确实是"己亥过河"。可见子夏在文献方面的功底有多么深厚。

子夏在与同门的交流中，也经常会发表一些真知灼见。司马牛出身于宋国贵族，是孔门弟子之一。其兄司马桓魁在宋国发动叛乱，司马牛深以为耻和不安，他说："人家都有兄弟而我却没有。"子夏说："四海之内皆兄弟，你怎么能说没有兄弟呢？"这句"四海之内皆兄弟"的名言传诵至今，成为勉励人们团结和睦的金玉良言。

子夏在自己学习儒家典籍的同时，还积极教授弟子，为儒家经典的解释与传授做出了重要贡献。《后汉书·徐防传》记载："（徐防说）《诗》《书》《礼》《乐》，定自孔子；发明章句，始于子夏。"所谓"章句"，是指通过辨章析句剖析本意来释读儒家经典的一种方法。子夏的"章句"之学，对儒家经典的传播，是一个了不起的贡献。以《春秋》为例，在子夏弟子中，最为著名的当属公羊高、穀梁赤、吴起，他们似乎都与《春秋》有关系。相传公羊高是《公羊传》的作者，谷梁赤是《穀梁传》的作者，吴起则是《春秋》的传授者。子夏的"西河学派"对于儒家的其他经典《诗》《书》《礼》《易》《论语》等的传播都做出了重要贡献，而子夏对于孔子学说的弘扬实在功不可没。

最后，说一说"宗圣"曾参。"圣门四科"中虽未提到曾参，但不可否认，曾子在孔门弟子中具有十分重要的地位。曾参（前505—前435），姓曾，名参，字子舆，春秋末年鲁国人。在孔门弟子中，曾子对孔子思想的理解较为深刻，他比较注重道德修养，尤其强调"省""信""孝"等伦理范畴。

曾子提出了"三省吾身"是修身准则。他说道："吾日三省吾身：为人谋而不忠乎？与朋友交而不信乎？传不习乎？"（《论语·学而》）曾子每天都要从三个方面反省自己：为别人办事有没有尽心竭力？与朋友交往有没有失信的地方？老师教授的知识有没有认真复习过？可见，曾子"三省吾身"的修身方法强调的是一种主动发自内心，无需外人强制的自觉性，这与他所注重的"慎独"之修养方法是一脉相承的。所谓"慎独"，就是指即使一个人独处时，也不要做出任何违背道德的事情来。

曾子格外注重"信"。曾子"杀猪教子"的故事，已经成为千古美谈。据《韩非子·外储说左上》记载，曾子之妻为哄骗孩子不跟自己去集市，答应回来杀猪给他吃。但回来之后，她却没有杀猪，反而说是"与婴儿戏耳"。曾子很严肃地批评了妻子，责备妻子是给孩子灌输不守诚信的思想。曾子决然杀猪给儿吃。曾子以一个简单杀猪的事情，教育了身边人何谓"信"。从这一角度看，曾子所注重反省的重要内容，其实就是在人与人交往的过程中是否做到了"诚信"的问题。

曾子历来以"孝"著称。据说《孝经》即是曾子所作。在《孝经》里，曾子全面阐发了孔子"孝"的学说。在曾子看来，只有谨慎地办理父母的丧事，诚心诚意祭拜祖先，老百姓才会受到感化，他们的德行也会趋向敦厚，由此就会形成近者亲善、远者来附的局面，整个社会才会安定和谐。

曾子不仅在理论上关注"孝"，在现实生活中，他也是一个不折不扣的大孝子。为了孝敬父母，曾子可以说无所不用其极。《二十四孝》中"曾子耘瓜受杖"的故事，已为大家所熟知：曾参一次不小心锄断了一棵瓜秧，就被父亲打得昏死过去，好久不省人事。醒来后的曾子赶紧爬起来，去安慰父亲，生怕累着父亲。当然，他的这种行为近似于一种"愚孝"，在当时也曾被孔子严厉批评。曾子孝亲的例子还有很多，"曾子不吃羊枣""曾子不过胜母坊"等故事在中国民间至今广为流传。总体说来，曾子的"孝"亲言行，始终贯穿着一个"敬"字，因此，曾子能够成为以"孝"而彪炳千古的典范。

曾子对孔子的思想一以贯之，在儒学的发展史上是极为重要的一环。他上承孔子，下启子思，孟子又"学于子思之门人"，而思孟学派作为儒家的"正统"学派，在中国儒学史上产生了极其重要的影响。由曾子及其弟子们所组成的"洙泗学派"，一直被视为孔门后学中发展孔子学说的重镇之一。所以说，曾子在儒学发展史乃至中华文化史上均占有重要的地位。

曾子在元代至顺元年（1330 年）被封为"郕国宗圣公"，这是曾子谥号称"圣"之始。在今天的山东平邑县建有曾点墓和曾参墓；嘉祥县南建有曾子庙、曾子墓（曾林），这是今人专门纪念曾子的地方。

以上择要介绍了孔门之中最杰出的几个弟子，其余如宰予、颛孙师、冉求、闵损等亦十分重要，限于篇幅不能具论。在春秋战国之际百余年的时间里，"孔门弟子"这个群体曾经那样意气风发，曾经那样引人瞩目。他们围绕在孔夫子的周围，众星捧月般传承弘扬着夫子之道。尼山之麓，洙泗河畔，经常会出现师徒们的身影，他们胸怀天下，心系苍生，品古论今，指点江山，参道议政，习文谈艺，涵养性情，形成了中国文化史乃至人类文化史上一道最为亮丽的风景线。即便是生于千载之后的我们，每当想象起那一幕幕情景，也不禁为之怦然心动！

孔子去世后，孔门弟子散游四方，传播孔子之学，弘扬儒家之道。他们承上启下，继往开来，使儒门事业得以发扬光大，成为战国时期的"显学"，奠定了孔子儒学在中国传统文化中的主体地位。

西南政法大学教授俞荣根先生于 2011 年主持了重庆市宣传部、重庆市社科规划重点课题"中华民族崇拜问题"。课题研究主要采取问卷调查的方式，分为海选式问卷和非海选式问卷两类。

海选式问卷表中有两个问题：其一，列举 10 位您认为已经成为中华民族崇拜的历史人物；其二，在这十位历史人物中您认为最受中华民族崇拜的是哪一位。表内提醒受访者应排除图腾崇拜、宗教崇拜、偶像崇拜、神灵崇拜，且限定为近代以前的历史人物。

非海选式问卷表中有三个选项：其一，按历史年代为序列出 20 位人物，包括中华文明始祖、文化巨擘以及帝王将相，他们是：黄帝、炎帝、尧、舜、禹、周公旦、孔子、老子、孙子、韩非子、汉武帝、诸葛亮、关公、唐太宗、包公、岳飞、文天祥、朱熹、王阳明、林则徐。要求受访者采取 20 选 10 的方式，选出 10 位自己认为已经成为中华民族崇拜的历史人物；其二，在选出的历史人物中确定一位最受中华民族崇拜的人物；其三，除此上述 20 位历史人物外，填写自己认为值得中华民族崇拜的其他历史人物。

本次问卷调查的结果是孔子的得票遥遥领先，因而孔子成为最受中华民族崇拜的历史人物。这说明，在中国，古往今来，一切宗教的和准宗教的造神运动从来没有成功过，今后也不会成功。中华民族的现代复兴，应该走一条由传统向现代的多元一体的人文伦理信仰之路。而中华民族的复兴应当伴随自己伦理精神的复兴，应当有全民族的共同崇拜，或叫普遍信仰的伦理精神及其代表。这个代表，不是虚无的神灵，不是远古的图腾，也不是外来的天主。这个代表，除了孔子还能有谁来担当呢？

作为一个既有着五千多年历史文明、又历经了近百年耻辱、终于在改革开放政策指引下走向辉煌的发展中国家，以经济建设为中心的决策，使我们在短短三十余年的时间里，大大缩小了与西方强国的差距，一跃成为世界多极中的一极。然而，我们精神文明的发展，并没有与物质文明比翼齐飞。相反，仁、恕、礼、义、诚、和等传统美德却在近年来一次次批判传统和市场经济的双重打压之下，慢慢淡出了人们的视野。于是，假冒伪劣产品充斥于市场、重大安全责任事故频发、自然环境恶化等现象严重威胁着人民群众的健康及生命安全。毒奶粉、地沟油、屡禁不止的矿难、尘肺病、癌症村、儿童铅中毒、幼儿被喂药等恶性事件一次又一次地拷问着人们的良知。很多学者说：中国社会正面临着严重的道德滑坡、信仰危机，甚至有的学者说，中国社会已经到了道德伦理崩溃的边缘。

可以说，在立国修身方面我们正面临着空前的危机。怎样才能从根本上扭转上述局面呢？那就是必须依靠我们优秀的传统文化的回归、复位和复兴，儒家所倡导的"修身、齐家、治国、平天下"是全人类遵循的普遍原则，也是我们中华民族的心灵归宿和精神依托。中国共产党的十七大报告谈及中国特色社会主义文化建设时，明确提出："弘扬中华文化，建设中华民族共有精神家园"是一项重大的文化战略任务。毋庸置疑，儒家文化是中国文化的主干和核心，孔子则是中国传统文化的象征和代表。弘扬中国传统文化，首先要从汲取孔子智慧、弘扬儒家文化开始。中国的很多高校已经积极行动起来，为儒学的复兴做出了大胆的尝试。比如，清华大学已将《四书》列入了本科生的必修课程；中央党校和国家行政学院也开设了儒家文化的课程；山东大学在全校本科学生中开设了《儒家文化与中华民族精神概论》的公共必修课；设学于孔子故里的曲阜师范大学也在全校本科生和研究生中开设了《孔子与儒家文化》的公共必修课。这些对传承和弘扬儒家文化必将起到积极的推动作用。

　　我国是儒家文化的发源国，作为一位土生土长的中国人，弘扬儒家文化是我们每一个人不能推卸的责任。我们应该从自我做起，从点滴做起，"见贤思齐，修齐治平"，正如曾子所言："士不可以不弘毅，任重而道远。"

第四讲　儒墨哲学思想的简要比较

在谈到先秦诸子来源时，班固说："儒家者流，盖出于司徒之官，助人君顺阴阳明教化者也。……墨家者流，盖出于清庙之守。"[1]可见，儒生多为士大夫之流，而墨生多为侠义豪俊之士。也许正是职业上的不同，才造成了思想上的渐行渐远，最终形成了两个独立的学派。

对于儒墨的思想，前人曾从不同的角度做过比较，但哲学方面的比较还不多见。本讲尝试从宇宙观、天命（志）观、鬼神观和方法论方面简要地比较一下儒墨两家的哲学思想。

一、宇宙观

（一）宇宙的本原

中国古人对于宇宙的认识，早在《周易》时代就已经凝聚成了一个体系，并

---

[1] [汉]班固撰、[唐]颜师古注:《汉书·卷三十》，北京：中华书局，2005 年版，第 1367、1373 页。另，所谓"清庙之守"，是指周代帝王公侯守护庙宇的军事专家，是世袭的武士。周朝解体后，他们变成了受人雇佣的"侠"或"游侠"。

逐渐融入了周的文化传统中。"从某种意义上说，宇宙论构成了春秋战国时代思想的共同意识背景。"[1]

但现今的学者并不重视孔子的宇宙观，许多人在研究孔子时先入为主地把它界定为有关社会伦理的学说。之所以会出现这样的情况，或许是因为孔子宇宙观的原貌很难追溯，起码在《论语》中直接讨论宇宙的材料不多。正如子贡所言："夫子之言性与天道，不可得而闻也。"（《公冶长》）可孔子却说："不知命，无以为君子。"（《尧曰》）

孔子为什么这样说？他到底有没有思考过宇宙、思考过自然呢？他真实的想法是什么呢？要回答这些问题，还要再回到《论语》。在《八佾》中，孔子说："不然，获罪于天，无所祷也。"在《季氏》中说："君子有三畏，畏天命，畏大人，畏圣人之言。"在《乡党》中又说："迅雷风烈必变"。对于当时的人来说，天是人间的主宰，迅雷、疾风就是天的代表，人如果违反天意、触犯天威，就要遭受惩罚。为了避免天发怒殃及自己，人们不但要敬畏天，遵循天命，而且，对天的代表也要毕恭毕敬。"有疾风迅雷甚雨则必变，虽夜必兴，衣服冠而坐。"（《礼记·玉藻》）对此，王充解释道："惧天怒，畏罚及自己也。"（《论衡·雷虚》）这说明，孔子尽管从未明确地讨论过宇宙、讨论过天，但实际上他是重视宇宙、敬畏宇宙的。

在《周易·系辞上传》中，[2]孔子为我们展示了一个尊卑有序、动静有常的宏观大宇宙："天尊地卑，乾坤定矣。卑高以陈，贵贱位矣。动静有常，刚柔断矣。方以类聚，物以群分，吉凶生矣。""天"在宇宙中最早出现，是宇宙的第一个因素。"地"接着"天"出现，是宇宙的第二个因素。由于"天"先出现，位次上处于先，故以之为"尊"；"地"后出现，在位次上处于后，故以之为"卑"。有了"天"和"地"以及二者的"尊""卑"关系，"乾"和"坤"也就确定了。

---

[1] 刘晓竹：《孔子政治哲学的原理意识：思辨儒学导论》，北京：中国妇女出版社，2003年，第282页。
[2] 1973年长沙马王堆汉墓出土的帛书资料证实了《周易·系辞传》是孔子所作。尽管目前学界对此书的作者和成书年代仍有一定的争议，但它反映了先秦儒家的思想，这一点是没有问题的。

那么，儒家为什么要强调"天"和"地"的关系呢？

其实，孔子这样说是有特殊目的的。"天"和"地"的发生有先后、尊卑有差别，因此，宇宙是有序的、等级分明的。既然宇宙是有序的，那么，人类作为宇宙的一员自然也不例外。换句话说，孔子的宇宙有序论其实是在为人间的有序寻找原型，以便于让礼乐崩废、道德沦丧的混乱社会重新走向有序。

和儒家不同，墨家的宇宙并未与人间伦理同构，相反，是彻底的唯物主义的。在墨家看来，世界上的一切实际存在，除了"物"外，什么也没有。那么"物"是什么呢？《经说上》说："物，达也，有实必待之名也命之。""物"是达名，是范畴。"有"表客观存在。"实"指实体，即客观事物。这意味着"物"和"实"所指相同；但"物"和"实"又不完全一样，"物"是一个概念，"实"是"物"的内涵，泛指实体的存在及其所具有的一切属性、特征，是"物"的内在部分；"名"是"物"外在形式，是用来称谓"物"、区分"物"的外显部分。

对于"名"和"实"的关系，《经说下》说："有之实也，而后谓之。无之实也，则无谓也。"这说明，"实"和"名"不仅性质不同，产生的顺序也不一样，"实"和"有"是第一性的，"名"和"谓"（概念、判断）是第二性的，前者决定后者，而不是相反。

墨家能以"物""实""有""谓"来囊括宇宙、包罗万象，这在当时是非常了不起的。

（二）宇宙的时空

儒家对宇宙时空的阐释较为笼统、模糊；而墨家的更为细致、具体。

儒家的宇宙时空观在《系辞上传》中体现得最为明显："动静有常，刚柔断矣。"意思是说，宇宙基本的存在状态是"动"和"静"，分别对应于"刚"和"柔"。由于"动"具有"刚"的性质，"静"具有"柔"的性质，因此，可通过是"动"还是"静"来判断"物"的性质是"刚"还是"柔"；反之，也可从性质上的"刚"或"柔"来判定"物"是"动"还是"静"。

"动"和"静"是宇宙的基本存在状态，但光从"动"或"静"上还看不出宇宙的有序性。因此，《系辞上传》又说"方以类聚，物以群分，吉凶生矣。"宇宙中的各种"方（卦）"因种类相同而聚在一起，各种"物"因"群（或"集合"）"的不同而区分开来。也就是说，宇宙不是杂乱无章的，而是分门别类、井然有序的存在的。

儒家区分了宇宙的"动—静"、"刚—柔"，但却没有区分时间和空间。和儒家不同，墨家用"久"和"宇"将时间和空间区分了开来。所谓"久"，《经上》说："久，弥异时也。"这里的"久"就是时间，是一个概括了时点、时段的范畴，如古时、今时、早上、晚上等。所谓"宇"，《经上》说："宇，弥异所也。"这里的"宇"就是空间，是一个囊括了处所、方位的范畴。如东面、西面、南面、北面等。

墨家不仅注意到了时空的宏观方面，也注意到了微观的方面。墨家认为，宇宙时空的微观存在单位是"始"和"端"。

对于"始"，《经上》说："始，当时也。"《经说上》解释道："时或有久，或无久，始当无久。"随后又说："无久之不止，若矢过楹。有久之不止，若人过梁。""有久"指有穷大的时间量，如人走过一座桥梁，是"有久"之行。"无久"指无穷小的时间量，如飞箭穿越一根柱子边缘，占有一无穷小的时间量"无久"和一无穷小的空间量"无厚"。"始"相当于无穷小的时间量"无久"，时间中不可再分的最小单位，该量虽然极小，却是客观的、可计量的。

对于"端"，《经上》说："端，体之无厚而最前者也"。《经说下》解释道："斫半，进前取也。前，则中无为半，犹端也。前后取，则端中也。斫必半。无与、非半，不可斫也。""斫"，斫断、分割的意思。整句话的意思是说对物质进行分割，先从中点砍掉一半，然后不断从前进的方向割取一半。割取到最后，就会只剩下"中无为半"（中间无法分成两份）的基本粒子，这就是一个"端"。同样，用相同的方法向后不断的切分，最后也能得到不可再分的基本粒子——"端"。通过"端"的不可切割性，墨家将"端"看作是空间的最小量。

（三）宇宙的变化

儒墨两家对于宇宙变化的认识是相同的，都承认宇宙是变化的，且变化是无穷的。

在《系辞上传》中说："在天成象，在地成形，变化见矣。是故刚柔相摩，八卦相荡。鼓之以雷霆，润之以风雨，日月运行，一寒一暑。乾道成男，坤道成女。乾知大始，坤作成物。"意思是说，宇宙的存在，在"天"上是以种种天象表现的，如日月星辰；在"地"上是以种种形体表现的，如山川草木。这种种"象"和"形"之中暗含着无穷的"变化"，在刚柔八卦、风云雨雾的不断影响、作用下，原有的"象"和"形"不断发生着变化，有的甚至改变了自身的属性，成为了新的"象"和"形"，由此而促成了宇宙的发展、变化。在宇宙中，这样的变化像日月往来、寒暑交替一样无始无终、从未间断。

与儒家不同，墨家在谈到宇宙变化时坚持的是唯物主义的立场。墨家认为，宇宙中的"物"并非只是静态的存在，"物"也会有变化。不过，和儒家不同，墨家更重视宇宙变化的客观性。《经说上》说："无久之不止，当牛非马，若矢过楹。有久之不止，当马非马，若人过梁。"意思是说，物在高速行进中，经过某一点是"无久"的运动。如古人射箭穿过两楹之间，虽然有瞬间的静止，但速度极快，在很短的时间内就前进了很大距离，其"不止"非常明显。就像说牛不是马一样，是正确的。当物在低速行进中，如古人过河，走在桥梁上时，小心谨慎，每步都有较长时间的静止；但从整个过桥过程看，静止只是暂时的、相对的，通过每一步的相对静止来完成过桥这一行为。正如说马不是马一样，也是正确的。

在此基础上，墨家进一步阐释了宇宙变化的有穷性和无穷性。《经说下》说："久，有穷；无穷。""区不可遍举宇也"。就个体来说，时间是有穷的，如生老病死，都是在一个个的时间点或时间段中完成的；而就整个宇宙来说，时间又是无穷的，动植物的繁衍生生不息、"物"运动的无始无终，莫不如此。由于宇宙的变化是无始无终的，因此，"天无陷，则无之而无"（《经说下》），"天塌下来"的怪事情不会发生，我们也不必再"杞人忧天"。

（四）小结

儒家推崇《易》学，其宇宙观是对《易》的继承和发展，是周代宇宙观与儒家祖先观相结合的产物。儒家将宇宙和自然、社会、人融为一体。有天地，然后有万物；有万物，然后有男女；有男女，然后有夫妇；有夫妇，然后有父子；有父子，然后有君臣；有君臣，然后有上下；有上下，然后礼仪有所措。因此，儒家的宇宙论和其天道观、鬼神观是一致的，和其伦理观、政治观及整个思想体系也是一致的，是物我一体、天人一体的宇宙观。

墨家虽然也深受周文化的影响，但并未承袭周的宇宙生成论。相反，他们在探讨宇宙问题时几乎都是从纯自然的角度入手的。和西方的宇宙观一样，属于自然本体论的哲学。《墨子》认为，宇宙的本原在于实有的"物"。"物"有属性，属性不会离开"物"而独自存在。"物"有时间和空间、静态和动态的存在方式。时空是连续的、不间断的；时空是有穷的，又是无穷的。就整体而言，时空无穷；就部分而言，时空有穷。宇宙是一个不断变化的整体，变化是无始无终的。

二、天命观和鬼神论

如果说夏、商、西周还是神的时代的话，那么从春秋开始，神在人们心目中的地位在不断降低，而人的地位在不断上升。受时代的影响，儒、墨两家虽然也关注天命和鬼神，但都已不再是虔诚的天命、鬼神信奉者。具体说来：

（一）天命观

1. 基本思想

儒家认为天有意志、有思想，是不是说天和人一样，有七情六欲，有生老病死，意志自由，可率性而为呢？关于这一点，《论语》有很多的讨论，如"予所否者，天厌之！天厌之！"（《雍也》），"颜渊死，子曰：'噫！丧予！天丧予！'"（《先进》）在儒家看来，"天"是有意志的，有法可循的，是"不言"而自在的。

"天何言哉？四时行焉，百物生焉，天何言哉？"天虽不言却无处不在，虽形态种种却固守本一，有人的特征却又严格遵循宇宙的运行法则，有意志而无情欲、有生命而无生死，这就是儒家人格化的"天"。

和儒家类似，墨家也将天人格化，认为天有天志，是最高的统治者，能通过"天志"来规范自然和社会。"天之行广而无私，其施厚而不德，其明久而不衰，故圣王法之。既以天为法，动作有为，必度于天，天之所欲则为之，天所不欲则止。"（《法仪》）而且，天能于"林谷幽间无人"之处看清一切东西，能"欲义而恶不义"（《天志上》）。如果"天子为善，天能赏之。天子为暴，天能罚之"（《天志上》）；如果天子有疾病祸祟，那么"天能除去之"。（《天志中》）可见，和老庄孔孟一样，墨家也认为天有意识、有情感、有好恶、主赏罚。

2. 实质

通常，人们根据"死生有命，富贵在天"就下结论说：儒家的"天命观"有"宿命论"色彩。（《颜渊》）应该说，这样看待儒家是不公正的，是对儒家思想的一种误解。

其实，"死生有命，富贵在天"不是在宣扬"宿命论"，也不是叫人颓废、消极的等待命运的安排；相反，是让人们认识到，宇宙生命的无穷无尽和个体生命的有穷有尽这样一个事实。认识到了这一点，再去积极地尽人事，合时宜的尽人事。这一点，从《论语》对"行"的重视上也可以得到证明。比如："虎兕出于柙，龟玉毁于椟中，是谁之过欤？"（《季氏将伐颛臾》）；"父没，观其行"（《学而》）；"听其言而观其行"（《公冶长》）。孔子本人也并非只说不做，而是身体力行。《论语·宪问》载："子路宿于石门，晨门曰：'奚自？'子路曰：'自孔氏。'曰：'是知其不可而为之者与？'"可见，孔子是主张尽人事的，而且这样的主张已被世人所熟知。虽说谋事在人，成事在天，然不可不谋也。如果人们愿意安于现状，不思进取，放弃改变自己命运的努力，那才真的违背了"知天命"的意义。

不过，生活在动荡年代的孔子深刻地体会到了世事的多艰、天命的无常，即便知晓天命、刚健有为，也难免有"时不我与"的尴尬。"子曰：凤鸟不至，河不出图，吾已矣夫！"（《论语·子罕》）这样的情况在每个人的身上都有可能会发生。"道之将行也与？命也；道之将废也与？命也。"（《论语·宪问》）因此，儒家要求君子应"知天命"，通过"知天命"，君子不仅应积极进取，积极施展自己的才能，实现自己的抱负；还应"度德而处，量力而行之，相时而动"（《左传·隐公十一年》）。如果做到了这些，还无法实现自己的理想，那么也不必怨天尤人，毕竟，"谋事在人、成事在天"。

对于儒家的这一思想，墨家提出了批评。但早期的墨家在批评儒家的同时，自己也并未跳出"天"有意志的藩篱，也在尝试用"天志"约束人的行为。"子墨子之有天志，譬若轮人之有规，匠人之有矩；轮匠执其规矩，以度天下之方圆，曰：中者是也，不中者非也。今天下之士君子之书，不可胜载，言语不可尽计，上说诸侯，下说列士，其于仁义，则大相远也。何以知之？曰：我得天下之明法以度之。"（《天志上》）墨子认为，天志就像手工艺者手中的"规"或"矩"一样，是度量的标准或尺度。因此，天志不仅是衡量天下人行为的"规矩"，是统治者治理天下的法则，也是判断天下士子言行是非的标准。

（二）鬼神观

总的说来，在那个人们对"鬼神"不断质疑的年代，儒墨两家的鬼神论都是漏洞百出的。不同的是，墨家后来放弃了鬼神论，而儒家的鬼神信仰在质疑声中不但没有削弱，反而得到了增强。同样是鬼神论，为何会有不同的发展前途呢？

儒家的鬼神观看似禁不起任何的推敲，正如墨子批评的那样："执无鬼而学祭礼，是犹无客而学客礼也，是犹无鱼而为鱼罟也。"（《墨子·公孟》）无鬼而学祭祀之礼，就像无客而学待客之礼、无鱼而为鱼罟一样可笑。这样简单的道理儒家不可能不懂。既然如此，儒家设置鬼神必然有其特殊的目的。

儒家注重对鬼神的祭祀，但祭祀不是目的。其目的是，通过祭祀来教化民众，"孟懿子问孝……子曰：'生，事之以礼；死，葬之以礼，祭之以礼。'"（《论语·为政》）孔子认为，对于孝的教育，要从本原做起。对于个人而言，就是重视祖先、重视祭祖；对于国家而言，不光要重视祭祖，还要重视祭天。为了让人们对祭祀有足够重视，儒家还特别指出，要重视葬礼、重视祭祀，甚至不惜花费大量时间和财物。这样的铺张浪费招来了墨家的批评，面对批评，儒家不以为然。因为，在他们看来，唯有"慎终追远"方可使"民德归厚"。设想一下，如果一个人连死人都毕恭毕敬、不敢忘记，那么他对活着的人岂不是更慈爱宽厚、关心备至么？

虽然都坚持鬼神论，但儒家对鬼神的态度与墨家明显不同。儒家淡化了鬼神的神秘性，通过强化祭祀的过程，将人们的注意力从鬼神转移到祭祀者的身上。人们在祭祀的时候，身心受到了约束，并培育其畏惧之心、仁慈之心、孝廉之心、崇敬之心。这样，人伦牢固，社会也就安定了。这也是儒家鬼神信仰所以能获得普世价值的根本原因。

如果说儒家鬼神是预先谋划好了的话，那么，墨家鬼神就是临时杜撰出来的。墨家一面用无所不能的天来统治人，另一方面又说"天"是用来约束、引导统治阶级言行的，与黎民百姓的关系不大，不会对百姓的行为发挥强大的作用。为了能让自己的体系完整，墨子将鬼神纳入到了天志论体系中。鬼神能领会天意、践行天意，是众生言行监督者，是天惩恶扬善的实施者。如果说"天"的赏善罚暴只与统治者有关，那么鬼神的赏罚则是累及万民的。"天"无所不在，能"察知有与无之道者"，能"知有与无为仪者也"；鬼神同样也无所不在，"有天鬼，亦有山水鬼神者，亦有人死而为鬼者"（《明鬼下》）。

为了让人相信鬼神的存在，墨子先以乡里百姓的口头传闻为例："自古以及今，生民以来者，亦有曾见鬼神之物，闻鬼神之声，则鬼神何谓无乎？若莫闻莫见，则鬼神可谓有乎？"接着，又从《诗》《书》《春秋》等经典中找出了大量有关鬼神的记载，把这些记载以小故事的形式讲给大众听。

与儒家不同，鬼神的神秘性在墨家那里不但没有被淡化，反而变得更加神秘、更加不可捉摸。这也就注定了墨家神鬼论的命运，终有一天会难以为继。早期墨家苦心维护的天志、鬼神观，并未达到宣扬墨学、光大墨学的目的，反招致了学派内外一片的质疑和讨伐之声，加以鬼神论和现实生活有太多的矛盾，使得后期的墨家干脆放弃了有神论而转向无神论。从狭义的《墨经》四篇中，我们看不到了有神论的影子，也没有一字一句在谈论鬼神，贯穿其中的是彻底的唯物论。[1]放弃有神论而转向唯物论是墨家走向成熟的标志。也正是从这时开始，墨家思想逐步言行一致，最终实现了从矛盾向统一的转变。

（三）生死观

在先秦时期，对于人的生老病死问题，先民们充满了困惑，加以洪水泛滥、猛兽肆虐，各种不可抗拒的自然灾害常常会无情地吞噬先民们的生命，人在大自然面前显得格外脆弱。在这样的背景下，"如何使短暂的生命有意义""如何使死亡具有价值"成了儒墨哲学的一个重要课题。

1. 对于"生"

儒墨两家的思想是一致的，都珍惜生命、重视生命。这样的言论在儒家的经典著作中俯拾皆是，如《论语·乡党》载："厩焚。子退朝，曰：伤人乎？不问马。""民为贵，社稷次之，君为轻。"（《孟子·尽心下》）"最为天下贵也。"（《荀子·王制》）

作为小生产者代言人的墨家，面对社会动荡、战祸纷扰的社会，深知百姓的疾苦，并为保护弱势群体的生命、尊重生命的权利而奔走呼告。《贵义》篇说："今谓人曰：予子冠履，而断子之手足，子为之乎？必不为，何故？则冠履不若手足贵也。又曰：予子天下，而杀子之身，子为之乎？必不为，何故？则天下不若身之贵也。"除此之外，在《墨子》中，直接谈论"生"的还有八十余处。可见，墨家对"生"的重视。

重视生命，重视生命的价值与尊严，不求长生而害命，为儒墨共同的价值取向，该价值取向的核心是"义"。虽然儒墨都以"义"为生命价值评判的最高标准，但他们对于"义"的理解并不相同。儒家把"义"与"仁""礼"并举，将之看做是人生的追求目标，而将"利"界定为个人极端的欲望，是自私自利的表现。因此，"利"常常是作为"义"的对立面出现的，是儒家羞于谈论的。孔子说："君子喻于义，小人喻于利。"（《论语·里仁》）孟子说："王，何必曰利，亦

---

[1]　孙中原：《墨学通论》，沈阳：辽宁教育出版社，1993 年，第 53 页。

有仁义而已矣。"(《孟子·梁惠王上》)

墨家则不同，《经上》说："义，利也。"墨家并不认为"利"是"义"的对立面；相反，"利"是"所得而喜也"(《经上》)。也就是说，人是逐利的，"利"是人的正当需要。只要把"兼相爱"和"交相利"结合起来，就能保证"利"的正当性。简而言之，墨家所说的"利"是指社会公利，是"利天下"之"利"。正如《经上》所说："利，孝亲也"，又说"功，利民也"。

2. 对于"死"

儒墨两家持同样的态度，都提倡要慷慨凛然、泰然处之。尤其是要在生与死之间做抉择时，儒墨两家都主张应以"义"为取舍的标准。

孔子认为人生的价值不在于一味地贪生，而在于以一种坚韧不拔的精神追求"仁义"之道。"士不可以不弘毅，任重而道远，仁以为己任，不亦重乎？死而后已，不亦远乎。"(《论语·泰伯》)为了这样的理想，可以舍生忘死，视死如归。为此，儒家把"见利思义，见危授命"(《论语·宪问》)视为"成人"必备的一种品质。在孔子看来，见到利益便能想到义的要求，见到危险能够献出生命，长久处于贫困仍不忘记平日的诺言，这样的人就是品德完备的人了。他还说"志士仁人，无求生以害仁，有杀身以成仁。"在生死关头，当生命和仁德"二者不可得兼"的时候，决不能因贪生而害"义"，而应义无反顾，舍生取"义"。这样的"死"是"死得其所"，是"重于泰山"的。

同样，在"万事莫贵于义"的思想指导下，墨家子弟也都有舍生取义的精神。"摩顶放踵，利天下为之"(《孟子·尽心上》)。所谓"利天下"，《墨子·贵义》指出："凡言凡动，利于天鬼百姓者为之；凡言凡动，害于天鬼百姓者舍之。凡言凡动，合于三代圣王尧舜禹汤文武者为之；凡言凡动，合于三代暴王桀纣幽厉者舍之。"可见，与儒家舍身的目的不同，墨家的舍生取义是为了"利天下"，为了"兼相爱"。[1]

---

[1]《庄子·天下》对此评价道："墨子真天下之好也，将求之不得也，虽枯槁不舍也，才士也夫！"《孟子·尽心上》中载："墨子兼爱，摩顶放踵利天下，为之。"觉佛评论道："墨子之兼爱，而能摩顶放踵以利天下，则其志在必成。苟利于一群之人，虽死不避，其侠风之健爽，真足令独夫落胆，志士倾心！"梁启超对此评论道："今欲救之（中国），厥惟墨学"。

3.对于疾病

儒家和墨家都不赞成面对疾病而无所作为，应积极争取改变人的命运。但对于如何与疾病作斗争，儒家谈论的不多，而墨家却有着非常深入的看法。这些看法即使今天看来，仍然是有着十分积极的意义。

墨家认为，人有疾病是自然现象，是可以解释的。"或伤之，然也。见之，知也，告之，使知也。"（《经说下》）意思是说，一个人因受伤而生病，是生病的原因。如果有人亲眼看见，就会知道他的病根源在哪里；如果这个看到的人再把病因告诉其他人，别人也就会知道这个人的病因了。因此，人患病不是什么神秘的事情，是可以认识的，也可以找出病因的。当然，有时人得了病了，真正的病因、人所认识到的病因和他人告诉的病因可能会不一致。"物之所以然，与所以知之，与所以使人知之，不必同，说在病。"（《经下》）这种不一致和人的认识能力高低有关，和转述人的转述目的、转述方式也有关，和人能不能认识疾病、解释病因无关。

疾病既然可以认识，可以找到病因，就可以治疗。"治病，亡也。"（《经说上》）通过积极的治疗方式可以去除疾病，也可延长人的寿命。《小取》中说："且夭，非夭也。寿且夭，寿夭也。有命，非命也；非执有命，非命也。"意思是说，将要夭折不等于夭折，通过积极的治疗可以使将要夭折的人延续寿命。如果只相信"生死有命"，不积极的治疗而放任病情发展，就极有可能会死于非命；如果不相信命是上天注定的，而是充分发挥人的主观能动性，治疗有方，措施得力，就有可能改变自己的命运，使自己从疾病中康复过来。

（三）小结

无论儒家还是墨家在阐述天命观、鬼神观、生死观时，都是尝试建构自己的"一以贯之"的思想体系。儒家的伦理体系以"孝"为"礼""义"之根本，而孝之道应从"厚葬久丧"做起。这是维系一切社会关系的基础。离开了这个基础，天下将陷入混乱与无序的禽兽状态之中。为了实现这样的主张，需要在人们的内心深处建立起天命鬼神的信仰。相对而言，墨家的伦理体系以"兼相爱，交相利"为根本，主张爱无差等。但这样无差别的爱在仁义不行、贤德不举的战乱年代是很难实现的。因此，墨子借助天志鬼神来威慑世人，试图通过神鬼的监督、赏罚实现普世之爱。

总之，儒墨的天命观、鬼神观、生死观虽然从形式上相似，但由于哲学立场的不同（墨家坚持的是一种无差等的自然伦理立场，而儒家坚持的是一种有差等的社会伦理立场），造成了儒墨两家天道（天志）和鬼神观体系上的巨大差别。

三、哲学方法

墨学和儒学作为中国哲学的两大流派，他们有众多的相似之处，都关注自然、关注人生，都以积极的态度认识世界、改造世界，都突出人在宇宙中的价值等。不过，两者也有着显著的不同，这些不同有思想背景方面的，有哲学立场方面的，也有哲学方法方面的。比如，儒家哲学贯穿于自然和社会之间、天道和人伦之间，终极目的是为了实现以孝为先、以礼待人、以德治国；而墨家同样也尊天，也努力尝试沟通天和人的关系，实现社会的"兼爱"和"非攻"。下面，将从哲学方法入手讨论两家相同和不同之处。

（一）相同之处

1. 整体的方法

中国哲学讲求深入浅出。从浩繁纷杂的万事万物中把握"大"的方面（整体），一旦把握了"大"的方面，再去认识"小"的方面（部分）就简单多了。如果要将这种方法概括起来，其实就是一种深入浅出的"整体观"[1]。"重综合，重从整体上把握事物、事物的结构功能和联系。它在研究任何具体事物时，总是居高临下，俯视鸟瞰，把它放到一个包容它的更大的环境系统之中。"[2]这样的特

---

[1] 王树人、喻柏林：论《周易》的整体思维特征，《中国社会科学院研究生院学报》，1995（4），第23页。

[2] 张岱年、方克立主编：《中国文化概论》，北京：北京师范大学出版社，1994年，第180页。

点在儒家和墨家的著作中都表现得非常明显。

儒家整体观的典型特征就是"天人合一"思想。该思想萌芽于《周易》，历经孔子、孟子、荀子的阐发日趋成熟。人与自然不是截然分开的，它们都是人类要认识的对象，但由于人是自然界的一部分，因此，需要将人与自然看做是一个整体。唯有如此，才能将人类社会和自然界联系起来，才能真正认识它的运动规律。

孔子十分重视人和自然及宇宙的关系，强调人要效法自然、效法天道，并以尧为榜样。"大哉，尧之为君也！巍巍乎，唯天为大，唯尧则之。"（《论语·泰伯》）这一思想到了《中庸》发展成为天人相通、以人补天的系统理论。《中庸》认为，人之性本于天道，教化基于人之性，故云"天命之谓性，率性之谓道，修道之谓教"。人的作用在于认识天道和万物发育规律，"参天地之化育"；然后遵循规律积极的、恰当的改造自然、改造社会，从而达到天人和谐、天人一体的境界。"致中和，天地位焉，万物育焉"。（《中庸》）

到了孟子，儒家的天人一体观被进一步发挥，"万物皆备于我"，"尽其心者知其性也，知其性则知天矣"（《孟子·尽心上》）。天道与人道、人性是相通的，存其心养其性是为了更好地"事天"。同时，孟子将《论语》的"仁爱"模式推广开去，由己及人、及物，故云"亲亲而仁民，仁民而爱物"（《孟子·尽心上》）。由爱亲人到爱民众，由爱社会到爱自然，初步建构出一个天、自然、人融为一体的仁爱体系。

到了荀子，虽然明确了天人之分，提出"制天命而用之"的主张，但其本意并不是"人天殊途"或"人定胜天"，而是希望能顺天道而尽人事，与天地一起，实现"共成化育"。"天地者，生之本也"（《礼论》）；"天地生君子，君子理天地。君子者，天地之参也"（《王制》）；"备有天养，顺其天政"（《天论》）。

儒家把宇宙看成是一个整体，人类是宇宙中的一个部分，且是最贵的那个部分。其贵不仅在于他能凌驾于天地万物之上，而在于他能自觉地为整个大自然着想，起到"天地之心"的作用。人类懂得天地万物一体、天人和谐的道理，便会有热爱自然的感情，便会在行动上促使各种生命的蓬勃发展。

和儒家类似，以自然科学见长的墨家同样也重视整体观，重视从整体中观察世界、把握世界，注意分析影响事物的各个方面的因素。而且，他们也善于从宏观上把握事物。在墨家看来，人类认识的主旨，就是"摹略万物之然"。所谓"摹略"，就是广求而约要的意思，这一点和"以其知过物而能貌之"（《经说上》）同义。从主观能动上说，"貌"是"摹略"；从客观上说，被"貌"就是反映，所谓"物"，是宇宙的本原，是墨家哲学的第一范畴和出发点。所谓"然"反映的是事物的本来面目、本质、规律。

这样的整体思想贯穿在"兼爱""非攻""尚贤""尚同""节用""节葬"等各章节中。比如对于"兼爱"，《大取》解释说："兼爱相若，一爱相若。一爱相若，其类在死蛇。"[1] 意思是说，兼爱的整体性不容分割，说"兼爱所有人相等"，不能拆分成"爱这一部分人相等""爱那一部分人相等"。分割兼爱的整体性，犹如一条活蛇，被肢解割裂为死蛇。

而且，墨家"兼爱"中的"兼"具有范畴的意义。"兼爱"就是普遍地施爱于人类，普遍、平等地爱一切人，爱过去、现在和未来的人，不分民族、职业、阶级、亲疏和居住地。包括别人、自己、奴隶、仆人在内，只要是人，都要普遍、平等施爱。墨家"兼爱"等同于"尽爱""俱爱"和"周爱"。

2. 类比的方法

儒墨两家都喜欢用类比的方法，但在运用时却表现出了不同的特点。

儒家的类比以直觉体悟为主。注意到了研究对象和被研究对象之间存在着"类比"的关系，进而由此推及彼，将彼此融合在一个"类推"的情境之中。比如："宰予昼寝。子曰：'朽木不可雕也，粪土之墙不可污也。'"（《论语·公冶长》）

但儒家的类比不是为了得到一个或然性的结论，而是通过比较或通过情感化的、艺术化的引申、扩充或想象，使人能从一个对象到达另一个对象，完成一

---

[1] 引文中的"蛇"原文中为"也"，是"也"还是"蛇"，目前学界意见不一。

个由此及彼的思维贯通。而且，无论孔子还是孟子，他们的类比方法还都没跳出"类比推衍"的范畴。只有到了荀子那里，类比的研究才逐渐走向形式化、严密化。虽物之不齐，乃物之情也；但"以类行杂，以一行万"（《荀子·王制》）还是可能的。

相对于儒家来说，墨家类比法的研究更为深入。已知其中一对象具有某一属性，可"推知"另一对象也同样应具有该属性。这种或然性推理，墨家称为"辟"，对此，《小取》解释道："辟也者，举他物而以明之也"。除了"辟"以外，还有"侔""援"。

对于"侔"，《小取》说："侔也者，比辞而俱行也"，即比照前一判断而推演出另一判断。"侔"，虽然也是一种类比的方式，但它不像"辟"那样用于概念上的类比，而是用于语意或语法相类似的类比。

对于"援"，《小取》说："援也者，曰：'子然，我奚独不可以然也？'"就是引用对方的观点作为证据，借此引出自己的观点。既然你可以根据这样的理由作论证，那我为什么不能这样做论证呢？如果你是对的，那我当然也是对的了。

（二）不同之处

儒家的哲学方法以直觉体悟为主，是一种说教式的方法；墨家的哲学方法以理性分析为主，是一种形式逻辑的方法。具体说来：

1. 儒家

儒家推崇"整体、流动、当下体悟的方法，是悟道的方法"[1]。典型的方法有整体法、类比法、持中贵和法等。整体法、类比法在前面讨论过，不再赘述，这里只分析持中贵和法。

先来看"中"。"中"即"中庸之道"。"持中"作为一种方法论在《尚书》时代已基本成型，《尚书·大禹谟》指出，"持中"的精髓在于"惟精惟一，允执厥

---

[1]　张岱年、方克立主编：《中国文化概论》，北京：北京师范大学出版社，1994 年，第 257 页。

中。"如果说"执中"作为一种智慧在《尚书》仅仅是开了个头的话，那么，作为一种哲学方法，儒家把它不断地发展、完善，并发扬光大。

孔子说："中庸之为德也，其至矣乎！民鲜久矣。"（《论语·雍也》）意思是说"中庸"乃至高的修养境界，长久以来，很少有人能做得到了。孔子如此推崇"中庸"，其用意是什么呢？朱熹的解释对我们的理解很有帮助："子程子曰：不偏之谓中，不倚之谓庸。中者天下之正道，庸者天下之定理。"（《中庸章句》）随后又说"中庸者，不偏不倚，无过不及，而平常之理，乃天命所当然，精微之极致也。"可见，"中庸"的"中"是一种凡事追求不偏不倚、无过不及的最佳状态，"庸"是说这样做是不可更易的常理。二者合在一起，就是要求人们在为人处事时始终保持不偏不倚，永远执中协同。为了避免在"持中"的过程中出现"矫枉过正"或"过犹不及"的问题。孔子说："吾有知乎哉？无知也。有鄙夫问于我，空空如也。我叩其两端而竭焉。"（《论语·子罕》）"执其两端，而用其中于民。"（《中庸》）"叩其两端"或"执其两端"，就是指从事情的两种极端状态入手，认真研究，仔细体会，寻求两端之中的最佳契合点。

再看"和"，"和"即"和合文化"。"和合文化"源远流长，早在春秋时期，"和合"二字就已经经常联用并举了。钱穆说："中国人常抱着一个天人合一的大理想，觉得外面一切异样的新鲜的所见所值，都可融会协调，和凝为一。这是中国文化精神最主要的一个特性。"[1]虽然在墨、道、法等诸子文章中，也可看到很多有关"和合"阐述，但只有儒家将"和"作为一种观察世界的方法做了系统的阐发，并在此基础上建立起一个天、地、人"和谐"的思想体系。

儒家以"和"为个人修养的最高目标。孔子的弟子有子曰："礼之用，和为贵。"（《论语·学而》）这代表了孔子的思想，认为在治国处事、礼仪制度中，应以"和"为价值标准。在处理人与人之间的关系时，孔子强调："君子和而不同，

---

[1] 钱穆：《中国文化史导论》，上海：上海三联书店 1988 年影印本，第 162 页。

小人同而不和。"(《论语·子路》)既承认差异，又和合不同的事物，通过互济互补，达到最终的和谐、统一。在处理人与自然的关系时，儒家同样也致力于"和合"。孟子说："不违农时，谷不可胜食也；数罟不入洿池，鱼鳖不可胜食也；斧斤以时入山林，材木不可胜用也。"(《孟子·梁惠王上》)在处理天人关系时，儒家认为天道生生不息，以"仁"为心，天能使万物良好的生长发育，能使人得天之精髓而生出"盎然生物之心""温然爱物之心"。而要实现这一点，人就应效法天，爱护天，维护天的尊严，促进天人之间的和谐，使天心和人心融为一。否则，有违天道，就会招致天的惩罚。

2. 墨家

为了避免说理的游离性和不确定性，墨家建立了专门的概念认知系统。首先，对概念做了界定；然后，建立了分析程序、逻辑结构和推理规范；最后，推导出近乎必然性的结论。墨家典型的方法有整体法、类比法、三表法、逻辑法、辩证法等。这里重点分析后三种方法。

先看三表法。墨家重视对辩论的研究，也重视培养善辩的人才。那么，怎样判断一个人的辩论是正确还是错误的呢？靠个人的主观经验肯定是不行的，而客观辩论本身又不能给出答案，因此必须寻找另外的检验标准。墨家在深入地研究了辩论的特点后，提出了著名的"三表法"，并以此作为检验辩论正确与否的标准。

第一表是解决"本于何"的？答案是："上本之于古者圣王之事"，即以古代圣王的政治实践及其治理国家的历史经验为本。其中，墨家的"圣王"指的是尧、舜、禹、汤、文王、武王等"兴天下之利、除天下之害"的仁者、义者。

第二表是解决于"原于何"的？答案是："下原察百姓耳目之实"，即以人们亲身实践获得的直接经验为源。"劳动人民是社会实践的主体，（墨家）以劳动人民的耳目感官经验作为经验标准，这是人类认识史上的创举。"[1]

---

[1] 陈克守、桑哲：《墨学与当代社会》，北京：中国社会科学出版社，2007年，第120页。

第三条是解决于"何用之"的？答案是："废（发）以为刑政，观其中国家百姓人民之利"，即以能否符合国家和人民的利益为用。墨家认为，好的思想应有利于国家治理，有利于满足广大人民群众的利益。

墨家提出了"三表法"曾起过，在反对儒家繁琐的日常礼节和劳民伤财的葬礼时，用的就是"三表法"。重礼、重丧不仅对生产力的发展和人们生活改善不利，而且还浪费了国家和人民大量的时间和财富，因此受到墨家的批评。同样，在完善自己的理论时，如兼爱、非攻、尚贤、节用、节葬、非乐、天志、非命等，墨家也主张"三表法"检验。由于这些理论有利于国家的富强、社会的稳定，符合最广大人民群众的根本利益，因此，符合"三表法"，是值得鼓励和提倡的。

再来看逻辑法。有学者认为"中国传统里无推演式的思维方法"，[1]这种说法不符合事实，至少不符合先秦时期文化的实际情况。先秦时期，逻辑思维得到了高度发展。在许多思想家（尤其是墨家）那里，概念、判断、推理、比较、归纳演绎、分析综合等逻辑思维方法已经得到了自觉地运用，有的已运用得十分纯熟。

以推理法为例，墨家不但研究了各种推理形式，研究了推理规则以及推理、论证过程中容易产生的谬误；而且，对辩论的概念、法则、态度及规律做了大量的探索，不仅揭示了形式逻辑的一般规律，在某些方面还提出了非常精到的见解。比如，在谈到逻辑原则时，《小取》总结了四条：

一是"以名举实"。"名"就是名词或概念。"举，拟实也。"（《经上》）就是说，名词或概念是模拟客观实在的事物。先有实，然后有名。凡"名"都是"实"的名，可是有"实"不一定有"名"，有许多的"实"还没有"名"。

二是"以辞抒意"。"辞"，即语句或命题。"辞"所表达的"意"，就是判断，判断是用来反映客观实际的。判断（意）合于客观实际，表达判断（抒意）的语

---

[1] 转引自杨振宁：《易经》对中华文化的影响，《光明日报》，2004-11-19。

句或命题（辞）也符合客观实际。这个判断就是"当"，也就是真的；否则就是"不当"，也就是不真。

三是"以说出故"。在辩论中，辩论者不仅要用一个"辞"表达判断，还要说出一个所以达到该判断的理由，也就是"以说出故"。"故"是根据或理由，"说"是把一个"辞"所以得"当"的理由阐述出来。有了这样的陈述，才能说服别人。"辞"就是论证后得到的结论，而此时的论证就是"辞"的前提。

四是"辞以类行"。所谓"以类行"即"以类取，以类予"。一般认为："以类取"意味着归纳推理，"以类予"意味着演绎推理。人们的推理活动不外是三个方向的类推：从个别到一般、从一般到个别、从个别到个别或从一般到一般。《墨经》把这三种推理活动概括为"以类行"。"推理就是明类，离开了明类，便没有推理可言。"[1]

最后，说一下墨家的辩证法。墨家在认识世界的过程中形成了自己辩证的思想，比如，在讨论同异的辨别问题、正反的转化问题、义利的取舍问题、时空有限无限的问题、动静的问题、生死的问题、名实的问题时，用的都是辩证法，由于有了辩证法的帮助，墨家对宇宙、自然、社会的认识变得更加系统、全面。比如，在谈到宇宙的远近时，《经下》说："宇进无近远，说在步。"《经说下》解释道："区不可遍举宇也。进行者先步近后步远。"宇宙空间是无穷，在宇宙中运动，没有绝对的远近之分，只有相对的远近。就像人走路一样，必须先走近，后走远。应该说，辩证法是墨家哲学思想的重要组成部分。该方法的提出，极大地丰富了中国古代的辩证思想。

总之，墨家的逻辑方法是为了论辨的需要而生的，也是在论辩中总结出来的，是一种实用的方法。虽然墨家无意于将逻辑推理形式化，其逻辑也尚未达到形式化的高度，但他们却为古代的中国建立了一个较为完整的逻辑体系，总结出了一套实用的逻辑方法，是当之无愧的"发展归纳和演绎方法的科学逻辑的唯一

---

[1]　陈孟麟：《墨辩逻辑学》，济南：齐鲁书社，1983年，第61页。

的中国思想学派"[1]。英国大百科全书在《墨经》条中充分肯定了墨家逻辑法在世界逻辑史上的地位，并将之与印度的因明逻辑、古希腊的亚里士多德逻辑并称为世界三大古典逻辑。

四、结语

虽然儒墨的哲学立场不同、思想观点不同，但他们都不囿于成见而固步自封，而是在相互辩论、相互批评的过程中，相互学习对方，吸取对方的长处为己所用。比如，墨子少时就曾受孔子之术，学习儒家的思想和方法。而且，从整个哲学体系上看，儒家和墨家也有很多的相同点：都怀揣重建和平、繁荣、稳定社会的理想，都想通过自己的理论主张拯救饱受战火蹂躏的百姓，都为实现自己的理想而进行了积极的理论和实践上的探索，也都形成了一套完整的理论体系和救国救民的施政方案。

但从具体哲学形态上看，儒墨两家又有着明显的不同。在宇宙观方面：儒家有宇宙生成论的信仰，宇宙的一切由"天"生成、由地养育，因此儒家的宇宙是人格化了的，是带着浓厚的唯心主义色彩的。墨家的认为宇宙的本原是"物"，"物"有时间和空间、动态和静态、绝对和相对、有限和无限等属性，是唯物主义的。在对待天和鬼神的态度上：两家都承认天和鬼神的存在，"都尊天敬鬼"，[2]也都努力尝试保持自己理论体系的一贯性，但他们的目的并不相同。儒家敬鬼神、重丧礼，是想通过"慎终追远"的教化促使"民德归厚"，从而重建人间的道德伦理体系；而墨家宣扬鬼神，是想通过鬼神的"欲义而恶不义"为人们立"规矩"，通过鬼神的监督使人们兼爱、非攻、尚贤、明礼。在"爱人"的问题上：儒家主张爱有等级、有差别、有选择，这符合统治阶级的利益，有利于维护封建社会的统治；而墨家主张爱无等级、无差别、无选择，符合广大百

---

[1] 胡适：《中国哲学史大纲》（1919），北京：东方出版社，1996年，第166页。

[2] 参见王桐龄：《儒墨之异同》，上海：上海书店，1992年，第213页。

姓的利益，因此，受到了大众的欢迎。在改造社会的方式上：儒家以思想教化为主，认为"得民心者得天下"，主张"以德治国""以礼治国"，其核心是通过改善生产关系（人伦关系）实现国泰民安；而墨家则以技能培养为主，认为应兼爱、非攻、尚贤、节用，其核心是通过提高生产力水平达到国富民强。在哲学方法方面：儒家以持中贵和法为突出特征，墨家以辨证逻辑和分析逻辑为主要特点。

第三编　齐鲁文化与山东当代乡土文学

　　齐鲁文化源于先秦时期的齐文化和鲁文化。这两种文化既各自独立，自成体系，又彼此借鉴，优势互补，最终走向了融合与同构，成为中国传统社会的主流文化。

　　齐鲁文化养成了山东人的性格，进而影响了山东文学。正如山东省作家协会主席张炜所说："从地域上讲，鲁文化在济南以西、以南，是一种农耕文化，强调理想、精神的价值。而齐文化在沿海，是一种商业文化、海洋文化，有着开放和浪漫的特点。正是两种文化交汇产生的巨大张力，促成了山东文学的鲜明特点和重要成就。"

　　无论厮守故土还是羁旅异乡，山东作家身上不变的就是"剪不断理还乱的乡土情结"。这种乡愁情结和乡土主题，从某种意义上说已经化成了山东文学的地标符号，比如：莫言的高密东北乡、张炜的芦清河、王鼎钧的兰陵、尤凤伟的石门、赵德发的沂蒙等等。在青年评论家马兵看来，对"原乡"的追寻，构成了山东文学最重要的向度，"那孕成于这方水土里的文化基因终会将山东作家的创作导入一种气韵格外雄浑的'齐鲁乡愁美学'之中"。这也决定了山东作家在"面向大海"、开放进取的同时，特别注重从传统文化中汲取创作资源。正如作家莫言在诺贝尔文学奖受奖演说《讲故事的人》中坦言："在创建我的文学领地'高密东北乡'的过程中，美国的威廉·福克纳和哥伦比亚的加西亚·马尔克斯给了我重要启发。但《檀香刑》和之后的小说，是继承了中国古典小说传统又借鉴了西方小说技术的混合文本。"这可以当作解读山东作家的一把文化密码钥匙。

　　对乡土的依恋，对传统的继承，造就了山东作家扎实、厚实的现实主义创作特点。我们生为山东人或者在山东求学，应当了解一些齐鲁文化及山东人的精神气质，从而"深入挖掘和整合山东丰富的文化资源，继承和发扬齐鲁儿女忠厚正直、豁达淳朴、崇礼尚义、勇敢坚韧、勤劳智慧的优良传统，着力培育改革创新、开放包容、忠诚守信、务实拼搏、敢为人先的新时期山东精神。"[1]

　　那么齐鲁文化特质是什么？齐鲁文化怎样影响了山东作家？莫言荣获诺贝尔文学奖的深层原因是什么？是接下来的四讲将要讨论的问题。

---

[1]　李建国：《在中共山东省第九次党代会上的报告》。

第一讲　齐鲁文化与山东精神

马克思指出："人们自己创造自己的历史，但是他们并不是随心所欲地创造，并不是在他们自己选定的条件下创造，而是在直接碰到的、既定的、从过去承继下来的条件下创造。一切已死的先辈们的传统，像梦魇一样纠缠着活人的头脑。"[1]人如树木一样，必须"有根"，才能吸收营养，苗壮成长，从而枝繁叶茂，花盛果硕。文化是我们精神的"根"。没有文化的涵养，人就不可能活得有尊严、有教养、有诗意、有趣味。我们生为山东人或者在山东求学，就应当了解山东文化的渊源，知道一些山东文化的常识。

学界关于山东文化或山东精神的研究已有80多年的历史。最早以"山东人"为研究课题的是吴金鼎先生。吴金鼎（1901—1948），山东安丘人，齐鲁大学肄业，后考入清华大学国学研究院，师从中国现代考古学奠基人李济先生。1933年，吴金鼎赴伦敦大学留学，四年后获得博士学位，回国后在云南大理从事考古发掘工作。抗战胜利后，吴金鼎任教于齐鲁大学，先后任文学院院长、国学研究所主

---

[1] 马克思：路易·波拿巴的雾月十八日，《马克思恩格斯选集》第1卷，北京：人民出版社，1972年，第603页。

任等职。吴先生在齐鲁大学任教期间，开始以《山东人与山东》为题著文，刊发于《山东新报》。1947 年，《山东新报》将吴金鼎的文章结集出版，这是研究山东人的第一部佳作[1]。吴先生的那本著作中还附录了张天麟《论山东人的性格》[2]一文，这可以说是研究"山东精神"的第一篇文字。吴金鼎先生因病于 1948 年 9 月 18 日去世。他没有后代，但留给我们一笔宝贵的文化遗产。

1949 年以后，特别是 1980 年代以来，关于山东历史、齐鲁文化、山东人、山东精神的研究成果渐趋丰硕。其中研究山东历史的代表作有山东师范大学安作璋教授主编的 10 卷本《山东通史》[3]；研究齐鲁文化的代表作有山东师范大学安作璋、王志民教授主编的 8 卷本《齐鲁文化通史》[4]；研究山东人的代表作有齐鲁师范学院刘德增教授的《解读山东人》[5]等。此外，山东聊城人、北京师范大学教授王富仁的《咱山东人》[6]，对山东人的性格和精神也有精彩描述。

要理解一个事物，首先要了解其历史脉络，这样才能正本清源，也才能对这一事物有"同情的理解"。同样，要把握齐鲁文化和山东精神的精髓，也必须了解她的形成与发展历史。总起来说，"山东精神"是在长期积累和认同的基础上形成的，大致经过了四个阶段：

一、夷与仁:"山东精神"的"基因"

1981—1982 年，山东省文化局与北京大学历史系联手，对山东省沂源县土门镇芝芳村西北的骑子鞍山进行了考古发掘，发现了两具距今四五十万年的成年猿

[1] 见刘德增:《解读山东人》附录，北京：中国文联出版社，2006 年，第 176～193 页。

[2] 见刘德增:《解读山东人》附录，北京：中国文联出版社，2006 年，第 194～197 页。

[3] 安作璋主编:《山东通史》，北京：人民出版社，2009 年。

[4] 安作璋、王志民主编:《齐鲁文化通史》，北京：中华书局，2004 年。

[5] 刘德增:《解读山东人》，北京：中国文联出版社，2006 年。

[6] 见刘德增:《解读山东人·附录》，北京：中国文联出版社，2006 年，第 211～225 页。

人遗骨，其头骨特征与驰名世界的"北京猿人"相似，他们后来被命名为"沂源猿人"，这是迄今发现的"最早的山东人"。[1]

在中国历史上，山东和苏北一带的原始居民被称为"东夷人"。"夷"有二义，广义是指远古时期华夏族以外的所有部族；狭义的"夷"仅指东方之人。

东夷人以勇武彪悍著称。在甲骨文中，"夷"字的造型是一人在腰部佩带一张弓。许慎《说文解字》大部"夷"条说："夷，平也，从大从弓，东方之人也。"《说文通训定声》说："夷，东方之人也。东方夷人好战，好猎，故字从大持弓会意。大，人也。"傅斯年在《夷夏东西说》中指出：

今山东全省境中，及河南省之东部，江苏之北部，安徽之东北角，或兼及河北省之渤海岸，并跨海而括辽东朝鲜的西岸，一切地方，其中不是一个民族，……全叫做夷。[2]

这些论断揭示出了东夷人的重要特质，比如勇武善战，特别喜爱弓矢。其地下考古证据是大汶口墓葬发现，从那些墓葬实物可以推断，当时的东夷人有以石镞、玉镞装饰身体的习俗，有的戴在头右侧，有的戴在右肩上，更多的是佩带在腰部。而神话传说中，蚩尤就是东夷人，其部族曾沿黄河西征，虽然最终战败，死后却被奉为古代战神。这算是"以诗证史"的一个证据。因此可以说：腰上佩带弓矢是东夷人的一大外显特征；而"夷"字造型正是游猎时代东夷人形象的写照，也反映出东夷人粗犷勇武的特性。

东夷人又以仁义著称。在远古"四夷"（东夷、南蛮、西戎、北狄）之中，古人对南蛮、西戎、北狄颇多贬斥，说他们是不识礼义的未开化的粗俗鄙野之人。对于东夷人虽然也有贬斥，却不乏赞美之辞，说他们仁而好生、天性柔顺、乐天长寿。比如段玉裁注《说文解字》称："东夷从大，大，人也。夷俗仁，仁者寿，有君子不死之国。"就连孔子对东夷人也颇具好感，《论语·子罕》中记载，孔子面对战乱之时，"欲居九夷"，去东夷人那里生活。再加上古时"夷""仁"两

---

[1] 徐淑彬：山东沂源县骑子鞍山发现人类化石，《人类学学报》，1986（4）。

[2] 傅斯年：夷夏东西说，《傅斯年讲史学》，南京：凤凰出版社，2008年，第55页。

字同音同形，渐渐的，"夷"也就成了"仁"的同义词。

如果说"夷与仁"是山东精神的文化基因和精神密码，那么真正奠定山东精神的，则是齐鲁文化，特别是鲁文化。

二、"功利型"的齐文化

周初，姜尚获封营丘（今山东临淄），国号齐。营丘以东，属于东夷的一支"莱夷"的势力范围。莱夷势力强大，殷商时曾多次征伐，但无法征服他们，所以，殷商的势力仅推进到今山东青州一带。当获悉姜尚封营丘的消息，莱夷迅速派出一支人马欲抢占营丘。姜尚闻讯，日夜兼程，先一步到达营丘，排兵布阵，打退了莱夷的进攻。

营丘的军事战略地位十分重要，自然条件却很差。营丘所处的山麓台原，系砂砾石和亚砂土构成，相当贫瘠；营丘南面，是山地丘陵；营丘北面，是砂砾冲积平原，地势低洼，海潮淹没、海水溯河倒灌，再加上海水渗透补给地下水，便形成了海滨盐碱地。如此强敌虎视、地瘠人寡，便是齐国开国时的状况。

面对这种情形，怎样立国呢？姜尚君臣厘定了一套切实可行的建国方针：

（一）在经济上，大力发展渔业、盐业、纺织业

齐国滨海，营丘往北不远便是滩平水浅、汪洋一片的渤海。海中鱼贝繁多，海水则可以煮盐。发明煮海为盐的夙沙氏，是山东半岛上的一个古老部族；而夙沙氏后裔此后一直在齐国做官，如齐灵公时官居少傅的夙沙卫等。至今，中国制盐业仍大多尊奉夙沙氏为祖师。

姜尚还因地制宜，号召民众在盐碱地上栽种桑树。桑树对盐碱土壤的适应性强，种桑不仅能改良土壤，更能养蚕、发展丝织业。

就这样，姜尚大力发展渔、盐和纺织业，同诸侯列国贸易，赚取利润，赖以富国强兵。《汉书·地理志》记载：

太公以齐地负海舄卤，少五谷而人民寡，乃劝女工之业，通渔盐之利，而人

物辐凑。后十四世，桓公用管仲，设轻重以富国，合诸侯成伯功，身在陪臣而取三归[1]。故其俗弥奢，织作冰纨绮绣纯丽之物，号为冠带衣履天下。

（二）在政治上，尊贤尚功

尊贤，就是选贤任能，唯才是举；尚功，就是崇尚军功，鼓励商业。以此二者来激励民人奋力进取，于个人能博得功名富贵，于齐国则能兴邦富国。

姜尚厘定的治国方针得到有效的贯彻实施，特别是他第十五代孙桓公小白，在管仲辅佐下，把齐国打造成了可与楚、秦抗衡的大国。《汉书》记道：

初太公治齐，修道术，尊贤智，赏有功，故至今其土多好经术，矜功名，舒缓阔达而足智。其失夸奢朋党，言与行缪，虚诈不情，急之则离散，缓之则放纵。

齐国的建国方针带有极强的功利性，由此造就了"功利型"的齐人性格。这种环境中自然会发生"虚诈不情"之事，但是也培养了齐国人的契约意识、平等观念和进取精神。

三、"道德型"的鲁文化

（一）周公之子伯禽封在曲阜，周公为鲁国制定了以礼治国的方针

礼有"本"和"文"两个方面的内容。"本"指礼的精神和原则，是礼的内在特质；"文"指揖让周旋的仪式和用来行礼的各种器物，这是礼的外在表现形式。

礼的内在特质有两点，即神秘性和伦理性。

在古代，礼最初的作用是事神以祈福祛灾。《说文》讲："礼，履也，所以事

---

[1]《论语·八佾》："管氏有三归。"何晏集解引包咸曰："三归，娶三姓女也。妇人谓嫁曰归。"

神求福也。"夏商统治者以"敬天""率民以事神"为职责，有关殷代的考古发现诸如甲骨卜辞、人殉牲祭等等，进一步印证了这一点。

殷亡周兴，以周公旦为代表的周初统治者认为，必须从夏商的灭亡中汲取教训，进而总结出一条治国大法：天命无常，修德为要；道在人心，民为邦本。于是，形成了既敬天又保民的"奉天应人"思想。因而在周礼中，伦理性与神秘性并重。

礼的神秘性和伦理性等内在特质，需要借助揖让周旋的仪式和各种器物得以表达。欧阳修说："教其民为孝慈、友悌、忠信、仁义者，常不出于居处、动作、衣服、饮食之间。盖其朝夕从事者，无非乎此也。"[1]可谓一语中的。任何"礼"都要借助特定的仪式和器物来表达其内涵，礼之义寓于礼之仪、器中；离开了礼仪与礼器，礼的内涵便无从表达。

与求诸内心的"礼的内在特质"不同，礼的外在表现形式具有等级性，从揖让周旋的仪式到舆服、器皿、建筑等各种器制，无不讲求贵贱之分、尊卑之别。这便是所谓的"名位不同，礼亦异数"。[2]

西周"以礼治天下"有两层意思：其一，礼是治国理民的原则纲领；其二，礼涵盖社会政治、经济、军事、文化、教育等各个领域，所谓"凡民之事，一出于礼"[3]实际上就是寓政于礼、借礼行政，各项礼仪大都具有政治、军事、法令、教育等职能。

伯禽至鲁，秉承父训，变革当地习俗，全力推行周礼。嗣后鲁国君主也不遗余力地执行。于是，鲁国的礼治成为天下诸侯效法的样板，以至于外地人到了鲁国而不去观看鲁国的礼乐典籍，就不算真正到过鲁国。

（二）与礼治相呼应的，是经济上的男耕女织

鲁国地处内陆，没有齐国发展渔业、煮海为盐的自然条件。但鲁地土壤肥

---

［1］［宋］欧阳修、宋祁：《新唐书·志第一·礼乐一》。

［2］《左传·庄公十八年》。

［3］《新唐书·礼志》。

沃，洙泗诸水足资灌溉。自大汶口文化以来，这一地带就得到开发。而重稼穑、尚耕织，又是周人的传统。在自然条件与历史传统的双重驱动下，鲁国确立了安土重迁、男耕女织的经济方针。商业活动在鲁国开国三四百年间一直微不足道，直到春秋后期，行商坐贾才渐渐多了起来。不过，直到社稷倾覆，鲁国的商业一直未在经济生活中占据重要地位，与齐国相比更是黯然失色。

礼治与农耕，造就了以崇尚伦理道德为特征的鲁国文化。司马迁曾这样描述鲁地风俗：

邹、鲁滨洙、泗，犹有周公遗风，俗好儒，备于礼，故其民龊龊[1]。颇有桑麻之业，无林泽之饶，地小人众，俭啬，畏罪远邪。[2]

鲁文化又造就了孔子儒学。傅斯年1927年在中山大学讲《战国子家叙论》，认为"儒为诸子之前驱"[3]，而儒学的发生与鲁国的礼治传统有关。郭沫若1942年《论儒家的发生》一文，也认为儒学之所以发源于鲁国，是因为"邹、鲁在列国中文化最高"[4]。20世纪80年代以后，论者大都认同傅斯年的观点，认为儒学是鲁国礼治传统的产物。

鲁文化及孔子儒学奠定了中国正统文化的基本范式，也奠定了"山东精神"的基本内容。

四、齐鲁文化的合流

公元前221年，秦国统一华夏诸侯，齐、鲁成为秦之郡县。从西汉到明朝，齐国、鲁国又屡屡出现在泰山南北，但只是统一王朝下的诸侯封邑而已，不再是政治实体。在此情势下，齐、鲁文化的融合，势在必然。而在齐、鲁文化的融合

---

[1] 龊龊：拘谨而重礼节之状。

[2] 《史记·货殖列传第六十九》。

[3] 傅斯年：战国子家叙论，《傅斯年讲史学》，南京：凤凰出版社，2008年，第119页。

[4] 郭沫若：论儒家的发生，《郭沫若全集》历史编第三卷，北京：知识产权出版社，2004年，第315页。

过程中，更大程度上是齐文化认同鲁文化，故而古人称之为"易青齐为邹鲁"。

而这个变化融合的过程是十分漫长的。至少在汉武帝朝以前，列国时代的遗风浓烈，各地民俗的基本特征没有什么大的变化。原因有二：一是民俗具有极强的稳定性和赓续性，往往滞后于社会发展。有的民俗传承两千年犹不失其本来面目。因此，列国时代虽然终结，但各国的民俗仍在民间传承着。二是秦朝短命，二世而亡，移风易俗没见什么成效。汉兴之初，鉴于经济凋敝的状况，实行无为而治的黄老之术，推行休养生息的国策，故而各地民风习俗得以自在延续。

到武帝君临天下，国家已经强盛起来，黄老无为的历史使命结束，儒家思想登上"独尊"地位。从此以后，儒家思想成为整饬民俗的一把利刃。不过武帝忙于南征北伐，无暇顾及移风易俗之事。直到汉宣帝刘询君临天下时，才由那些"循吏"在一些郡国付诸实施。自此以降，移风易俗成为郡国守相的一项重要职责。

驱民归农是移风易俗的一项重要内容。渤海（今河北沧州东南）太守龚遂便是一个典型。

汉宣帝时，渤海一带发生饥荒，饥民揭竿而起，郡县守令束手无策。宣帝命令择选贤能去治渤海，丞相、御史都推荐龚遂。龚遂是南平阳（今山东邹城）人，一代大儒，此时已 70 多岁了。他到郡后，先用安抚手段平息了起义，然后开始组织和发展生产。

渤海郡位于黄河入海口，大部分为齐国故地。龚遂到任后，发现这里的人仍是从前的旧习，奢侈相尚，热衷于买贱卖贵的商业活动，很少有人下田种粮，不少人身上佩着利剑或宝刀。龚遂决心矫正他们的行为。他颁布了一道命令：每人必须植榆树 1 株，种薤 100 棵，葱 100 棵，韭 1 畦；每家必须养母猪 2 头，鸡 5 只……那些佩剑带刀的，必须卖剑买牛、卖刀买犊。

这些规定十分具体，如不执行，即受制裁。龚遂的命令收到成效：郡中百姓春夏季节到田间耕耘；到了金秋时节，则收割庄稼，颗粒归仓……这种形式的移风易俗，重塑着齐人的行为，随着工商业，特别是商业渐趋衰落，临淄也逐渐失去了全国商业中心的地位。

行为是长期积累起来的一种较为稳固的文化事项，再塑不易，绝不是一蹴而就、朝夕可成的。齐人行为的再塑也注定是一场持久战。比如齐人雄辩、趋利的特性，到北魏时期还很出名，时人评论说："齐土之民，风俗浇薄，虚论高谈，专在荣利。""齐人外矫仁义，内怀鄙吝，轻同羽毛，利等锥刀。好弛虚誉，阿附成名。威势所在，侧肩竞入，求其荣利，甜然浓于四方，慕势最甚。"不过，齐人的行为在逐渐发生变化。唐初长孙无忌领衔编写的《旧五代史·地理志》列举了齐人的三大变化："男子多务农桑，崇尚学业，其归于俭约，则颇变旧风。"齐人的行为已纳入正统文化的规范。

至迟自元代人于钦《齐乘》起，"齐鲁礼义之邦"的名号就叫响了。从此以后，在人们的心目中，齐人和鲁人一样，都是最正统的中国人。

综上所述，我们可以对齐鲁文化、山东精神做出如下概述：

（一）"山东精神"是中华民族精神的地域化形态

中国是一个幅员辽阔、历史悠久、多民族融合的国家。这就决定了中国传统文化是由若干情趣各异的地域文化构成的，比如以秦岭—淮河为界，分为南、北两种文化类型；长城内外，文化也迥然不同；长城之内，又可以分为三秦文化、三晋文化、燕赵文化、齐鲁文化、巴蜀文化、楚湘文化、吴越文化等等；各个文化区，还可再析分为若干个文化亚区。所以，中国自古以来就有"百里不同风，十里不同俗"之说。

在中国传统的各个区域文化中，齐鲁文化最为正统，可谓中国传统文化的代表。就齐鲁文化而言，虽然胶东不同于鲁西，泰山南北亦可两分之，但是它们又有一种文化上的共性，珠联璧合为"齐鲁文化"。

（二）山东人是最正统的中国人

中国号为"礼义之邦"。而这一称号的源起则在齐鲁大地，至少元代于钦《齐乘》把"齐鲁礼义之邦"冠冕加在了山东人头上。而荣获德国杜宾根大学博士学位的中国现代教育学家张天麟则说：

山东人是中华民族文化的长子。我们知道凡是父亲的长子多数厚道而幼子则多数聪明。唯其他是长子，所以他不免失之于过于厚道。他看到他底老子创业不易，所以多俭朴而吃苦。因此，他也不免失之过于守成。然而，如果没有他的秉性忠厚，担当一切，如果没有他的吃苦耐劳，保守祖业，以及如果没有他底卓识远见（往往弟弟们看他的卓识远见是迂腐）乃可任重道远，那么这个家庭早支持不住了。[1]

国学大师钱穆说：

若把代表中国正统文化的，譬之于西方的希腊般，则在中国首先要推山东人。自古迄今，山东人比较上最有做中国标准人的资格。[2]

因此，我们可以毫不夸张地说：齐鲁文化是中国传统文化的代表，齐鲁精神是中华民族精神的地域化形态。齐鲁精神不仅引领着历史上的山东，也曾经引领着中华民族的发展；齐鲁精神不仅在历史上发挥着重要的文化作用，在当下与未来也将具有超时空的价值。

那么什么是"齐鲁精神"或者说山东人具有怎样的性格呢？刘德增教授概括为三个方面、六项内容、二十四个字：诚实厚道、讷言力行，热情好客、勤俭节约，粗犷刚烈、敢于担当。

（一）诚实厚道、讷言力行

山东人胸怀坦荡，感情直露，天晴天阴，全挂在脸上。他们喜欢开门见山，单刀直入。他们会把你的委婉视为"啰嗦""絮叨"。质直的山东人讷于言而力于行，惯用实际行动来说话，看不起"嘴上功夫"。在他们看来，能说会道等同于花言巧语，无异于骗子。正如孔子所说："巧言令色，鲜矣仁。"

---

[1] 张天麟：论山东人的性格，刘德增：《解读山东人》附录，北京：中国文联出版社，2006年，第195页。

[2] 钱穆：中国历史精神，《论中国历史精神》，台北：东大图书股份有限公司，1986年，第104页。

山东号为"礼义之邦"，其核心是一个"义"字。山东人重感情，讲义气，为朋友两肋插刀，敢为知己者死。这是"山东大汉"给人的鲜明印象之一。

张天麟先生说："在山东人的血液里面有两个人在支配着他的心灵，一个是孔子，一个是梁山泊的英雄。"[1]孔子的道德是他们内心的信仰，而"梁山泊的英雄"是他们外在的言行表现。

（二）热情好客、勤俭节约

山东人素以节俭著称。但是山东人的节俭乃自我克俭甚至恶衣菲食，对亲朋邻里却极为慷慨大方，对外来人又以热情好客闻名遐迩。谚云："山东人好存粮，山西人好盖房，河北人好穿衣裳。"这反映了山东人性格的一个方面。

（三）粗犷刚烈、敢于担当

小说家写山东人，往往着力刻画其体魄强悍、粗犷刚烈的一面，比如济南府秦琼、瓦岗寨程咬金、梁山泊李逵等，概莫如此。粗犷莽撞、豪爽勇武、坦直无私，庶几成为小说家笔下的山东人的固定形象。

而这也并非小说家向壁虚构。即便是一桩与人为善之事，明明一片好心，可话从山东人嘴里说出来，就平添了几分粗犷。山东人杨念慈先生在《故乡的民性》一文中讲了一个故事：

一个外地人路过本乡，碰上大雪天气，向一位老者请问什么地方能找到旅馆，老者摇头不答。那人又向老者求宿，老者说："你张口就找旅馆，俺当你嫌恶俺家里肮脏，容不得你这个贵客呢！"老者把客人安置在客房里，脸色冷冷地往里院去了，客人不敢再兴求食之想，就饿着肚子睡了。一会儿，老者转来，一看客人上了床，勃然大怒，骂道："你怎的这么看不起人？当俺一顿饭也管不起你？"客人举眼一看，竟然摆下好几样菜肴，有酒有肉。大雪数日不停，老者天

---

[1]　张天麟：论山东人的性格，刘德增：《解读山东人》附录，北京：中国文联出版社，2006年，第196页。

天酒肉招待。雪霁之日，客人不敢不告而别，留在客房里等老者出来，老者出来了，一看客人没走，怪生气地说："怎么，你想叫俺养你一辈子么？"客人表示连日打扰，于心不安，想付给老者饭钱，老者大声嚷着："你从哪点儿看俺像个卖饭的？"客人急忙收回钱来，向老者道谢，老者更火了。"谢啥？几顿饭也不能把俺吃穷喽！"[1]

男人如此，妇孺亦然。平日里，山东女子虽也不乏温柔贤淑，但言行举止又往往透出一股粗犷豪放。且听她们抱着宝贝儿子哼唱的摇篮曲：

月老娘，黄巴巴。

爹织布，娘织花。

小孩子，要吃妈妈。

拿刀来，割给他，

挂他脖里吃去吧！

山东民俗研究专家山曼先生说："这样的催眠曲好像也只有带些男子汉气派的山东小孩的娘才唱得出。"[2]

但是不能不说，山东文化也有许多负面的东西，比如思想守旧、观念落后、安土重迁等传统。张全之教授更是指出了山东文化的"弱点"：

中国各民族受儒家文化的影响，重道德礼仪，强调"君君臣臣父父子子"的伦理秩序，而在山东，这种道德取向更为强固，并演化为一种道德理想主义精神——在恪守道德原则时常常趋于极端：喜欢以"泯灭自我""牺牲自我"的极端方式，彰显道德的神圣与崇高，也就是盗跖嘲笑的"离名生死"。这可能是在坚守道德操守方面，齐鲁之人最为突出的特点。提到山东人，除孔、孟这些圣人外，人们会想到宋江、武松、李逵这些豪迈之士，也会想到诸葛亮、孙武这些智慧的化身，但我认为最能代表山东人行为方式的是两个人：一个是尾生，一个是

---

[1] 杨念慈:《故乡的民性》,见刘德增:《解读山东人》附录,北京:中国文联出版社,2006年,第209页。

[2] 山曼:《山东民间童谣》,济南:明天出版社,1990年,第13页。

郭巨。尾生与恋人在桥下约会，河水上涨，他为了诚信，决不躲避，抱着桥下的柱子直至淹死[1]。据说跟他约会的女子遭到了父母的阻拦，所以未能及时赴约。等她逃出家庭赶到河边时，发现尾生已经抱柱而死，随即投河自杀。如果当初他变通一下，到岸上等候的话，这样的悲剧就不会发生了。郭巨家贫，老母为了照顾小孙子，经常吃不饱，为此，郭巨便想将幼小的儿子活埋。这种对道德完美的非理性化追求，其实已经走向了人性的反面，所以说，他是道德上的圣人，也是残忍的杀手；是一个孝顺的儿子，也是一位血腥的父亲。他没有意识到，他的孝敬，是对他老母亲的最大伤害。尾生和郭巨所代表的这类现象，我称之为"道德越界"（对道德或善意的使用，超出了正常范围）。现在在山东人身上还普遍存在着这种现象，只是不再那么极端而已。例如，山东人请你喝酒时，总想把你灌醉，以示好客；山东人帮你忙时，经常殷勤到你接受不了，以示热情：他们真心夸你，以示善意时，经常由于夸奖过度，让你觉得像是讽刺，但他们内心是绝对真诚的。如此之类，就属于一种"越界"现象。[2]

因此，在当下，我们一方面要继承和弘扬山东文化与齐鲁精神的优良传统，同时要与时俱进，扬弃那些糟粕与垃圾。

---

[1]《庄子·盗跖》："尾生与女子期于梁（桥）下，女子不来，水至不去，抱梁柱而死。"
[2] 张全之：山东现代作家从哪里被落下，《大众日报》，2011-09-27。

第二讲　山东乡土文学传统

山东历来是中国文化和文学的重镇，拥有深厚的文化积淀，也涌现出一大批杰出之士，比如孔子、孟子、荀子、墨子、管子、晏子、孙子等思想家，以及刘勰、辛弃疾、李清照、王士祯、蒲松龄等文学家和学者。

在中国现代文学 30 年中，山东籍作家也有着不俗表现，为现代文学的发展做出了重要贡献。在五四文学革命运动中，《新潮》社的傅斯年、杨振声，紧紧追随《新青年》主将的脚步，参与到五四新文学的创建之中，使《新潮》成为《新青年》的重要精神同盟。"文学研究会"成立时，王统照乃发起人之一，并成为这一组织中极为重要的小说家。在沈雁冰主编的《小说月报》上，山东青年小说家王思玷有多篇作品问世，并获得了批评家的赞誉。自 1920 年代后期开始，山东作家数量有所增加：臧克家、李广田、孟超等，都取得了较高成就，受到文坛广泛关注。但总体而言，山东作家在整个现代文学史上无论数量还是创作成就，与浙江、四川和湖南等省相比，还是差得很远，这与山东在古代中国文化史上的地位形成了落差。

新中国成立后，齐鲁大地涌现出了一批代表性作家作品，如《铁道游击队》（知侠）、《林海雪原》（曲波）、《苦菜花》（冯德英）、《闪闪的红星》（李心田）、《大刀记》（郭澄清）、《三月雪》（萧平）等一批反映革命战争和新中国建设的优秀作品，在全国引起了强烈反响，教育了一代又一代，影响到社会各个阶层。另外，峻青、王愿坚的短篇小说、杨朔和吴伯箫的散文，也成为一个时代的经典。——有意思的是，王愿坚的族兄王意坚（笔名姜贵）则是台湾著名作家，其长篇小说《旋风》入选"20世纪中文小说一百强"[1]，著名学者夏志清说："《旋风》实在是中国讽刺小说传统——从古典小说到近代作家如老舍、张天翼和钱钟书——中最近一次的开花结果。"当我们今天评价这些作家的时候，要尽量放下政治意识形态一维标准，而更多地从文学、文化乃至历史的角度去做出客观的评价。另外，台湾成名的朱西宁、王鼎钧、管管、朱天文、朱天心等也是山东人的代表。

进入新时期，通过老中青作家的共同努力，山东文学的文本独立意识和艺术创新意识进一步增强，各种文学样式都有了长足发展，文学创作高潮迭起。在小说创作方面，王润滋、尤凤伟、左建明、张炜、矫健相继推出一批影响深广、具有轰动效应的作品，"文学鲁军"更加为人瞩目；而李存葆、刘玉堂、李贯通、马瑞芳、苗长水、赵德发、张海迪、陈占敏、杨志军等实力派中坚作家则凭借鲜明的创作风格和雄厚的创作实力，不断壮大"文学鲁军"声威。在报告文学方面，李延国、王光明等作家的作品广受关注。在诗歌和散文方面，纪宇、孔孚、耿林莽等，以令人瞩目的创作成绩在全国产生广泛影响。赵冬苓、高满堂的影视剧创作也屡获全国大奖。

进入新世纪以来，张宏森、张继、凌可新、刘照如、刘玉栋、王方晨、东紫、常芳、艾玛、张锐强、宗利华、王秀梅、柏祥伟、王宗坤、嘉男、王黎明、路也、王夫刚、蓝野、东涯、周蓬桦、耿立、简默、朱建信、许晨、铁流、刘海栖、郝月梅、张晓楠、王小磊等一批实力作家和新锐作家，在小说、诗歌、散文、报告文学、儿童文学和网络文学方面续写着齐鲁文学的光荣。尤其是莫言2012年获得诺贝尔文学奖，更是壮大了文学鲁军的声势……

---

[1] 王瑞华：相州王氏兄弟作家的两岸人生，《大众日报》，2012-04-19。

古今山东作家在齐鲁文化和山东精神影响之下，已形成了鲜明的地域文学特点：

一、道德理想主义

无论是在什么样的年代，山东作家的道德意识都十分突出，这也鲜明的反映在他们的作品之中。在古代，文学要"文以载道"，要"为天地立心，为生民立命，为往圣继绝学，为万世开太平"；在现代，山东作家大都书写阶级革命、家国理想，具有道德形而上的追求。一代代山东作家以强烈的历史使命感和社会责任感以及忧患的基调，共同构建起稳健深厚、磅礴大气的现实主义文学品格，呈现出高度的道德理想主义情怀。无论是幽远深沉的历史叙事、凝重冷峻的文化反思，还是鲜活真切的生命体验、深邃高远的哲学思辨和犀利精警的理性批判，都包蕴着博大深厚的人文精神，极大地丰实了中国文学现实主义书写的思想空间。

比如王愿坚、峻青笔下的人物都具有高尚的道德情操，甘愿为了理想和信仰而奉献牺牲。王愿坚的《党费》写女共产党员黄新以咸菜作为特殊党费，送给游击队，其中有这样的细节："屋里地上摆着好几堆腌好的咸菜，也摆着上次拿咸菜给我吃的那个破坛子，有腌白菜、腌萝卜、腌蚕豆……有黄的，有绿的。她把这各种各样的菜理好了，放进一个箩筐里。"黄新的孩子很久没有吃到咸菜了，看了各种腌菜就忍不住了："妞儿不如大人经折磨，比她妈瘦得还厉害，细长的脖子挑着瘦脑袋，有气无力地倚在她妈的身上，大概也是轻易不大见油盐，两个大眼轱辘轱辘地瞪着那一堆堆的咸菜，馋得不住地咂嘴巴。她不肯听妈妈的哄劝，还是一个劲地扭着她妈的衣服要吃。又爬到那个空空的破坛子口上，把干瘦的小手伸进坛子里去，用指头蘸点盐水，填到口里吮着，最后忍不住竟伸手抓了一根腌豆角，就往嘴里填。她妈一扭头看见了，瞅了瞅孩子，又瞅了瞅箩筐里的菜，忙伸手把那根菜拿过来。孩子哇的一声哭了。"

这样的道德理想主义，还表现在杨朔的散文里，他对祖国的美好未来充满向往；这种精神还表现在吴伯萧《菜园小记》等作品里，他赞扬战争年代养成的那种自力更生的精神。再比如郭澄清的《黑掌柜》《公社书记》《万灵丹》《嘟嘟奶奶》等都描写了具有时代性格的人物，向人们展示了生活在新社会的公民形象：与百姓打成一片、"塌下腰"为群众办事的人民公仆（《公社书记》），"手是戥子眼是秤，心眼儿就是定盘星"、全心全意为人民服务的"黑掌柜"（《黑掌柜》），善于观察分析、处处为顾客着想的马家店老板（《马家店》），亲身感受到新社会的新风气并促成王二嫂跨越封建樊篱、走向新的人生的张大婶（《篱笆两边》），以及那个琢磨着改造盐碱地的孟琢磨（《孟琢磨》）等等，这些人物形象无不折射着时代的光彩，同时在塑造着新的国民性："由于公有制及其价值观念的建构，集体化、公有制、社会主义代表着毫无疑问的正确历史道路，它要求人们必须与私有制及其价值观念，与一切与集体化相悖的思想、品质进行彻底的断裂，将自身全部献给集体。这种以'集体'为核心的价值重构具有无可争议的正确性。它既是一种历史方向，又是一种道德伦理的诉求，它承诺引导人们走上正确的历史道路，也能够保证为所有的人创造最大的幸福和快乐，因而，也具有最普遍最崇高的价值。这种思想、伦理的重建，规定了郭澄清小说的基本母题：对集体的忠诚、热爱和奉献。同时这也是他的小说人物的基本品格。"[1]

更重要的是，当市场经济时代到来的时候，矫健等作家塑造了这样的渔民：他们会把不义之财丢进海里，而坚守自己的操守。李存葆《高山下的花环》《山中那十九座坟茔》中的人物都具有道德理想主义精神，尤其是梁三喜和梁大娘，他们的牺牲奉献精神正是沂蒙精神的当代折射。张炜一直以鲁迅私淑弟子自任，无论他"以笔为旗"写《愤怒的归途》，还是书写长篇小说《古船》和《你在高原》，都一直保持着理想主义情怀，呼唤着清洁的精神。著名编剧赵冬苓的《孔

---

[1] 王学谦：构筑"新国民性"——郭澄清的文学史位置，《齐齐哈尔大学学报》（哲社版），2007（3）。

繁森》《沂蒙》《南下南下》和高满堂的《闯关东》，不仅是"主旋律"写作，更是对山东人内在精神的书写……所有这一切都说明山东作家有着浓烈的道德理想主义精神，这是其他省份的作家们少有的。

二、民间神秘主义

山东民间宗教有着多神崇拜，所以形成了敬天敬地、敬神敬祖、因果报应等神秘主义文化。神秘主义文化在齐鲁古代文学里即已有之，比如中国古代四大传奇之《孟姜女》的雏形就是山东人的故事。

据《左传》"襄公二十三年"载：公元前 550 年（春秋时期，齐庄公四年）秋，齐国将军杞梁率兵攻打莒国（今山东莒县），不幸身亡；其妻孟姜迎枢至郊外（齐长城与淄水交汇处，今淄博博山源泉镇北）。齐王欲在此处吊唁，孟姜抵制，要求按仪节到宫舍祭祀。杞梁安葬后，孟姜仍悲痛万分……这个故事不断流传，到西汉刘向《说苑·善说篇》中，出现了"其妻悲之，向城而哭，隅为之崩，城为之阤"的记载；《列女传》里则出现了杞梁妻赴淄水（今源泉北）而死的情节。杞梁妻的事迹后来成为孟姜女传说的原型。

古代山东文学中最著名的神秘主义文化存在于《聊斋志异》里，郭沫若赞之："写鬼写妖高人一筹，刺贪刺虐入木三分。"《聊斋志异》艺术研究已成为一门显学[1]，这里不多讲。我想说的是，这种重视神秘主义文化的文学传统一直在流传，比如阿城多次谈到莫言善讲鬼故事：

莫言也是山东人，说和写鬼怪，当代中国一绝，在他的家乡高密，鬼怪就是当地世俗构成，……我听莫言讲鬼怪，格调情怀是唐以前的，语言却是现在的，心里喜欢，明白他是天才。

八六年夏天我和莫言在辽宁大连，他讲起有一次回家乡山东高密，晚上近到

---

[1] 关于《聊斋志异》的研究，可参阅张稔穰：《〈聊斋志异〉艺术研究》，山东教育出版社，1995 年。

村子，村前有个芦苇荡，于是卷起裤腿涉水过去。不料人一搅动，水中立起无数小红孩儿，连说吵死了吵死了，莫言只好退回岸上，水里复归平静。但这水总是要过的，否则如何回家？家又就近在眼前，于是再趟到水里，小红孩儿们则又从水中立起，连说吵死了吵死了。反复了几次之后，莫言只好在岸上蹲了一夜，天亮才涉水回家。

这是我自小以来听到的最好的一个鬼故事，因此高兴了很久，好像将童年的恐怖洗净，重为天真。[1]

神秘主义文化如鬼神、风水、宿命、天人观念等，有愚昧迷信的因素，但在文学中却有反讽、影射作用。比如莫言小说《奇遇》[2]写"我"回乡探亲的路上遇到了邻居赵三大爷；聊了一阵天后，赵三大爷托"我"把一枚玉石烟嘴捎给"我父亲"，抵五块钱的欠账；"我"回家将此事告诉父亲，父亲面露惊愕，原来赵三大爷大前天就去世了……小说寓指：原来鬼并不如传说中的那般可怕，他和蔼可亲，他死不赖账，鬼并不害人，真正害人的还是人，人比鬼厉害得多啦！这样一来，一个"鬼故事"就有了针砭现实的批判意味，人们由这篇具有魔幻风格的小说，明白了神秘主义在讲"科学理性"的今天仍大量存在的理由：理性不足以回答人们关于人性、命运、历史、偶然的重重疑问时，神秘主义的回归就成为一种必然。

再比如，莫言的《生死疲劳》以高密县西门屯地主西门闹为叙事主人公，以荒诞手法讲述他在解放初被枪毙后转生为驴、牛、猪、狗、猴和大头婴儿蓝千岁，经过"六道轮回"，见证了西门屯从1950年到2000年的历史。小说以畜牲的口吻讲述历史本身就具有荒诞性，而小说背后的喻指则在于阐释历史的荒诞。

此外，赵德发的《乾道坤道》让我们看到了道家的神秘力量，看到了作家

---

[1] 阿城：闲话闲说——中国世俗与中国小说，《阿城精选集》，北京：北京燕山出版社，2011年，第343～344页。

[2] 莫言：奇遇，《北方文学》，1989（10）。

对线性进化论的反抗以及对现代人精神异化的批判。尤凤伟的"石门夜话"系列充满偶然、神秘而诡谲的事件，从而使小说具有了魔幻现实主义与新历史主义气质……

齐鲁作家在创作中自觉接纳、吸收并运用丰厚灿烂的民间文学传统和齐鲁文化资源，把民间蕴藏的生命活力与元气注入历史故事与现实传奇，使作品呈现出一种凝重大气而又奇崛烂漫的齐鲁地域特色，多元刻画富有齐风鲁韵的生活空间，全力构建齐鲁大地的文化地标，让人感叹这是一片有着神奇力量的民间大地。

三、叙事现实主义

山东作家的作品虽然也有浪漫主义的激情抒唱、象征主义的深刻寓理、古典主义的洁雅优美、现代主义的魔幻荒诞、表现主义的拓展创新、后现代主义的吊诡瑰奇，但是山东人骨子里有一种舍身求法、为民请命的精神，所以山东作家的作品往往具有强烈的批判现实精神。

即使像莫言那样运用了所谓"魔幻现实主义"和"新历史主义"艺术手法的创作，在本质上还是描写现实的，何况他提出了一个著名的口号——"作为老百姓的写作"。还有什么比这更具有现实主义精神？——莫言突破了赵树理那样的"细节现实主义"，却写出了本质的真实，让人们懂得了"历史上究竟发生了什么"。我觉得，没有哪部作品比莫言的《酒国》《蛙》和《天堂蒜薹之歌》更具有现实主义精神（详见后文）。

总起来看，山东作家缺少"为艺术而艺术"的闲情逸致，更多的是现实关怀和道德理想，即使是对神秘文化的关注，也更多是为了劝善惩恶。——这在思想观念上也许是守旧的，但在文学创作中却是判断"是非""高下"的标准，否则莫言就不可能获得诺贝尔文学奖。

四、乡土文学抒情传统

这主要是因为：（1）山东文化仍然主要是一种乡村文明，而作家们大多出身于乡村，因而对于民间文化、农耕文明有着天然的亲近感。（2）随着现代化、城市化脚步的加快，许多作家也自觉地以"乡土"抒情、以审美现代性来反思线性的经济现代化，向着田园牧歌、向着诗意栖居回归。（3）当社会上出现大面积的精神滑坡、道德失范的时候，许多作家采取了一种文化保守主义姿态，从传统文化中寻找"善"和"美"的元素，以期重塑精神文明。因此，在山东作家的文学作品中，就出现了这样的"齐鲁乡愁美学"。

我们可以从邹城散文家孙继泉的《蔬菜的花》中得到某些感受：

紫薇开花了。木槿开花了。家槐开花了。苘萝开花了。萱草开花了。红蓼开花了。苜蓿开花了。薄荷开花了。藜藿开花了。葛藤开花了。草参开花了。水红开花了。凤仙花开花了。鸡冠花开花了。曼陀罗开花了。大丽菊开花了。盘龙香开花了。毋忘我开花了。蝎子草开花了。一串红开花了。绞股蓝开花了……

这是些惹人眼目的花。

但是，你注意到了吗？豌豆也开花了。绿豆也开花了。南瓜也开花了。黄瓜也开花了。西瓜也开花了。丝瓜也开花了。苦瓜也开花了。瓠子也开花了。葫芦也开花了。芝麻也开花了。花生也开花了。茄子也开花了。辣椒也开花了。豆角也开花了。芸豆也开花了。土豆也开花了。西红柿也开花了……

同样被人们忽略的还有萝卜开的花、白菜开的花、韭菜开的花、芫荽开的花、大葱开的花、菠菜开的花、芹菜开的花、油菜开的花、苔菜开的花、莴苣开的花、冬瓜开的花、佛手瓜开的花、胡萝卜开的花、雪里蕻开的花、马齿苋开的花、栝楼开的花、马匏开的花、苋菜开的花、花椒开的花、葡萄开的花、黄豆开的花、豇豆开的花、蚕豆开的花、眉豆开的花、棉花开的花、荞麦开的花、黄烟开的花、蓖麻开的花、洋麻开的花、苘开的花……

导致大家花盲的原因大致有这么几个：一、它们的嫩芽被我们吃了，我们一般看不到它们开的花，如萝卜、白菜、苔菜、芫荽、雪里蕻、胡萝卜等。我们能够看到它们开花是很偶然的。这或许是一两棵被留作当种子的；或许是长在一片闲地里一时吃不完，任它开花结实了；或许是撒种的时候无意中被遗落在地头畦边的；或许是由来路不明的种子野生的。二、我们的眼睛单单盯住了它们的果实，没有留心它开花不开花，如南瓜、黄瓜、丝瓜、西瓜、冬瓜、茄子、辣椒。三、它们的花和叶子一个颜色，不鲜艳，不炫目，我们没有看出来，如葡萄、花椒、菠菜、芹菜、大葱、苋菜。

每一种植物都有开花的权利，每一种植物都有开花的自由，每一种植物开的花都异常漂亮。萝卜开的花是白的，韭菜、芫荽、辣椒开的花是白的，瓠子、葫芦开的花也是白的，白得洁净，白的纯正，简直纤尘不染。白菜开的花是黄的，开黄色花朵的还有南瓜、西瓜、丝瓜、苦瓜，还有油菜、苔菜，还有马齿苋。茄子开紫色的花，黄豆、蚕豆、眉豆也开紫色的花。黄烟开的花红艳艳的，醒目、娇美。而棉花和洋麻开的花有红的，有黄的，红黄相间，美丽斑斓……

我曾经问过几个在城里长大的孩子，见过没见过以上写到的那些花，他们有的能说出一两种，至多三五种，有的一脸茫然，只是摇头。

我觉得，我们这些表面看来衣着整洁谈吐不俗的人，在对自然界花草果蔬的敏感程度上远远不如那些看似粗糙简单却诚实淳朴的农民。我是有过农村生活经验的，在多年的乡村生活中，我发现了这样一件事情：当夫妻二人吵过架（在那些艰辛的日子里，叫人生气的事是常有的）之后，男人冲着女人发作一通，女人没反应，他觉得还能怎样啊？不能怎样了。结果呢，他磨磨蹭蹭就走到不远的菜地里去了。可能是一个酷热的中午，也可能是一个清凉的黄昏，他在地里拔一拔杂草，给菜棵打一打枝杈，越干越细心，从来不会毁坏它们。回家的时候，手里抓着一大掐豆角或者金针，大手掐不住，就搂在怀里，把那些不愉快早就忘光了。

我想，他在干活的时候，肯定注意到了那些花，那些娇嫩悦目的花，那些花让他产生了爱怜，叫他的心软了下来。

他爱它们，只是没有说……[1]

我认为，这样的文章绝不仅仅是叙述和描写，作者精心白描的目的是为了抒情，是为了表达一种情怀，他在赞美那些正在或已经消失的美好田园以及田园里的人性人情。——乡愁就这样开始了，她不是源于物理空间距离，而是始于对精神家园的寻找，源于绿叶对"根"的思念。

---

[1]　选自孙继泉：《从田野出发》，乌鲁木齐：新疆美术摄影出版社，2010年6月。

第三讲　当代山东作家群

在当代文学史上，山东作家群中引人注目的首先是 1949 年前即成名的作家，如：

臧克家（1905—2004），山东诸城人，1930 年代出版的诗集《烙印》十分著名；评论家认为他的《老马》堪与里尔克的《豹》比美。他的早期诗歌将民族性、现代性与人性进行了较好的结合，被称为新诗文体建设的重镇。（详见第四讲）

贺敬之（1924— ），山东峄县人（今枣庄市）。1940 年到延安，并进鲁艺学习。他的诗歌具有激情汹涌、雄浑豪放的风格。他的代表作有《回延安》《放声歌唱》《雷锋之歌》《西去列车的窗口》《中国的十月》《八一之歌》《放歌集》和《贺敬之诗选》等，充分借鉴和运用民族形式，是真正具有中国作风、中国气派的佳作。

中华人民共和国成立初期，知侠、曲波、冯德英、峻青、王愿坚、郭澄清（详见第四讲）等名重一时，其中曲波的《林海雪原》名列"十七年文学"长篇小说"八部经典"之一。另外值得一提的是刘真（山东夏津人），她 1951 年发表处女作、短篇小说《好大娘》，此后又有短篇小说《春大姐》《我和小荣》《长长的流水》等，受到好评；进入新时期以来，刘真又发表了小说《黑旗》《一片叶子》等，显示女作家柔婉细腻的一面。刘真的作品大都采用第一人称，将自己的生活经历融于人物，通过叙写战争年代和现实生活，歌颂人民美好的情操和纯洁的心灵。

在散文方面，杨朔（1913—1968），山东蓬莱人，除了长篇小说《三千里江山》，还有散文集《海市》《东风第一枝》，他追求诗化小说风格。吴伯箫（1902—1982），山东莱芜人，继承和发扬了中国传统散文的优良传统，他的散文小中见大、清新隽永、构思精巧、语言质朴，富有真切的生活实感，洋溢着高尚的革命情操，其中以《菜园小记》《记一辆纺车》最为著名。

新时期以来，下面这些山东籍作家让人喜爱：

王润滋（1946—2002），山东文登人，他对传统美德有着深厚的依恋，对中国农民有着深挚的热爱。他出身于一个地地道道的农民家庭，童年丧父，母亲改嫁，跟随爷爷奶奶生活。爷爷去世后，他与奶奶相依为命，母亲又将他和奶奶接到家中与继父一同生活。他"钦佩中国农民的这种坚韧和执着"，认为"我们的文学也应该关注他们，我的同情永远都在生活底层的受苦人"。他深深感叹：中国农民"经过几千年的长途跋涉才走到今天"，"十分不易，……那么久远，那么贫穷，那么悲怆，却奇迹般地没有堕落，没有潦倒，没有毁灭，而是迈着沉重不屈的脚步，走过昨天，来到今天，还要赶到明天去。"王润滋的代表作有《卖蟹》《内当家》《鲁班的子孙》等，其中《鲁班的子孙》描写老木匠与养子小木匠之间的矛盾冲突：老木匠具有传统的优良品质，却不能开拓生活，把小木匠的创业看成是为富不仁。作品从老人的角度揭示了经济变革与农民非功利的传统道德之间的冲突，这种发现无疑是深刻的，也显示了改革开放的复杂性和多维性。

李存葆（1946—）是一位军旅作家，他的中篇小说《高山下的花环》（1982）冲破军事题材创作的诸多禁区，大胆触及军内矛盾，打破了所谓的"军内无冲突"论。其中重重叠叠的人物关系与各种各样的矛盾冲突集中在战场之上，因此，矛盾也就分外尖锐，冲突也就格外鲜明。吴爽在战前大展其"外交才能"，曾在蒙山老区受过老乡恩情的赵蒙生在战前突搞"曲线调动"，农民出身的连长梁三喜那用鲜血染红的旧账单，爱发牢骚的靳开来为国捐躯却寸功未立，两发莫名其妙的臭弹导致了才智过人的薛凯华无谓牺牲……这些矛盾在生与死的考验面前极度激化。种种矛盾联结着广泛的社会生活，作者正是借助这些不得不正视的重重矛盾而浓缩了时代特征，展现深广的社会内容。所有的军人又都能在战场上放下这些矛盾，英勇奋战不惜流血牺牲，这就更加显示了中国军人特有的坚韧与崇高。这部作品在激烈的矛盾冲突中，展现出人物性格的复杂性和悲剧性，具有悲壮、崇高的美学风格。

食指，原名郭路生，1948 年生于山东，老家是鱼台县王庙公社程庄寨大队。1971 年 2 月在济宁参军。他真正的觉醒是在 1971 年"913 事件"以后。林彪失事了，食指的精神也崩溃了。他被送到了精神病院，并退伍。从此他的生活大多居于精神病院之中。1975 年食指病情稍稳定，与李立三的三女儿李雅兰结婚，七年后离异。食指著有诗集《相信未来》[1]《食指黑大春抒情诗合集》[2]《食指的诗》[3]等，曾获得2001年度第三届人民文学诗歌奖。郭路生1978年首次使用"食指"的笔名——他认为，在中国作为诗人，无论是写作还是生活都承受着无形的压力，但别人在背后的指指点点绝损伤不了一个人格健全的诗人；于是他用"食指"为笔名，以表达他的抗争与解嘲。[4]——他从1968年起写下了《海洋三部曲》《这是四点零八分的北京》《相信未来》等经典诗作，较早地表现了对"文革"时代的思考，激励着一代人在对未来的憧憬中，怀抱着理想，走过泥淖的岁月。食指因此而被称为"文革地下诗歌运动"第一人。

莫言（1955—）的《红高粱》等作品构筑了"高密东北乡"这一精神故乡，莫言在其中描绘了人类的原始生命形态，以高昂的热情赞美了强劲的原始生命力和自然人性。《红高粱》塑造了杀人越货又精忠报国的"草莽英雄"余占鳌，描写了他与戴凤莲之间充满野性的爱情。"红高粱"体现着天地之间生生不息的生命律动，作者以此来观照城市文明对人性的压抑，为现代人类寻找精神栖息之地。

---

[1] 食指：《相信未来》，桂林：漓江出版社，1987 年。

[2] 《食指黑大春抒情诗合集》，成都：成都科技出版社，1993 年。

[3] 《食指的诗》，北京：人民文学出版社，2000 年。

[4] 廖亦武主编：《沉沦的圣殿——中国 20 世纪 70 年代地下诗歌遗照》，乌鲁木齐：新疆青少年出版社，1999 年。

　　张炜（1956—）同王润滋相似，在"改革小说"中更多地倾向于道德判断。他的中篇小说《秋天的思索》和《秋天的愤怒》都描写了农村思考者的自省与抗争。在《秋天的愤怒》中，主人公李芒经受过种种磨难，在愤怒中觉醒，与封建残余势力的代表人肖万昌展开韧性战斗，并最终获得了胜利。作品流露出作家的人道主义情怀，在艺术上又点染着一种浪漫主义的色彩。

　　《古船》（《当代》1986 年第 5 期）和《九月寓言》（《收获》1992 年第 3 期）是张炜的代表作，也是体现齐鲁作家艺术风格的经典之作。《古船》书写了洼狸镇从土改运动直到新时期经济体制改革的历史，对我国城乡社会面貌的变迁与人民生活的情状作了全景式、多层面的描写，可谓中国当代社会的一个缩影。小说表现出作者对历史的沉思、对人生的关注和对美好事物的热情呼唤，也包含了作者沉重的忧患意识。这种忧患意识通过隋抱朴"天问"式的反思表现出来：为什么人类要如此互相残害，一代又一代演绎类似的悲剧？他把这悲剧归结为人类的"兽性"和"私欲"。而隋不召和李其生父子的创造热情、征服世界的雄心则刺激着隋抱朴的内在思索：人不能因为过去的苦难而放弃今天的奋斗，善良的愿望并不能减少人们的流血牺牲。因此他必须行动，把理想付诸实践。他最终从怪圈中走出来，自荐担任了粉丝总公司的总经理，团结大家重振洼狸镇。作品在一片绯红的亮色中结尾，使作品带上了浓厚的人道主义与理想主义的色彩。

　　张炜的《九月寓言》描写一个"小村"从 1950 年代到 1970 年代的历史。小说中将现实中的故事与民间口头创作的故事交织在一起，构成了小村的民间历史，这段历史可以用"奔跑"和"停吧"两个意象来涵盖，一旦由"奔跑"转为"停吧"，便会善良渐退而邪恶滋生，兽欲开始取代人性力量，于是有了男人摧残婆娘、恶婆虐杀媳妇，也有了男人间的自相残害。小村的历史就是一个寓言，有人性与兽性的搏斗，有善良与邪恶的冲突，也有保守与愚昧对社会进程的阻碍，一切冲突都可归结为"奔跑"与"停吧"的转换。小村最终在工业开发的炮声中崩溃瓦解，小村的"停吧"时代行将结束，人们将在灾难中重归大地并在流浪中重新激发起蓬勃的生命力。

　　由张炜的《古船》和《九月寓言》不难看出齐鲁文化对山东作家的浸润与

影响：首先，传统儒家、墨家文化的"民本"思想、"泛爱众"主张、强烈的忧患意识和"人道主义"观念，是齐鲁作家对现实进行批判的武器。其次，在道德原则与历史原则发生冲突的时候，他们往往以传统美德去评判历史进程，并将道德原则升华为某种哲学观念，表达了理想主义人文精神和"大地情怀"。张炜要在这种"伟大而自由的民间文学"中寻找心灵安居的处所，于是他作品中的"芦清河""葡萄园""野地""田园"等都成了一种符号化的"倾诉之地"。再次，张炜的作品遵循着现实主义创作方法，既执著追求作品的深刻而不追新逐奇，又不自我封闭，从而形成了一种开放的现实主义；他们在思想观念上既承续了俄罗斯文学的血脉，又负载起中国传统文化悲天悯人的情怀。不过，评论家认为："这种急迫的、论辩的文化立场直接进入小说写作，对小说文体不能有更多的专注，精神复杂性的探索也难以更好展开，而多少表现出某种程度的'宣言化'倾向。"[1]

另外，小说家刘玉堂、赵德发、刘玉栋、尤凤伟、杨志军、李贯通等，散文家石耿立等，都可以说是中国一流的作家，他们共同构成了文学鲁军的星群，照亮了中国当代文学的星空。

值得一提的是，"上个世纪四十年代末的社会巨变中，大陆山东籍人士迁台者众多。他们及其后代参与了台湾各个方面的建设且贡献良多，文学方面亦是如此。在台鲁籍作家遍布小说、诗歌、散文、戏剧、影视各个领域：小说方面的佼佼者有姜贵、朱西宁、朱天文、朱天心、张大春等；散文方面有王鼎钧、张腾蛟、也行、王孝廉等；诗歌方面有管管、沙牧、丁文智、闵垠、陈敏华；影视、戏剧方面有马森、张永祥、何小钟、刘艺等。"这些"鲁籍作家"可以说是山东作家的海外军团，在他们身上保留了很浓重的齐鲁文化基因，已有学者对此问题进行了研究。[2]

---

[1] 洪子诚：《中国当代文学史》，北京：北京大学出版社，1999年，第350页。

[2] 参看王云芳：迁徙流变中的文化传统：境外鲁籍作家创作研究，山东大学博士学位论文，2008年。

第四讲　当代山东作家个案解读

本讲细读臧克家、郭澄清、莫言和闵凡利的作品，以便于加深人们对于文学鲁军的感性认识。

一、民族性·世界性·人性——论臧克家早期诗创作

"五四"新诗运动重启蒙而轻审美、重内容而轻形式、重思想而轻文体，在"言文合一""要须作诗如作文""话怎么说，诗就怎么写"的主张下，新诗创作出现了叙事化和散文化倾向，甚至变成了"分行的文字"，这就造成了新诗历史价值与审美价值的失衡。直到 20 年代末期，大部分新诗仍如同刚放开小脚的女子，步态生硬而拘谨，暴露出种种缺陷：要么过分因袭古诗、生硬挪用、半文不白，要么滥用外来语汇、欧化严重、"洋泾浜"腔，要么以方言俗语入诗、自视为"民族化"……面对新诗文体失范和"审美缺席"现象，一些先觉者开始着手新诗的文体建设工作。

臧克家较早认识到："'五四'时期那种自由体的形式发展下去，令人对新诗发生一种潦草浮泛可以一挥而就的想法。"不仅如此，"一般人把新诗看得太容易，

187

写几篇歪诗便自命诗人，这是一个大的错误！因为看得太容易，所以随手乱涂，给社会上的人对新诗以恶劣的印象。这种人是新诗的罪人"。[1] 正是在自觉反省中，臧克家开始进行新诗文体建设的探索。他1933年自费出版的《烙印》在"古典"与"现代"之间走出了一条成功之路，在"中国新诗史上打上了文体建设的第一个'烙印'"，"对新诗文体的正面建设的关注，将他和不少同时代诗人区分开来。"研究者认为："如果说闻一多是中国新诗由爆破转向建设转折点上的开山人，那么将这一转折沿着中国化路向推向纵深的大诗人之一便是臧克家。"[2]

（一）民族性："古典"的功力

臧克家的新诗含蓄凝重，做到了贺拉斯所说的"恬美"与"有用"的统一。这得力于他深厚的古典诗文修养。"我从七八岁起，就能背诵不少古典诗歌……几乎无日不翻读这类东西，心与古人灵犀一点通，引为至乐！我的父亲、祖父都能诗。父亲与族叔结诗社，和邻居诗友们赛诗，这也给我的心灵以影响。""我读古书，我欣赏古典诗文，……读时细心，字字句句，一定要吃透。"[3] 这种渊源家学和私塾教育使他的新诗能创造新意境、发现新意象，使古典诗境实现了"现代性转型"。

"意犹帅也。无帅之兵，谓之乌合"。[4] 臧克家在《烙印》中营造出"悲凉"意境并统领全集，"悲凉"也成为他此后诗歌创作中最成功的一个主题。譬如《难民》开篇就定下了这样的基调：

日头坠到鸟巢里，

黄昏还没溶尽归鸦的翅膀，

陌生的道路，无归宿的薄暮，

---

[1] 臧克家：论新诗，《文学》，1934，3（1）。

[2] 吕进：臧克家：新诗文体建设的重镇，《文学评论》，1995（1）。

[3] 臧克家：五十年间学论文，《克家论诗》，北京：文化艺术出版社，1985年，第2页。

[4] 王夫之：《薑斋诗话》卷二。

把这群人度到这座古镇上。

沉重的身影，扎根在大街两旁，

一簇一簇，像秋郊的禾堆一样，

静静地，孤寂地，支撑着一个大的凄凉。

满染征尘的古怪的服装，

告诉了他们的来历，

一张一张兜着阴影的脸皮，

说尽了他们的情况。

全诗运用"响亮"的"汪洋"韵，却刻画了一个"落日溶寒鸦"的凄凉悲惨景象。这意境不是"悲壮"或"崇高"，而是"悲凉"，与被描写对象的"身份"完全契合：一些难民，一群挣扎在生活最底层的"贱民"，他们没有资格享用那些"伟大"词藻，他们在灾荒苦难中、在腐败昏聘的统治面前忍气吞声被驱来赶去。作者对"兴，百姓苦；亡，百姓苦"的感怀，全融入了这个"悲凉"意境。这种"悲凉"意境，在中国新诗中是第一次出现，而这第一次的出现就丈量出了诗人在新诗创作方面的成就高度。

"悲而不泪"是对"悲凉"意境的最好诠释。同臧克家笔下的"难民"一样，那些"炭鬼""贩鱼郎""洋车夫""当炉女""神女""歇午工"和"渔翁"们，都如同"一张古老的帆篷，/来去全凭着风"，他们漂泊在死沉沉的荒凉的生活海洋上，只有一盏小渔灯相依相伴，"那就是我的信号，/启示的不是神秘，是凄凉。"（《渔翁》）他们像"老马"一样，"背上的压力往肉里扣，/它把头沉重地垂下！""这刻不知道下刻的命，/它有泪只往心里咽。"（《老马》）这样的诗句，只有来自社会底层、与人民血肉相连、与大地息息相通的诗人才能写出，这是"作为农民的写作"，是鲁迅所说的"血管里流出的是血"，而不是矫情的"为农民"的写作或"为人民代言"。古人在论诗时说："宽于用意，则尺幅万里矣。"臧克家没有像当时的"革命诗人"那样写"口号诗"，没有在诗行中填满"鲜血与炸弹"，但是他的"悲凉"意境却饱含英雄气概，内蕴无限张力。

深远的意境需要具体的意象来表达。臧克家在运用意象方面蕴藉凝重，正如他本人所说："含蓄是力的内在"。为此他常以暗示、隐喻等手法含而不露地凸显诗思。如《难民》中的"乌鸦"，在中国古诗中是"凄凉"意象的经典表达。臧克家又进一步发展了它的蕴涵：乌鸦尚有"归巢"，难民却"无归宿"。《老马》并非感伤派诗人的无聊之作，那是"农奴的身"的具象表达。臧克家不仅化用古诗中的象征意象，还创造了一些现代意象，譬如，"贩鱼郎"一天辛劳，最后却一无所获，"家里挨着饿的希望"，"两只空筐朝他看，/像一双失望的眼"。（《贩鱼郎》）这两只空筐如同一双空洞的眼睛，向着社会人生张望。臧克家在《变》中用"花苞"喻指青春的生命，在《烙印》中以"谎"比喻人生……等等，这些意象在作者诗笔下具有了现代象征意义，他的努力也为中国现代新诗酿造了醇酒般浓烈的"诗味"。

臧克家也常用对比和反诘的手法表达诗思。"一个少女换不到一顿饭吃，/人肉和猪肉一样上了市，/这事实真惊人，又新鲜，/你只管闭上眼说没看见。"（《天火》）在我看来，这样的对比较杜甫的"朱门酒肉臭，路有冻死骨"更加惨淡，诗作运用"我—你"的对话形式，但"所指"的"你"却具有深广的"能指性"，让读者也参与其中，反躬深省。"鬼都望着害怕的黑井筒，/真奇怪，偏偏有人活在里边，/未进去之先，还是亲手用指印，/在生死文书上写着情愿。"（《炭鬼》）诗人逼着读者回答"为什么"。"他的心是个古怪的谜，/这样的风雨全不在意，/呆着像一只水淋鸡，/夜深了，还等什么呢？"（《洋车夫》）这样的反诘，可谓"有血痕而无墨痕"，吸引读者撩起作者有意"隔"出的"间离"幕帐，去诗的幕后一探究竟。

诗集《烙印》语言凝练，毫无洋化的生硬雕琢痕迹，虽然运用白话，扑面而来的却是浓浓的中国传统诗的风味。作者一改中国现代新诗遣词用字上的随意性，主张炼字、炼意。在炼字方面，臧克家尤重动词的运用。如上文中引用《难民》一节中，最精到的动词就有"坠""溶""度""撑""染""兜"等，这样精炼而多义的词汇只有汉语中才有。为了"溶尽"一词，作者曾改动十余次：起初用"扇着"，后改为"辨得出"，又改换十几个动词后才聪明能干终敲定"溶尽"。臧克家说："下一个字像一个棋子一样，一个字有一个字的用处，决不能粗心地闭着眼睛随便安置。敲好了它的声音，配好了它的颜色，审好了它的意义，给它找一个只有它才适宜的位置把它安放下，安放好，安放牢，任谁看了只能赞叹却不能给它掉换"。臧克家写诗时，"白天写，夜里写，睡觉之先，床头上预备好铅笔和纸片子，另外，一支小洋蜡，一盒火柴。为了某首诗中的一句欠妥，某句之中的一字未安，不论是在未成眠时，不论是在朦胧之中，只要一触及或者有新得时，不分冬夏，就立刻翻起身子来燃烛摸笔，不要让诗跑了！……我破命地写诗，追诗，我的生命就是诗。我真像东坡眼中的孟郊一样，成了天地间的一个'诗囚'了。"[1] 这种"吟安一个字，捻断数茎须"的"苦吟"精神、这种"用生命去换诗，去写诗"的"诗囚"精神，在整个二十世纪诗歌写作中是不多见的：我们不缺少有才气的诗人，也不缺少勤勉的写诗的人，我们缺少集才华、思想与勤勉于一身的诗人。正因如此，韩侍桁在1934年2月1日的《现代》杂志上发表《文坛上的新人——臧克家》说，臧克家是真正的"诗人"，而李广田、吴组缃只不过是"写诗的人"。

（二）世界性："现代"的诗意

认真研读《烙印》就会发现，臧克家新诗的"民族化"是建立在"世界化"视野下的，他的新诗做到了"世界化"与"民族化"有机结合。

他是沐浴着"五四"的自由诗风成长起来的。他在故乡时就有了"新诗的领路人"，也学会了毫无顾忌地表达自己的情感；而在山东省立第一师范学校读书的四年里，他受到更多现代诗人的影响，"穆木天，冯至，韦丛芜，我的眼光常在他们的诗行间游泳。然而一个撼动了我整个灵魂的却是郭沫若先生，他的创作，翻译，我饥渴似地吞咽下去，它像一股动力，一道热流，一阵春风。"新诗对他精神的震荡如此强烈，以致在读了郭沫若的《文学与革命》后，竟写信告诉祖父"此信达时，孙已成万里外人矣"，"像候鸟似地从寒冷中飞向了自由与温暖

---

[1] 臧克家：我找到了"自己的诗"，《臧克家散文》第3集，北京：中国广播电视出版社，1993年，第37页。

的江南"了。另外，徐志摩、陈梦家、孙大雨、王统照等也都在臧克家的新诗起步期起了"现代化"的推动作用。

然而对臧克家影响最大的却是闻一多先生。闻一多 1930—1932 年执教国立青岛大学，任国文系主任、教授，"他给我们讲唐诗，讲英诗。除了杜甫，他对孟郊很推崇……他给我们讲雪莱，讲拜伦，讲济慈，讲华兹华斯，讲柯尔律治和白朗宁，对于最后两位，特别是白朗宁，他仿佛有着更多的喜爱似的。"[1]闻一多曾是"新月派"主将和理论代言人，对新诗格律提出了深刻见解，这是对新诗形式进行探索的最早尝试，这尝试与艾青一样主要向着西方寻求借鉴。闻一多对新诗"建筑的美，绘画的美和音乐的美"等形式美学的建构以及"艺术是戴着镣铐的跳舞"的见解等等，都来自他对西方现代诗歌理论的移植，这移植使中国新诗努力向"世界文学"迈进，对中国新诗的文体建设意义巨大。

臧克家关于诗体建设的探索，得益于闻一多先生的教诲。不仅《洋车夫》和《失眠》被闻一多推荐到《新月》发表，而且《老哥哥》也是受闻一多"讲过罗蒂斯的 Sister Hellene"的启发而仿写；《老哥哥》《神女》《贩鱼郎》《像沙粒》……都经过他看"，甚至臧克家在 1933 年自费印行《烙印》时，六十元的印行费，"闻先生出了二十元"。这物质和精神的双重支持，在潜移默化中影响和推动着臧克家的诗创作。在《烙印》集中，我们不难发现闻一多新诗理论的影子，而尤为可贵的是臧克家将这些理论内化为自己的诗思并外化为创作实践，如《车夫》的雕塑之美，《渔翁》的绘画之美，《老马》和《失眠》的音韵之美，《天火》的象征之美等等，其现代诗歌理论的应用都达到了"羚羊挂角，无迹可求"的化境。

在现代诗理论上，臧克家师承闻一多；但在技法运用方面，臧克家则青出于蓝，胜过乃师。比如《当炉女》中的蒙太奇手法，《都市的夜》里的象征手法，《歌午工》"一根汗毛／挑着一颗轻盈的汗珠，／汗珠里亮着坦荡的舒服"的"通感"则具有超现实主义意味，而《生活》中一连串的比喻则让人咂出"意象派"的韵

---

[1] 臧克家：海——回忆一多先生，《臧克家散文》第 1 集，北京：中国广播电视出版社，1993 年，第 234 页。

味……所有这一切都在深层次上成就了臧克家新诗中地道的现代诗意。

现代诗除了技巧的"现代"外，它的内容也必是"现代"的。"现代化"的重要标志是工业化和都市化。由于中国的现代化是一个受动型的过程，中国现代知识分子在精神上天然地带有"现代性焦虑"。这一点在臧克家诗作中也有所表达："幽灵一般的人群，各自驮着一只空壳，/杂沓地，飘忽地，渡过这银色的光波，/……像向着什么急赶，/又像什么追踪在后面"。(《都市的夜（一）》)但臧克家并不排斥现代化，《到都市去》就是他对"现代化"的态度的诗化表达。"小跛"要到都市去，虽然母亲一再警告孩子："你数，从都市回来了几个人？/回来的有几个不是一个瘦头挑着两根瘦筋？"但这警告不能阻挡"小跛"到都市去的梦想，他心中揣满美丽的梦想，"快乐飞在他的脚步上，/心里驰骋着美丽的想象，/黄昏没了他的影子，/口哨的幽韵在大野中荡漾。"臧克家甚至在《歌午工》里表达了他对城市新兴工人阶级的力量的欢迎："爬起来，抖一下，/涌一身新的力量。"我们可以相信，在经历了大革命失败和几年流亡生活之后，诗人与那个时代知识分子一样已经意识到了"第四阶级"的力量。

我们可以看到，臧克家诗探索的意义在于，他在现代新诗文体建设上对古典诗歌进行了创造性继承和现代性转化，他没有如"五四"时期的思想们那样将传统与现代进行截然对立的二分"断裂"，相反，他在对新诗的反思中自觉地对古今中西的诗歌传统进行了有机整合。"断裂"固然是现代性的重要特征，但"反思"才是"现代性"的根本品格，也恰恰是反思性整合联结起了"过去"与"现在"，使我们的文化传统得以在现代社会中绵延赓续。正如哈贝马斯的"现代性理论"所阐述的那样，"即代性"存在着多义性、矛盾性与差异性，它是在更新与古代的关系中形成的新的时代意识，是一个从旧到新的变化的结果；"审美现代性"与古代性紧密相连，并对政治、经济"现代性"进行反思。[1]由于臧克家在古典与现代之间、在民族性与世界性之间找到了沟通的桥梁，故而能够在"'纯

---

[1] [德]尤尔根·哈贝马斯：论现代性，王岳川、尚水编：《后现代主义文化与美学》，北京：北京大学出版社，1992年，第10页。

诗化'与'非诗化'之间另辟蹊径而获得成功"。[1]

（三）人性："爱"与"生活"

臧克家的成功得力于文体建设，但在根本上却绝非仅仅因为"诗到语言为止""为艺术而艺术"的形式探索。他成功的关键在于，他为自己的诗歌确立了坚实的人道主义立场、沉挚的"人性"主题，并把握住了"爱"与"生活"这一诗歌的血脉，这使他的诗歌因饱含深情而达到了"审美的严肃性"。

臧克家不止一次强调"生活——诗的土壤"。"学习不就是技巧的磨炼，应该是钻进人生的深海里去！技巧不过是诗的外衣，而生活才是他的骨肉哩。"[2]"这可不是混着玩，这是生活。"（《生活》）"诗是离不开生活的，在生活萎缩的时候，诗，它也萎缩了。"（《海》）他认为"爱是诗的血脉"。他爱生活爱人民，更因为对生活和人民的热爱而对世间的不公正充满仇恨。在臧克家心中，"诗人"之所以成为"诗人"，"是由于他们有热情、有正义感、有反抗精神。在是非颠倒的人世间，他们却硬要是其是，非其非；在冰冷冰冷的世界里，他们以生命作'炭'去送给别人；在吃人与被吃的社会上，他们站在多数人民的这一边，替他们叫喊、不平。"（《诗人》）他深深懂得，在都市动摇而乡村崩溃的时代，"只能写诗已经是可耻了，而再闭上眼睛，囿于自己眼前苟安的小范围，大言不惭地唱恋歌，赞颂自然，诗做得上了天，我也是反对，那简直是罪恶！"（《论新诗》）因此，"一个诗人，须得先具有一个伟大的灵魂，须得有极热的心肠，须得抛开个人的一切享受，去下地狱的最下层经验人生最深的各种辣味"，"一个诗人须得执着人生，执着诗，要把诗看得比生命还珍重！要用人间的一切学问和世情锻炼自己，而感情往远大处放。诗人要以天地为家，以世界的人类为兄弟。有这样的胸怀，他的诗才能够伟大"。诗人应当"把自己的心放在天下痛苦的人心里，以多

---

[1] 许志英、邹恬主编：《中国现代文学主潮》，福州：福建教育出版社，2001年，第416页。

[2] 臧克家：诗的根芽，《臧克家散文》第3集，北京：中国广播电视出版社，1993年，第8页。

数人的苦乐为苦乐，把自己投放到洪炉里去锻炼，去熔冶"。[1]

"爱"是人道主义的核心，也是臧克家人生的哲学和诗歌的宗教。"我爱乡村，因为我生在乡村，长在乡村；我爱泥土，因为我就是一个泥土的人。我和穷孩子们一道玩，我们和穷人之间，没有一条界线。他们穷得可怜，没有田地，没有房子，有的是一条'农奴'的身子。我曾在一本诗里形容他们严冬的可怜相：'一条破单裤灌饱了风，像挑起了一个不亮的灯笼'；他们穷到什么地步？穷到'上吊找不到一条绳子！'……童年的一段乡村生活，使我认识了人间的穷愁、疾苦和贫富的悬殊。同时，纯朴、严肃，刻苦，良善……我的脉管里流入了农民的血。"[2]他童年的生活、投笔从戎的军队生涯和贫病忧患的流亡经历，都积淀在他的心底，成为他不竭的诗源，他在对社会和生命的谛视中开掘着底层人民的人性光辉，看取劳苦大众的哀痛和忧愤、沉默和坚强，也表达着自己的人道主义情怀。这使他的《难民》《生活》《老马》《当炉女》《洋车夫》《贩鱼郎》等诗作，都突破了诗人狭小的个人的情感世界与生活范围，将作对现实不公平的愤懑和对劳动人民的同情通过含蓄、精炼、形象的诗歌语言传达出来。闻一多在给《烙印》写的序言中说："拿孟郊来比克家，再适当不过了。"我想，这不仅是因为臧克家与孟郊一样书写穷愁与悲苦，也不仅因为他们对生活有奋斗目标"沉着而有棱角"的态度，更重要的是他们都真诚地看待底层人民的生活，真诚地以诗为生命。

朱自清先生在评论新诗时说："初期新诗人大约对于劳苦的人的生活知道的太少，只凭着信仰的理论或主义发挥，所以不免是概念的，空架子，没力量。"而到了臧克家，中国"才有了有血有肉的以农村为题材的诗"。因此臧克家一登上诗坛就被称作"农民诗人"，而这是他最引以为荣的"冠冕"。事实上，臧克家一生最大的成就正是来自他的"乡村"生活。在《烙印》之后，诗人也曾写过"伟大"的诗，但成就都没有超过他的农村题材诗。臧克家1946年出版的《泥土的歌》，可以说是《烙印》的承续与发展，他又找到了他熟悉的"农民""泥土"意

---

[1]　臧克家：论新诗，《文学》，1934，3（1）。

[2]　臧克家：诗的根芽，《臧克家散文》第3集，北京：中国广播电视出版社，1993年，第7页。

象："我挚爱、偏爱着中国的乡村，爱得心痴、心痛，爱得要死，就像拜伦爱他的祖国的大地一样。我知道，我最合适于唱这样一支歌，竟或许也只能唱这样一支歌。"[1]文学是人学，诗也必以人为核心；对人、对生活的热爱使诗歌获得力量，也使人找到精神的故乡。我想，这是我从臧克家早期诗创作中获得的启示。

二、重新解读被当代文学史书写遗忘的名家精品——郭澄清现象论

郭澄清（1929—1989）的创作旺盛期出现在1962—1976年间。这正是八届十中全会之后到"文革"十年期间。这一阶段后来常被看作当代文学史的"空白"或"断裂"期，因此"重写文学史"工作反而使此时期一些较优秀的作家作品被遮蔽。

郭澄清就是被遗忘和边缘化的一位作家。但严肃的史家仍然认为《大刀记》"有较多的生活实感，作者也有较强的处理材料的结构能力，而处于当时创作的普遍水平之上。"[2]《大刀记》之所以著名，一是因为其长达110万字的长度；二是因为《大刀记》惊人的发行量，它曾在短短时间里，"十余个省市重印达百万册以上"[3]；三是因为其较高的艺术水准。

其实，郭澄清短篇小说的艺术成就更高。1965年11月，中国文联与中国作协、团中央、文化部联合召开"全国青年作家积极分子代表大会"，郭澄清与李准、浩然、胡万春、王汶石、茹志鹃等7人作为特邀代表参加了大会并受到大会

［1］臧克家：当中隔一段战争，冯光廉、刘增人编：《臧克家研究资料》，兰州：甘肃人民出版社，1990年，第212页。

［2］洪子诚：《中国当代文学史》，北京：北京大学出版社，1999年。

［3］吴开晋：披肝沥胆·翰墨春秋——记著名作家郭澄清，《大刀记》第二部下，北京：人民文学出版社，2005年8月，第510页。

表彰[1]。直到今天，他的《黑掌柜》仍然作为范文入选复旦大学《大学写作》教材。[2]甚至有论者称："中国当代文学短篇小说中，在不同时期最杰出、最具特色的三位作家，那就应该是赵树理、孙犁、郭澄清。"[3]……所有这一切都说明了郭澄清短篇小说的艺术价值和文学史地位。

郭澄清的写作态度更值得后人缅怀。他一直是一个"作为农民的写作者"。在当代文学史上，郭澄清与柳青一样，不以清高文人自居，不以革命功臣自居，也不以"为人民"而写作的启蒙者自视，而是时刻把自己当作农民的一员；他们的根扎在泥土里，与百姓共呼吸，与时代同进步。从此，郭澄清的宁津郭皋庄与柳青的皇甫村成为中国当代文学史值得铭记的两个村寨……

因此，无论是作为一种文学现象，还是作为当代文学史上的一个重要作家，郭澄清都值得认真研究。

（一）报告文学式的短篇小说

郭澄清最初以短篇小说引起文坛瞩目。他自1955年在《河北文艺》发表短篇小说《郭大强》以后一发而不可收拾，从学习和模仿，到寻找和探索自己的创作风格，短短时间内就取得了丰硕成果，达到了相当的艺术高度。

郭澄清的短篇小说是在"模仿"中成熟起来的，但难能可贵的是他不拘泥于某一家或某种流派，而是转益多师，并进行了整合与超越。首先，他对农村生活的了解、他给笔下人物取的绰号、他对生活细节的摩画以及对传统小说结构体式的娴熟运用，都让人想起了赵树理的"细节现实主义"；但他又不像赵树理

---

[1] 吴开晋：披肝沥胆·翰墨春秋——记著名作家郭澄清，《大刀记》第二部下，北京：人民文学出版社，2005年8月，第508页。

[2] 胡裕树主编《大学写作》，上海：复旦大学出版社1985年版。该书共收范文20篇，如毛泽东《"友谊"，还是侵略？》、朱自清《春》、林觉民《与妻书》、茅盾《读〈水浒〉的人物和结构》等，其中短篇小说仅两篇，为鲁迅的《药》与郭澄清的《黑掌柜》。

[3] 吴开晋：《郭澄清短篇小说选》的艺术成就，《郭澄清短篇小说选》，北京：中国文学出版社，2005年，第316页。

那样执著于"中间人物"和"问题小说"，而更像王汶石那样善于刻画"新人新事"。其次，"直接对郭澄清小说的美学风格和艺术精神产生深刻影响的也许是孙犁。郭澄清的小说创作不仅弘扬了孙犁追求真善美的文学传统，而且也承续了孙犁小说所蕴含的中华民族艺术的乐感精神传统。……孙犁对传统文化乐感精神的继承是建立在批判其乐天知命、逃避现实等消极思想因素的基础上，着重汲取其积极因素与革命乐观主义精神相融合，以期达到对现实生活中真善美的发掘与播扬。郭澄清短篇小说所体现出的明朗乐观基调和浓郁乐感精神是与孙犁小说的乐感艺术精神一脉相承的"。[1]但是，郭澄清又不像孙犁那样只从侧面介入生活、对描写对象作诗化的观照，而是热烈地拥抱生活，真情地直抒胸臆。第三，他的小说从"文坛轻骑兵"报告文学中汲取了新鲜营养，从而记录下了时代前进的足痕，既表现了社会主义新人的"美"、弘扬了新道德的"善"，而且具有历史价值之"真"。如果对郭澄清做知人论世的评论，就会发现，他在 50 年代初期回到故乡时，一度从事基层宣传工作，宣传社会新风尚与涌现出的新典型是他工作的一部分，这也为他的创作提供了第一手素材。到 60 年代中期以前，他先后出版 4 部短篇小说集，其中绝大多数都通过各色人物反映时代的进步与社会的发展。至少在郭澄清 1963 年以后进入创作旺盛期时，黄宗英的《小丫扛大旗》等独具特色的抒情式报告文学正风行一时，这不能不引起郭澄清的注意。事实上，郭澄清的《公社书记》《黑掌柜》《社迷续传》《万灵丹》等无不留下了报告文学的痕迹。

这种转宜多师的学习，使郭澄清很快超越了他最初模仿的对象；而深入的生活实践则使他成为了当代文学史上独特的"这一个"。他就像蒲松龄一样热爱民间故事；他不仅拒绝到天津、河北等地但任文化领导工作，而且拒绝担任县委宣传部长，而是回到他的老屋，生活在人民中间。"这就使他取得了源源不断的创作素材。他不但向群众广泛了解村史、社史，观察各种人物，参加各种农村劳

---

[1] 朱德发：按照"美的规律"构建小说艺术王国——读《郭澄清短篇小说选》有感，《山东社会科学》，2006（4）。

动，还用心学习农民的语言，以使自己的作品让农民喜欢。"[1]这让人想起柳青为写《创业史》而扎根皇甫村，梁斌为创作《红旗谱》而三辞官，想起孙犁一直自甘于"边缘化"状态……他们都是为了文学而舍弃浮名功利的人，他们为当代文学史留下许多温情记忆。也许，臧克家的一段话更适用于描述热爱农村和泥土的郭澄清："我溺爱、偏爱中国的乡村，爱得心痴、心痛，爱得要死，就像拜伦爱他的祖国的大地一样。我知道，我最合适于唱这样一支歌，竟或许也只能唱这样一支歌。"[2]

"郭澄清先生是时代之子，是人民之子。他的作品是一个时代的标志。"[3]我个人认为，他能成为"时代的标志"，其主要原因就在于他创作了"报告文学式小说"。报告文学式小说"取材于现实重大题材，又着以小说的虚构、想象，从而使之符合意识形态的要求和典型化原则。这种紧跟时代步伐的新闻报道式写作从瞿秋白的《饿乡纪程》开始；这种文体在30年代的夏衍那里成熟起来，他译介了日本川口浩的《报告文学论》，标志着左翼文学对此种文体的重视。……这种社会分析和新闻报道式的写作具有强烈的时效性，获得了一种反映社会的广度。"[4]新中国成立以后，社会主义建设事业百废俱兴，更需要这种文体来论证社会主义政权的合理性与合法性。如果仅仅以报告文学写真人实事，必然有局限性，而"报告文学式小说"则打破了这种限制。就郭澄清的"报告文学式小说"来说，具有如下艺术特征：

首先，鲜明的时代性。《黑掌柜》《公社书记》《万灵丹》《嘟嘟奶奶》等都描写了具有时代性格的人物或事件，对人们理解那个时代尤其是认识那个时代的小说艺术，提供了杰出的范本。郭澄清在小说里向人们展示了生活在新社会的公民

[1] 吴开晋：披肝沥胆·翰墨春秋——记著名作家郭澄清，《大刀记》第二部下，北京：人民文学出版社，2005年，第509页。

[2] 《臧克家文集》卷1，济南：山东文艺出版社，1985年，第586页。

[3] 任孚先：论郭澄清先生的短篇小说创作，《郭澄清短篇小说选》，北京：中国文学出版社，2005年，第325页。

[4] 李钧：《生态文化学与30年代小说主题研究》，青岛：中国海洋大学出版社，2006年，第105-106页。

形象：与百姓打成一片、"塌下腰"为群众办事的人民公仆（《公社书记》），"手是戥子眼是秤，心眼儿就是定盘星"、全心全意为人民服务的"黑掌柜"（《黑掌柜》），善于观察分析、处处为顾客着想的马家店老板（《马家店》），亲身感受到新社会的新风气并促成王二嫂跨越封建樊篱、走向新的人生的张大婶（《篱笆两边》），以及那个琢磨着改造盐碱地的孟琢磨（《孟琢磨》）等等。这些人物形象无不折射着时代的光彩，同时在塑造着新的国民性："由于公有制及其价值观念的建构，集体化、公有制、社会主义代表着毫无疑问的正确历史道路，它要求人们必须与私有制及其价值观念，与一切与集体化相悖的思想、品质进行彻底的断裂，将自身全部献给集体。这种以'集体'为核心的价值重构具有无可争议的正确性。它既是一种历史方向，又是一种道德伦理的诉求，它承诺引导人们走上正确的历史道路，也能够保证为所有的人创造最大的幸福和快乐，因而，也具有最普遍最崇高的价值。这种思想、伦理的重建，规定了郭澄清小说的基本母题：对集体的忠诚、热爱和奉献。同时这也是他的小说人物的基本品格。"[1]纵观《郭澄清短篇小说选》中的29篇小说，共为读者刻画了几十个活泼泼的时代新人，描写了新社会、新农村和新风尚，堪称那个年代的典型的报告文学式小说。

其次，实事求是的立场。作为一个由战士而作家的革命者，郭澄清心中有着坚定的理想和信念，他要歌颂新社会，但却不搞跟风写作，他没有像同时代的浩然、张永枚那样在小说中书写"大跃进""千万不要忘记阶级斗争"主题，从而把文学变成时代的传声筒、现实政策的注释和图解。相反，郭澄清坚持了实事求是的原则立场：比如"公社书记"反浮夸的踏实作风（《公社书记》）；共青团员秋香围绕着人工授粉、科学种田而与队长兼团支书的丈夫发生冲突，最后以实际成绩证明了科学种田的好处（《万灵丹》）；还有孟琢磨治理盐碱地的故事等，这些宣传"唯生产力论"的作品与当时"以阶级斗争为纲"的氛围不相适应。这也就难怪他的小说深受老百姓喜爱，却没能受到主流意识形态的荣宠。但是，郭澄清以实事求是的态度所揭示的这些美好主题，反映了百姓愿望和民间心声，至今读

---

[1] 王学谦：构筑"新国民性"——郭澄清的文学史位置，《齐齐哈尔大学学报》（哲社版），2007（3）。

来仍有现实意义。

第三，大众化的艺术形式。报告文学的首要任务是宣传教育，因此只有采取大众化形式才有利于普及。郭澄清的小说善于运用老百姓喜闻乐见的评书、相声等民间艺术，娓娓而谈，如叙家长，不时让人莞尔开颜。比如《篱笆两边》开头写道：

城南有个朱家河。河边有个王家庄。庄上有个槐树大院。

这槐树大院，原是地主的财产。土改时，分给了三户贫农。

北屋，分给了张大婶；

东屋，分给了王二嫂；

西屋，分给了李三哥。

读者立即从中读出了赵树理《登记》和《三里湾》的开篇来。不妨说，郭澄清与赵树理都注意到了利用民间艺术形式来为老百姓创作喜闻乐见的故事。《万灵丹》则以一个农村老汉讲述家庭纠纷的方式展开了一个轻喜剧：

……噢噢，你问"万灵丹"是怎么回事？这事说起来就啰嗦啦。有耐心听的话，我就从头至尾跟你说个明白。……

在郭澄清的大部分短篇小说中，他都以说书人的身份慢慢道来；有时开篇即设置一个关结点，然后抽丝剥笋般层层叠叠地展开。比如《黑掌柜》开头就写到县供销社接到一封群众举报信，那么王秋分是不是个"嘴巧行艺，黑手经商"的"黑掌柜"呢？这个套子吸引着读者继续阅读。《李二叔》开头一句："李二叔把老婆打了！"如同说书人的醒木一拍，令人为之一振。《社迷续传》则是一个连环套，从"春播时节""文阁借粮""推粪风波"到"选模会后"，一波未平一波又起，用足了传统评书的"延宕"手法，借用郭澄清小说中的民谚来说，真是"灶王卷门神——画（话）中有画（话）"。

毛泽东说："什么叫做大众化呢？就是我们的文艺工作者的思想感情和工农兵大众的思想感情打成一片。而要打成一片，就应当认真学习群众的语言。"[1]郭

---

[1] 毛泽东：在延安文艺座谈会上的讲话，《毛泽东选集》第3卷，北京：人民出版社，1991年，第851页。

澄清的小说语言就是一种大众化的语言、一种地道的百姓口语，大量的谚语、民谣、顺口溜，都让人觉得亲切质朴，幽默风趣中充满民间智慧和善意的诙谐。在语言方面，郭澄清可以说毫不逊色于赵树理。

（二）传奇式的长篇小说

郭澄清的长篇小说以《大刀记》第一部《血染龙潭》最为精彩。它显然要比《大刀记》第二部具有更高的艺术价值。《大刀记》第二部由于主流意识形态的压力而着重突出党的领导和毛泽东思想，说教气息过于铺张浓厚，理念大于形象，因而有着较明显的"席勒化"倾向。而在《大刀记》第一部里，作者的文笔更自由洒脱，许多"闲笔"描写地方风俗民情，在艺术上也为中国当代文学民族风格的发展与创新做出了独特贡献。

按照原型理论，《血染龙潭》有三个原型：

1."流浪小说"原型。

革命文学中首先提供这一模式的是蒋光慈的《少年漂泊者》：小说讲述主人公父母被害，寻求复仇，经历种种磨难，最终遇到"奇理斯玛人物"，从而走向了革命。《血染龙潭》中的梁永生差不多也走了这样的路子，从而印证了"只有中国共产党才能领导人民得解放"的主题。同时期的作品中如欧阳山的《一代风流》也采用了这一模式。

2."成长小说"原型。

成长小说是启蒙时代诞生的现代小说的一种，也称为性格小说。与传统的以故事、事件为中心的小说结构不同，成长小说以主人公性格的发展为主要线索，具有鲜明的目的论色彩；主人公性格的发展与设定的历史理性的方向相一致；主人公象征了新的人类主体性的生长，主人公的选择也表达出普遍的历史理性的生长过程。梁永生由最初的"家仇"，到流浪中滋生的"阶级意识"，再到在天津遇到日本鬼而产生的"国恨"，直到在王生和的启发下，唱着《国际歌》奔赴延安，下决心一定要"见到咱穷人的大救星——共产党和毛主席！"可以说这是一部典型的"性格小说"或成长小说。曹文轩说，小说由古典到现代，经历了一个由情节（故事）小说、性格（人物）小说、心理小说再到印象小说的过程[1]。那么，与同时代的情节小说相比，《血染龙潭》作为一部成长小说在艺术上是较为现代的。

3.《血染龙潭》是《老残游记》式的"政治小说"

《老残游记》作为"中国的第一本政治小说"[2]，旨在通过作者的所思、所遇、所见、所闻、所言、所行，从而以"四海之内，无安身之处""人间处处有虎狼"的现实来印证革命的必要性和必然性。在此意义上说，《血染龙潭》又是一部诠释人民革命和新政权合法性的政治小说。

可贵的是，郭澄清善于吸收优秀作品的各种艺术手法为我所用。比如《血染龙潭》给人物立小传的手法来自《水浒传》；梁宝成的形象让人想起《红旗谱》中的朱老巩，而"灵堂栽赃"则绝似林冲误入白虎堂；梁志勇"打虎遇险"让人同时想到《林海雪原》中的杨子荣与《水浒传》中的武松；小说的传奇性则有《铁道游击队》与《林海雪原》的韵味……加之郭澄清长期短篇小说写作的训练，所有这一切都为他创作《血染龙潭》这样一部优秀长篇小说做好了准备。

但是《大刀记》的出版却并非一帆风顺。人民文学出版社 1972 年发行《血染龙潭》内部征求意见本，立即受到主管文化部的"四人帮"干将的干预，认为它"没有写党的领导"，不符合"文革"路线，因此应从《大刀记》整体中删去。幸有出版社从中斡旋，建议作者大量增加第二部的内容，才以纪念抗战胜利 30 周年的名义出版，但立即受到批判。[3]只要人们对比一下这两部分，就能明显感觉到其中的变化：在第二部《火燎荒原》中已没有《血染龙潭》里的闲笔，而增加了大量的政治抒情段落，充满了标语口号；这种话语显然出自主流意识形态的

---

[1] 曹文轩：《二十世纪末中国文学现象研究》，北京：作家出版社，2003 年，第 72 ～ 74 页。

[2] 夏志清：《文学的前途》，北京：生活·读书·生活三联书店，2002 年，第 55 页。

[3] 吴开晋：披肝沥胆· 翰墨春秋——记著名作家郭澄清，《大刀记》第二部下，北京：人民文学出版社，2005 年 8 月，第 509 页。

需要，不符合老百姓的身份，也非作者所愿，这使得郭澄清的现实主义风格大打折扣。作者对此深为不满却又无能为力——强大的政治压力与艺术良心的巨大冲突所造成的抑郁，终于使郭澄清于 1976 年 5 月迸发心梗进而脑血栓，瘫痪在床。

　　行文至此，《大刀记》第一部的成功和第二部的失败，已不再是郭澄清个人的事情，而成为整个当代文艺政策与创作关系的象征个案。列宁曾说过："现在的文学都可能、甚至可以'合法地'成为百分之九十的党的文学。文学应当成为党的文学。……打倒无党性的文学家！打倒超人的文学家！文学事业应当成为无产阶级总的事业的一部分，成为一部统一的、伟大的、由整个工人阶级的整个觉悟的先锋队所开动的社会民主主义机器的'齿轮和螺丝钉'。文学事业应当成为有组织的、有计划的、统一的社会民主党的工作的一个组成部分。"这段文字因毛泽东《在延安文艺座谈会上的讲话》而家喻户晓。但很少有人注意到这段话中瞿秋白的错译，更少有人提及列宁在同一篇文章里还指出："无可争论，写作事业最不能作机械划一，强求一律，少数服从多数。无可争论，在这个事业中，绝对必须保证有个人创造性和个人爱好的广阔天地，有思想和幻想、形式和内容的广阔天地。这一切都是无可争论的……"[1]这其实就是一个政治标准与艺术原则的矛盾。我们并不反对在特殊年代里让文学服从战争文化规范，正如鲁迅所说"牙齿也可以当武器"。但牙齿的主要功能却不是武器，文学的主要功能也不是"齿轮与螺丝钉"；人民向往常态的和平生活，文学也需要百花齐放的春天。如果一味搞"舆论一律"，那就无法满足人民日益增长的多元的精神文化需要；对作家来说，如果动不动就在他头上悬上阶级立场、世界观、题材决定论等"五把刀子"[2]，如果他只能走"领导出主题，作家出技巧，群众出生活"的"三结合"道路，那么他的才华必然会受到限制和损伤，最终他不仅无法贡献出成熟的艺术精品，甚至会不知所措，走向艺术倒退。郭澄清的《大刀记》第二部、浩然的《西沙儿女》、"何其芳现象"、郭沫若的旧体诗、巴金 1949 年后的大部分创作，以及

―――――

[1] 列宁：党的组织与党的文学，《列宁选集》第 1 卷，北京：人民出版社，1960 年，第 647～648 页。

[2] 胡风：《三十万言书》，武汉：湖北人民出版社，2003 年，第 105～121 页。

"文革"文学等种种失败现象，都是"遵命"所致。这是中国当代文学最惨痛的教训之一。

（三）郭澄清的文学史意义

虽然郭澄清先生因英年获病而陷入创作的停滞状态，但是他既有的创作依然为中国当代文学走民族化道路提供了范本和路标。

艺术的民族特征、民族风格最容易从艺术的民族形式上表现出来。所谓民族形式主要包括民族语言、民族喜闻乐见的体裁、叙事抒情方式和艺术技巧等。

语言是民族形式的第一要素。民族的文学语言，是在民族民间语言的基础上，经过作家加工、提炼，因而比民间语言更精炼、更丰富、更有表现力的民族语言。郭澄清是第一个将鲁北方言引入文学创作的作家，读者仅从字里行间的音韵中就能听到鲁北人的精气神儿：

"你忒软和儿。我不能济着他折揉！"

"宁饿死，不愁死。"

"咱除了这罐子血还称啥？穷到了这步田地还怕个屁？大不了把这罐子血也倒给他到头儿了！"

"嗬，想打架吗？是身上刺挠了？还是活腻味啦？"

《血染龙潭》第一章"闹元宵"中，梁家父子出场这几句话，是纯净地道的德州方言，爽朗硬扎，平易晓畅，透露着强悍的民风，也生动刻画出了梁氏父子的"愣葱精神"——这是一种民间的革命精神，它糅合了传统的侠义观念，也折射着时代和阶级意识，从而奠定了小说整体上的悲壮基调。再比如梁永生教育志刚时的一段话：

"志刚啊，你的爷爷常明义，你的亲爹常秋生，都是一咬咯崩崩响的硬汉子。他们生前，在歹毒的财主面前，向来是宁流血，不流泪。孩子呵，泪水报不了你爷爷的仇，泪水淹不死白眼狼。让这泪水流进肚子去吧！眼泪入心化为恨。仇恨埋在心中，它将变成一团火。一旦爆发出来，它能把我们的仇人烧成灰！"

此类语言并不就是阶级话语，而是民间话语。郭澄清的故乡宁津一度属于河北（建国后调整区划才划归山东省），那是"自古多慷慨悲歌之士"的燕赵之地，快意恩仇正是这里的民风，郭澄清的语言反映了这种民族精神风貌。

被本民族喜闻乐见的体裁、叙事抒情方式和艺术技巧等，也是民族化的重要因素。《大刀记》发扬了中国传统小说的"说书"风格，注重情节性和故事性，叙事有头有尾，顺时展开，环环相扣，首尾呼应；写人多用粗线条勾勒，把人物放在情节当中刻画，以人物的对话、行动推动情节的发展。评论家称"明朝人用说白念诵形式、用宣讲口气作的短篇小说"在50年代作为重要的"民族形式"问题提了出来，作家们努力"将自己化身为艺人，面向大众说话"，写出有完整故事的短篇，在这方面已经有了赵树理这样的成功典范，并代表着一种中国文学本土化的新方向。[1]其实《大刀记》也是民族形式探索方面的典范：比如开头与结尾都是"闹元宵"，形成了结构呼应；梁永生的游历和见闻既是他生理成长的过程，更是他精神上的成人历程；小说除了梁氏父子以外，其他人物都用了写意手法，三言两语简述其生平小传，辨析其阶级立场。另外，《大刀记》中还有《水浒》之英雄传奇、《聊斋》之民间话语、《老残游记》之游历见闻，以及山东评书、山东快书的乐感精神等等，这些都是《大刀记》对于民族艺术技巧的整合运用。

实际上，艺术民族化的决定性因素是内容，即作品所表现的生活是否是地地道道的民族生活，所塑造的人物是否具有民族性格特征和民族文化的心理结构，整部作品是否浸透和高扬着民族精神。民族生活、自然风光、地方色彩、乡土风俗、道德观念、婚丧嫁娶、节庆礼仪、服饰饮食等等，都是民族文化传统和文化心理的具体表现，写出了这些就写出了民族的特征。《血染龙潭》在这方面取得了成功，比如第五章"德州内外"开头有一段对民国初年德州风俗的描写：

……道边上净些小摊子。葱篓靠着盐箱，肉案连着鱼筐，五金兼营木器，杂货带卖鲜姜。卖馃子的孩子，穿着油衣裳，携着竹篮子，在摊案空间，跑来串

---

[1] 孙楷第：中国短篇白话小说的发展与艺术上的特点，《文艺报》，1951-05，4（3）。

去，高声叫卖：

"香油馃子，又酥又脆，好吃不贵……"

卖糖葫芦的老人扛着杆子，抱着签子，也是边走边嚷：

"冰糖葫芦仨子儿俩，抽签赢了俩子儿仨……"

那少年走进城隍庙，又是一番景象——

东边是卖艺的。周遭儿的观众，围了个人圈儿。……

西边儿是说书的。说的段子是《三打祝家庄》。说书人嗓音挺豁亮，吐出字来嘎崩儿脆，发出音来煞口甜。……所以这些人的眼珠子，仿佛都被说书人用一根看不见的细线系住了——他那里轻轻一拎，全场的眼珠子都跟着他的手指头骨碌碌地转。……（第49～50页）

　　类似的风俗人情描写，在作者写天津卫、写东北老林时都有，让读着从紧张的情节叙事中荡开去，缓释一下紧张的氛围，但这些"闲笔"又是随后展开的故事的"伏笔"。郭澄清之所以有这样从容的描述，是与他的前期准备即其短篇小说创作以及对鲁北民风的切身体验有关。比如短篇小说《马家店》中对店主人的描写在《血染龙潭》第334页中又有化用，堪称描写民间智慧的妙笔。

　　艺术民族化的另一决定因素是看作品是否塑造了具有民族性格特征和民族文化心理结构的人物形象和艺术典型。《大刀记》中的梁永生既是中国传统侠义农民如水浒好汉般的形象，同时又有着"燕赵多慷慨悲歌之士"的文化沉积；他既有杀富济贫、疾恶如仇的血性，又有心细如发、深思远虑的智谋。"授刀学艺"一节更是通过太平天国、义和团直到20世纪初的大刀持有者，揭示了中华民族不屈不挠的抗争精神和民族气节。正是由于梁永生性格的多重内涵，才使他得以在时代风云变幻中不断成长，最终把个人遭际、家族仇恨与国家命运紧密地连接在一起，从而使这部长篇小说具有了史诗性，梁永生也成为当代文学人物画廊中血肉丰满的一个形象。最为重要的是，郭澄清通过《大刀记》书写了一种自强不息的民族精神，具体表现在梁永生身上，就是一种"怕死就别活着"的"愣葱精神"。这正是我们民族生生不息的精神之根。

　　当然，传统文化与地域文化也并非没有负面影响。比如郭澄清的道德感和担当精神显然来自"儒"与"墨"的传统：无论是"儒以文乱法"还是"侠以武犯禁"，都是源于中国历史轴心期的文化创造，这些创造的核心就是道义担当。因此，郭澄清在小说中写出了深负着家仇国恨的梁永生。但也由于深厚的道德感，使作者对笔下的人物做了脸谱化处理，并将善恶的标签分别贴在了人物身上，比如："贾永富与贾永贵这对异母兄弟，实质上是父子关系。"（第10页）就将乱伦忤逆的原罪加在"富人"身上；再如："阙乐因这个色鬼，明牌的姨太太就有六个，下了十几个崽子，大的是酒包，二的是赌棍，三的是财迷，四的是个气虫子，五的甩大鞋，六的抽大烟，七的是鬼难拿，八的是个臭嘴子……"（第181页）这种描写固然与当时主流意识形态的影响有关，但恐怕也与作者的道德观念有关。其实这并不是郭澄清独有的弱点，山东作家从王统照直到张炜等人都有这种道德感，只不过表现程度和形式有所不同而已。这也算是齐鲁传统文化在现代人身上的转化吧！

总之，郭澄清作为农民的写作姿态、对民族艺术风格的继承和发扬、对传统文化和地域文化的书写，都使他具有了成为大家的资格，也足以在中国当代文学史尤其是齐鲁文学史上赢得重要位置。也正因此，人们也对他因英年获病而未及展开更宏大的写作而深表惋惜。

三、新历史主义的立场和"作为老百姓的写作"
——莫言荣获诺贝尔文学奖的深层原因探析

莫言，本名管谟业，1955年生于山东高密大栏乡平安村。三年灾害时期，最惨烈的饥馑状况是"村里一天之内饿死了18人"。人们饿得什么都吃，村里刚分来的煤，大家没见过，都嚼得津津有味。莫言家是上中农，所以没有领取救济粮的资格，日子更是难过。莫言在诺贝尔文学奖授奖仪式上的演讲《讲故事的人》中谈到，他一生是"最痛苦的一件事，就是跟着母亲去集体的地里拣麦穗，看守麦田的人来了，拣麦穗的人纷纷逃跑，我母亲是小脚，跑不快，被捉住，那个身材高大的看守人扇了她一个耳光，她摇晃着身体跌倒在地，看守人没收了我们拣到的麦穗，吹着口哨扬长而去。我母亲嘴角流血，坐在地上，脸上那种绝望的神情我终生难忘。多年之后，当那个看守麦田的人成为一个白发苍苍的老人，在集市上与我相逢，我冲上去想找他报仇，母亲拉住了我，平静地对我说：'儿子，那个打我的人，与这个老人，并不是一个人。'"

莫言性格执拗，不甘屈辱。读小学时，曾因骂老师是"奴隶主"而受到警告处分。他早熟聪明，喜爱文学，三年级时就阅读了《林海雪原》《青春之歌》《钢铁是怎样炼成的》等作品，受到文学启蒙。因为书法不错，作文也好，所以每篇作文都被老师当范文来读。

莫言读小学五年级时，"文革"爆发，辍学回家，种高粱、种棉花、割草放牛、做各种农活。莫言依然喜欢读书，那时农村书少，他就挨家挨户去搜求，读了《水浒传》《三国演义》等，实在没书读就背二哥管谟欣的《新华字典》。

饥饿仍然是他最深的记忆。1967 年，莫言在水利工地劳动，因饥饿难耐而偷拔了生产队一根红萝卜，被押送到工地后，专门对他召开了一次批斗会，他在毛主席像前痛哭流涕，申明自己再也不敢了。但回家后还是遭到父亲的一顿毒打。这段惨痛的记忆后来被莫言写进《枯河》和《透明的红萝卜》。虽然如此，莫言还是对农村生活有诗化的描写："每天在山里，我与牛羊讲话、与鸟儿对歌，仔细观察植物生长，可以说，以后我小说中大量天、地、植物、动物，如神的描写，都是我童年记忆的沉淀。"

莫言在农村劳动近十年，最好的工作是做棉花厂看磅员和夜校教员。最终于1976 年参军，历任列兵、班长、保密员、图书管理员、教员、干事、总政文化部创作员等职。莫言在《杂谈读书》一文中说：他在部队担任图书管理员期间，阅读了大量的文学书籍，将图书馆里 1000 多册文学书籍几乎全部看过；另外也看过不少哲学和历史书籍，包括黑格尔的《逻辑学》、马克思的《资本论》等。

那么，莫言是如何走上创作道路的呢？莫言创作历程发生过什么变化？莫言荣获诺贝尔文学奖的深层原因是什么？莫言获奖后有什么社会反响？莫言的成长道路对我们有何启示？

（一）莫言的创作历程

根据莫言生活经历及其小说艺术流变，其创作历程大体可分为探索阶段、自觉阶段与自由阶段等三个阶段：

1. 探索阶段（1981—1984）

人，首先要生存和温饱，然后才能谈发展。

莫言走向文学创作主要源于"匮乏性创作动机"——解决吃饱和吃好的问题。"吃"对莫言来说是个重大问题。

当兵，首先自己能吃饱了。但如何才能吃好呢？如何才能全家吃饱吃好呢？那就得提干。

有人说，莫言是为了能一日三餐吃饺子才当作家的。这不准确。莫言在乡下时，因为喜欢文学，就与一位遣返回乡的右派大学生邻居交好。他们谈文学时，这位邻居就有些恶作剧地说：作家们生活非常富裕，富裕到什么程度呢？一天吃三顿饺子，还都是肥肉的，一咬一嘴油。多年后，莫言感慨道："我当时就想，哎哟，原来作家生活是如此之幸福啊。所以当年想当作家的原因很简单，就是一天三顿都能吃到饺子。"

其实莫言最初搞文学创作，可没想吃饺子，而是为了提干。——只有提了干才能转业吃公粮，甚至可以带家属——他1979年结婚，妻子只读了小学二年级。对于一个既没有靠山又没有经济支持的乡下孩子来说，身无长物，凭什么能转干？他琢磨着，也许创作能改变命运。

1981年秋天，莫言在河北保定《莲池》杂志第5期发表处女作《春夜雨霏霏》。——从此这本杂志就成了他的发表平台，给他的人生带来了转机。

1983年春，在《莲池》第2期发表的短篇小说《售棉大路》被《小说月报》转载，这可以说是成名作；1983年秋天，又在《莲池》第5期发表短篇小说《民间音乐》，此文得到老作家孙犁赏识，认为有一种"空灵之感"。更重要的是，他1983年被破格提干了，正排级上尉，调到延庆总参三部五局宣传科任理论干事，这就更激发了他的创作欲望。

1984 年春，莫言在《长城》双月刊第 2 期发表小说《岛上的风》、第 5 期发表《雨中的河》——这次是省级刊物了，可以说是文坛新秀了。

1984 秋天，莫言得到解放军艺术学院文学系主任、著名作家徐怀中先生赏识，成为解放军艺术学院文学系的第一届学生，并于 1986 年毕业。

2. 自觉阶段（1985—1989）

莫言创作初期，亦像其他中国当代作家一样，以正统趣味和主流意识形态的传达者和表现者自居；他的改变始自军艺文学系学习期间。此时，西方现代文化思想典籍尤其是拉美文学名著陆续在大陆翻译出版。许多作家纷纷转向，开始借鉴模仿西方或拉美现代文学表现技法，莫言也不例外。在解放军艺术学院，莫言开始阅读诺贝尔文学奖得主的作品，并且受到很大影响和启发。

比如 1968 年获诺贝尔文学奖得主川端康成（1899—1972），其《古都》《雪国》《伊豆的舞女》都令人着迷，有东方之美。

比如 1949 年诺贝尔文学奖得主、美国作家威廉·福克纳（1897—1962），是意识流小说的杰出代表，其《喧哗与骚动》等 15 部长篇与绝大多数短篇的故事都发生在约克纳帕塔法县。

比如 1982 年诺贝尔文学奖得主、哥伦比亚作家加西亚·马尔克斯（1927—），是拉美魔幻现实主义文学的代表人物，其《百年孤独》揭露社会弊端，抨击黑暗现实，具有鲜明而浓厚的地域特色，他的笔下有一个"马孔多小镇"……

——莫言醒了，他不仅大量汲取西方现代主义文学的艺术手法，而且明白了"越是地域的越是世界的"这个道理，他开始书写自己的"高密东北乡"。

"高密东北乡"最早出现在《白狗秋千架》中。"《白狗秋千架》的第一句话就是：'高密东北乡原产白色温顺的大狗，流传数代之后，再也难见一匹纯种。'这是我的小说中第一次出现'高密东北乡'的字眼，也是第一次提到关于'纯种'的概念。从此之后，一发而不可收，我的小说就多数以'高密东北乡'为背景了。"[1]——1988 年《白狗秋千架》获台湾联合文学奖，后来拍成了电影《暖》。

---

[1]　莫言:《恐惧与希望：讲演创作集》，深圳：海天出版社，2007 年，第 21 页。

如果说"高密东北乡"在《白狗秋千架》中还只是一个"胎记"，那么在《透明的红萝卜》和《红高粱》之后，就成了莫言的大旗、原乡、血地。

——1985 年春，在《中国作家》第 2 期上发表中篇小说《透明的红萝卜》。小说甫一发表即引起热议，《中国作家》杂志主编冯牧立即组织在京作家和评论家举办讨论会，汪曾祺等老一辈作家认为这是一篇优秀作品，是中国新乡土小说的佳作。莫言说："我发现《透明的红萝卜》有一种朴素的、原始的东西——那时说完全不懂文学夸张了一点，可以说几乎不懂文学，在这样的一种状态下，我靠个人生活的累积和对艺术的直觉写出了这样的作品，所以它是朴素和浑然天成的。"[1] 这段话则显示出莫言的艺术天赋和生活之根，更透露出他从创作初期就具有的鲜明个性。

——1986 年，中篇小说《红高粱》在《人民文学》第 3 期发表。这年夏天，张艺谋在书摊上读到了这篇小说，就与莫言等人一起将其改编成剧本，拍成了电影。1988 年，电影《红高粱》获柏林电影节金熊奖，引起世界对中国电影的关注。《红高粱》1999 年入选香港《亚洲周刊》评选的"20 世纪中文小说 100 强"，列第 18 位。——这部小说标志着莫言的创作由借鉴模仿走向了真正的创造，形成了自己独特的风格。

但是，"80 年代"还存在激烈的意识形态斗争，随着政治形势的变化，文学作品就被视为"全盘西化"的代表而受到批判。莫言受到的冲击更为严重——

莫言中篇小说《欢乐》在《人民文学》1987 年第 1、2 期合刊发表，由于小说中赤裸裸的肉体描写和"那些超时空的变换，那些人称的跳跃，那些几乎是不加节制的意识流"，令当时很多保守派文人无法接受，《欢乐》也成了"资产阶级自由化"的批判对象。因为《欢乐》及马建《亮出你的舌苔或空空荡荡》等，时任《人民文学》杂志主编刘心武被停职检查，当期杂志被全部收回销毁。

莫言中篇小说《红蝗》发表在 1987 年《收获》第 3 期，因强烈的个性风格

---

[1] 有追求才有特色——关于《透明的红萝卜》的对话，《中国作家》，1985（2）。

和大胆的亵渎精神，连"新潮"评论家也纷纷著文批评。直到多年之后才有评论家对该作发出了另外的声音。

1988年，长篇小说《天堂蒜薹之歌》先在《十月》杂志发表，这是一部以山东苍山蒜薹事件为底本的小说，受到某省政府的批评，一度只能在港台出版。

1988年秋，长篇小说《十三步》由作家出版社出版。作品出版后，只有"林为进"在河北《文论报》发表过一篇评论文章。后来有港台评论家指出此书是一部真正的先锋之作。

在这种困境中，1988年秋天，山东大学和山东师范大学的几位年轻学者贺立华、杨守森等，与高密县委宣传部联合召开了"莫言创作研讨会"，有关论文汇后来编成《莫言研究资料》，1992年由山东大学出版社出版，这是最早的一本莫言研究资料。

3. 自由阶段（1989—）

这里的"自由"不是"不受限制"的意思，而是哲学意义上的"认识和掌握了客观事物的规律性并自觉地运用到实践中去"，是指莫言进入了超越与创新阶段。

1988年9月，莫言进入中国作协委托北京师范大学办的研究生班，同期同学有毕淑敏、刘震云、虹影、严歌苓、余华、迟子建等，莫言和余华同住一宿舍两年。

莫言此时转向中国寻求资源，鲁迅精神以及《聊斋志异》等中国传统小说给他启示，他的创作又发生了转变。他还于1989年出访德国，开始与日本作家大江健三郎等文学大师展开对话，从而更具国际视野。

1992年，莫言作品的第一部英译本中短篇小说集《爆炸》在美国出版，开始"扬名海外"；葛浩文翻译的《红高粱》英译本1993年在欧美出版，引起热烈回响，被 *World Literature Today* 评选为"1993年全球最佳小说"。

更有甚者，大江健三郎1994年获得诺贝尔文学奖时，在获奖演说中提到莫言，称"荒诞现实主义或大众狂欢化形象系统""把我同韩国的金芝河、中国的莫言等结合在了一起"。此后，诺贝尔文学奖评委马悦然等开始大量译介莫言小说。

莫言此后的长篇小说都堪称重量级作品——

1990 年 2 月，长篇小说《酒国》由南海出版社出版，被葛浩文誉为创作手法最有想象力、最为丰富复杂的中国小说。

1994 年莫言母亲去世，莫言决定写一部献给母亲的小说。1995 年冬，《丰乳肥臀》在《大家》连载，单行本由作家出版社出版。——这部小说虽然夺得中国有史以来最高额的"大家文学奖"，获得十万元人民币奖金，但给莫言带来不小麻烦：小说停印，开除军籍，转至地方报社《检察日报》工作，为报社影视部撰写剧本。

2001 年《檀香刑》由作家出版社出版。莫言说：《檀香刑》在艺术手法上是一次大的撤退。所谓撤退，主要是指他在小说叙事方面对传统叙事技巧的借鉴和发挥。"我有意地大量使用了韵文，有意地使用了戏剧化的叙事手段，制造出了流畅、浅显、夸张、华丽的叙事效果。民间说唱艺术，曾经是小说的基础。在小说这种原本是民间的俗艺渐渐地成为庙堂里的雅言的今天，在对西方文学的借鉴压倒了对民间文学的继承的今天，《檀香刑》大概是一本不合时尚的书。《檀香刑》是我的创作过程中的一次有意识地大踏步撤退，可惜我撤退得还不够到位。"[1]莫言在《檀香刑》的创作之初，主要使用的是魔幻现实主义的手法，但后来为了使小说"保持比较多的民间气息，为了比较纯粹的中国风格"，[2]他不惜推倒重来。对传统韵文和戏剧化手法等传统文艺形式的大胆借鉴取得了较好的艺术效果，这次可贵的尝试，对推进中国小说叙事艺术的民族化具有较大的样板意义。

2003 年，莫言的小说集《师傅越来越幽默》在美国出版，充满"黑色幽默"，美国《时代周刊》评论说："莫言是诺贝尔文学奖的遗珠。"——小说后来拍成电影《幸福时光》。

2003 年，长篇小说《四十一炮》由春风文艺出版社出版。小说受到德国作家、1999 年诺贝尔奖得主君特·格拉斯《铁皮鼓》的影响，以癫狂的诉说和复调

---

[1] 莫言:《檀香刑·后记》，北京：作家出版社 2001 年，第 517 ～ 518 页。

[2] 莫言:《檀香刑·后记》，北京：作家出版社 2001 年，第 517 页。

结构创造出了一种狂欢化、开放型的小说艺术形式，获得第 2 届华语文学传媒大奖年度杰出成就奖。

2006 年在作家出版社出版长篇《生死疲劳》。这部小说既像卡夫卡的《变形记》，更利用了佛教"六道轮回"观念与《聊斋志异》的艺术手法。2008 年荣获第 2 届红楼梦奖首奖。

2009 年 12 月，长篇小说《蛙》由上海文艺出版社出版。在艺术上，莫言依然保持了锐意求变的创新势头：小说由蝌蚪写给日本作家杉谷义人的五封书信、四部小说和一部话剧组成，极大地拓展了小说的表现空间，延续了他从《酒国》就开始的"跨文体"写作试验。——《蛙》于 2011 年获得第八届茅盾文学奖，而这次获奖又有着许多不为人知的内幕……

（二）莫言荣获诺贝尔文学奖的深层原因

莫言荣获 2012 年度诺贝尔文学奖，立即在文坛引起巨大反响。一方面，多数评论是无原则的阿谀奉承和不着边际的过度诠释，另一方面则是顾彬、戴晴、余杰、莫之许、余世存等人批评莫言"无思想""无个性""无骨气""无聊之至"。[1] 但这两种极端的态度都是误读与曲解。

我个人认为，莫言是当代中国难得的一位有思想的小说家，他具有恒定的新历史主义立场，以"小说家言"讲述了老百姓无处告白的苦难与创伤；他的小说不是代言或"为民请命"，而是真正"作为老百姓的写作"；他将小说艺术扎根于中国民间传统与社会现实，赓续了《聊斋志异》传统和鲁迅、萧红的现代小说艺术，更重要的是，他将深刻的思想与小说艺术完美地融合在了一起。

1. 误读与错位：莫言获奖后的舆论反响

2012 年 10 月 11 日，瑞典诺贝尔评奖委员会宣布莫言获得 2012 年诺贝尔文学奖。一些友好的汉学家立即给予莫言以极高评价，比如比利时根特大学语言哲

---

[1]　http://www.ebigear.com/images/newspic/2012/10/12/90686/20121012094541b8fc.jpg。

学院巴得胜教授认为：“莫言作为中国作家获奖，无疑给世界又一次了解中国文学、中国文化的机会，希望通过他和他的作品，帮助更多欧美人了解中国。而莫言作为一个为世界所接受的好作家，也能对中国和世界的对话有所帮助。”[1]

但是不能不指出的是，大多数汉学家对中国文学、对莫言小说的了解程度只能算是一知半解，停留在“耳食”层面或止于电影《红高粱》。更有甚者则对莫言大加贬损，比如顾彬（Wolfgang Kubin）在接受“德国之声”采访时说：

“人们在莫言那儿读到了什么？必须说，莫言有本事写出畅销小说。在中国有许多更好的作家，他们不那么著名，是因为他们没有被翻译成英文，也没有葛浩文这样一位杰出的美国翻译家。葛氏采用一种非常巧妙的方式翻成英文，他不是逐字逐句逐段翻译，他翻译的是一个整体。葛浩文对作者的弱点知道得一清二楚。”

“他讲的是荒诞离奇的故事，用的是十八世纪末的写作风格。”

“莫言的最主要问题是他没有思想。他自己就公开说过，一个作家不需要思想，他只需要描写。”

“他描写了他自己痛苦经历过的五〇年代及其他，并采用宏伟壮丽的画面。但我本人觉得这无聊之至。”[2]

由此可知，西方汉学家对中国文学的浅薄认知和无端批评，是引起对莫言误读的最重要原因。

一家英文网站贴出了一则《作家莫言成中国首位诺贝尔文学奖获得者》，可以作为误读的个案进行细读。这家网站声称“本贴主要选自全球影响力最大的主流新闻媒体：Reuters（路透社）、AP（美联社）、CNN（美国有线电视新闻网）、Bloomberg（美国彭博财经资讯公司）、BBC（英国广播公司）、ABC（美国广播公司）、NBC（美国全国广播公司）、VOA（美国之音）、AFP（法新社）以及CCTV News 等”，因此，其充满歧义的“客观”之声，足可代表西方传媒对莫言

---

[1] 温宪等：他还是中国的莫言，《人民日报》，2012-10-13。

[2] 温宪等：他还是中国的莫言，《人民日报》，2012-10-13。

获奖的反响。其中几段如下：

（1）STOCKHOLM, Oct 11（Reuters）— Mo, who was once so destitute he ate tree bark and weeds to survive, is the first Chinese national to win the $1.2 million literature prize, awarded by the Swedish Academy.

He said the award made him "overjoyed and terrified".

Some of his books have been banned as "provocative and vulgar" by Chinese authorities but he has also been criticized as being too close to the Communist Party.

（大意是：莫言曾经贫困到靠吃树皮和野草才幸存下来，现在成为中国本土第一位诺贝尔文学奖获奖者，获得了瑞典学院颁发的 120 万美金的奖励。

他说这个奖让他"既兴奋又惊恐"。

他的一些作品曾因"具有挑逗性和粗俗"而被中国官方禁止，但另一方面他却被批评太接近中共。）

这段狂欢化的"双声"评论，折射出了中国当代作家的生存状况。但只有中国人才能明白莫言的"兴奋与惊恐"背后一定隐藏着许多耐人寻味又不便明言的内容。

（2）The award citation said Mo used a mixture of fantasy and reality, historical and social perspectives to create a world which was reminiscent of the writings of William Faulkner and Gabriel Garcia Marquez. At the same time, he found a "departure point in old Chinese literature and in oral tradition", the Academy said.

（大意是：评委会认为，莫言将幻想和现实、历史和社会角度结合在一起。他的作品所呈现出的世界，令人联想起威廉·福克纳和加布里尔·加西亚·马尔克斯的作品，同时他又在中国传统文学和口头文学中寻找到一个出发点。）

这一段看似褒奖，却更像讽刺。它在暗示莫言是威廉·福克纳和加布里尔·加西亚·马尔克斯的模仿者和描红者，同时莫言的《蛙》那样的新章回体又是中国传统小说或民间文学的翻版；它似乎是说莫言的创作具有世界性和民族性，却未提及文学最重要的"人性"和"审美"标准，更未言及莫言的思想深度。总起来是在说，莫言是位没有个性、缺乏创造性的作家。

（3）Englund said Mo offers "a unique insight into a unique world in a quite unique manner."

His style is "a fountain of words and stories and stories within stories, then stories within the stories within the stories and so on. He's mesmerising," Englund told Reuters television.

（大意是：英格伦称莫言提供了"一种独特的方式和视角，引领人们进入一个独特的世界。其风格就是语言的喷涌，故事套故事，真让人着迷"。）

这一段语焉不详，等于什么也没说，却恰好证明西方汉学家并不真正了解中国文学。如果说"美就是翻译过程中丢失的那部分"，那么莫言小说的语言之美、狂欢叙事，是很难翻译出来的，即使葛浩文也只能"意译"莫言的小说，所以西方读者并不能真正欣赏到莫言小说的语言艺术。——至于莫言小说的语言魅力，张志忠先生早在 1990 年代就在《莫言论》[1]中做了较深入的分析，这里不再赘述。

（4）Beijing-based writer Mo Zhixu said Mo Yan, who once copied out by hand a speech by Chairman Mao Zedong for a commemorative book, "doesn't have any independent personality."

Yu Shicun, a Beijing-based essayist and literary critic, said Mo Yan was a puzzling choice for the prize.

"I don't think this makes sense," said Yu in a telephone interview. "His works are from the 1980s, when he was influenced by Latin American literature. I don't think he's created his own things. We don't see him as an innovator in Chinese literature."[2]

（大意是：北京作家莫之许说莫言"丝毫没有独立个性"。余世存认为："把奖授给莫言真让人莫名其妙。他从八十年代开始创作以来，深受拉美文学影响。我认为他没有创造出自己的东西，我们不把他看作是中国文学的一个创新者。"）

---

[1] 张志忠:《莫言论》，北京：中国社会科学出版社，1990 年。

[2] http://www.ebigear.com/images/newspic/2012/10/12/90686/20121012094541b8fc.jpg。

很有意思的是，这篇报道没有采访最重要的莫言评论家，而是采访了几位自由撰稿人。这让人疑惑：这篇报道假如不是以政治标准来衡量莫言，为什么不请中国的专业评论家和一线作家来谈莫言呢？

当然，莫言获奖引起争议的最直接原因，是中共中央政治局常委李长春致电祝贺，[1]很多人因此把莫言归为主流意识形态的代言人，认为他是主旋律作家。"贺电"进而引起人们对莫言 2011 年当选中国作协副主席及其在 2012 年春天手抄毛泽东《在延安文艺座谈会上的讲话》等话题的关注和议论[2]。不少人还做出了如下追问：为什么此前有中国人获诺贝尔奖，中国官方会斥责诺奖评委会"干涉中国内政"，称其评奖标准"政治化"，称其评委是"小丑"，而此次莫言获奖官方却出面高调赞美？这是不是双重标准？

在此情势下，即使莫言辩称自己的作品是有批判性的，"诺贝尔奖是文学奖，不是政治奖。自己是从人性角度写作，小说大于政治，我的获奖是文学的胜利"。[3]也只让人感到觉得这是"外交辞令"。

其实，大陆的严肃评论家对莫言小说一直有批评之声。比如李建军就对莫言的狂欢化语言、文学修养、知识结构进行了颠覆性评价，即使他的评论被人称为"酷评"也在所不惜，比如他对莫言《檀香刑》"文体、语法及修辞上的问题"进行了激烈批评，认为存在五大问题："一是不伦不类的文白夹杂"，"二是不恰当的修饰及反语法与非逻辑化表达"，"三是拙劣的比喻"，"四是叠床架屋的冗词赘句太多"，"五是油滑"。[4]再如青年评论家李斌和程桂婷在莫言获奖后，立即将 40 余位评论家对莫言的批评文章合编成《莫言批判》。[5]而某网站 2008 年 9 月的帖子《嗜血魔王莫言》则可以代表一些民间人士的看法：

---

[1] 李长春致信中国作家协会祝贺莫言获得 2012 年诺贝尔文学奖，《人民日报》，2012-10-13。

[2] 赵勇等：莫言与诺奖·文学与政治·作家与知识分子，《粤海风》，2012（6）。

[3] 汪世军：莫言：诺奖是文学奖不是政治奖 小说大于政治，《北京晨报》，2012-10-13。

[4] 李建军：《文学还能更好些吗》，上海：复旦大学出版社，2012 年，第 57～60 页。

[5] 李斌、程桂婷主编：《莫言批判》，北京：北京理工大学出版社，2013 年。

幻剑诸君谁想知道什么叫暴力什么叫血腥什么叫变态什么叫魔幻什么叫妖魔横行的世界，去看我老乡莫言的大作，绝不会失望。当然，假如您有心脏病，我劝你尽量离他远点。

莫言总喜欢把人写成妖魔，下笔极其血腥残忍，穷凶极恶屎尿横流极尽渲染之能事，中国作家里没谁比他更擅长写杀戮写酷刑，他把变态升华成了美学，字里行间透着血腥和疯狂。

莫言说他受日本文学影响很大，事实正是如此，作品里总是影影绰绰闪动日本美学的魅影，相比之下，马尔克斯的影响只是表面现象，看完他的小说总忍不住怀疑他是个不折不扣的嗜血魔王，是个恐怖的文字暴徒……

有时候想想，真要让莫言得了诺贝尔奖那才叫国耻呢。难怪老外把中国人当妖魔鬼怪，莫言们造孽不浅。[1]

上面的引文固然有着剑走偏锋的片面深刻，但更多是误读和曲解。这些批评之声让人们觉得，在诺贝尔文学奖的评奖历史上，从未出现过如此严重的争议与错位。

笔者认为，诺贝尔奖评奖委员会绝不会因为莫言是一个中国作家（"地缘"）而改变自己的评审原则，更不会因为"修补关系"[2]等政治原因而降低艺术标准。那么，莫言获奖一定有着超越政治学、社会学层面的深层原因。因此，我愿意怀着善意做出这样的推测：诺奖评委把握了莫言小说的艺术独创性，也读懂了莫言小说的深层思想——

我注意到，诺贝尔奖评委会给莫言授奖是因为 "who with hallucinatory realism merges folk tales, history and the contemporary"。其中 "hallucinatory realism" 一词特别有意味，这应是评委会有意褒奖莫言小说独特性，并将其与拉美 "magic realism" 作出区分。我们不妨将 "hallucinatory realism" 译作 "神话现实主义" 或如阎连科所谓 "神实主义"，这样更能传达莫言 "胡乱的写作" 文学观的意蕴。

---

[1]　http://www.ruiwen.com/news/40132.htm。

[2]　温儒敏：《猜想莫言获奖的七大原因》，http://blog.sina.com.cn/s/blog_59432ccb010143ot.html?tj=1。

莫言曾自陈："我崇尚作为老百姓写作，而不是为老百姓写作。我对自己的胡乱写作的解释是：所谓胡乱的写作就是直面自己灵魂的写作，就是不向流行的道德观念、价值观念妥协的写作。这样的写作，我认为是有价值的。如果说我有什么文学观的话，这些就是我的基本想法。"[1] 这种文学观是莫言文学自觉的表现，也是其独特性所在。但中国评论家无一将莫言的文学观与"hallucinatory realism"对接起来。——如果连莫言自己归纳的文学观都不清楚，那还谈什么研究？这对文学家和评论家来说简直是双重的悲哀！

我个人认为：假如仅从艺术标准来衡量，中国目前在世的作家中至少刘以鬯、白先勇、施叔青、西西、阎连科、余华、贾平凹、阿城等人都有资格获得诺贝尔文学奖提名；但就隐藏在小说艺术背后的思想深度来说，莫言毫无疑问是当代中国作家中最高明的，这就是始终如一的新历史主义立场和"作为老百姓的写作"；更重要的是，莫言将自己的思想完美地融入了小说艺术之中，因而具有了深刻的思想内容和极高的艺术价值。

2. 微言大义：莫言获奖的深层原因

我个人认为：莫言小说的思想价值远远大于艺术价值，但是深度阅读者和专业评论家却难以公开莫言小说的微言大义，因为在此前很长一段时间内，主流意识形态还不能容忍评论家直陈莫言的意义，所以评论家无法说出"皇帝新装"的真相；而且评论者也担心，一旦把这些话说出来，也许会给莫言造成很多不必要的麻烦。——稍微了解莫言生平的读者都知道，莫言遇到的麻烦实在太多了！

但是，今天看来，如果不阐明莫言的意义，就无法消除中西方舆论对其小说的多重误读与双重错位。因此，我在这里对莫言的小说主题和艺术成就进行提要评述，以确立其重要的文学史地位。莫言的小说整体看来具有两个重要母题和话语层次：

---

[1] 林建法、徐连源主编：《中国当代作家面面观：寻找文学的魂灵·序》，长春：春风文艺出版社，2003年。

（1）苦难叙事与现实批判

每个作家的作品都是"自叙传"，也是时代社会面貌的缩影与反映。莫言经历了中国 1950 年代以来的社会变迁，其笔下保留了最深刻的个人记忆和时代伤痛。

《透明的红萝卜》通过对黑孩的立体刻画，讲述了大陆极左政治时期的饥饿故事，这是中国民间独有的苦难经验。从此，苦难叙事成为莫言小说创作的一个重要母题。

苦难叙事这一母题在莫言的《红高粱家族》《檀香刑》等小说中一直延续着，直到 2003 年的《四十一炮》仍然进行着诉说。作品采用莫言惯用的儿童视角，以主人公罗小通承载起民间文化"无礼的游戏"、讽刺性模拟、发散性思维等众声喧哗的特质，使"诉说"这一艺术形式在民间诙谐文化的沃土上生成了深刻的哲学认识论和文化人类学意义：作品讲述了"三年灾害"给人们留下的饥饿记忆，更批判了 90 年代以来的市场经济对人的精神异化。

苦难叙事产生于"匮乏性创作动机"，必然伴随着精神反抗与现实批判，而莫言身上所具有的、被齐鲁文化熏染出来的道德理想主义也由此显现出来。《天堂蒜薹之歌》是莫言批判现实的力作，小说取材于山东省苍山县发生的一个真实事件：数千农民响应县政府号召大量种植蒜薹，结果蒜薹收获时全部滞销，县政府官员却不闻不问，忧心如焚的农民自发聚集起来，酿成了震惊一时的"蒜薹事件"。小说以事件发生过程为经，以高羊、高马、金菊、方四叔、方四婶的生活经历为纬，深刻勾画农民的生存状态，剖析农村的文化落后和思想贫乏现实，更揭示出悲剧发生的政治原因：行政命令瞎指挥，尸位素餐不作为……从而隐晦地发出了对政治体制改革的深刻诉求。我们在小说中读到了作家的愤怒，更读到了博大的人道悲悯，绝没有为民请命、为民代言的虚假高蹈，因此可以说，《天堂蒜薹之歌》是莫言"作为老百姓的写作"的开始。

莫言批判力度更为尖锐的是恐怕要数《蛙》。《蛙》的批判锋芒直指计划生育，作品以一位接生的乡村女医生的人生经历为线索，用丰富绵密的细节展现了中国大陆 60 年的计划生育史，揭露了当下中国在生育问题上的混乱景象，同时也深刻剖析了以叙述人蝌蚪为代表的中国知识分子卑微而尴尬的灵魂世界。作者以对生命的强烈人道关怀和贴近生活的史诗叙述，从生育的角度探讨了中国大陆独有的人权问题。

（2）重建历史与文化反思

以《红高粱》为起点，莫言以其新历史主义立场颠覆历史本质主义，重建民间历史。《红高粱》将新启蒙精神与民间故事嫁接在一起，书写生命与生存主题，不仅状写了人性的奔放和情欲的张扬，而且正如"沈从文很想借文字的力量，将野蛮人的血液注入老态龙钟颓废腐败的中华民族身上使它兴奋起来，好在二十世纪舞台能与别个民族争生存权利"[1]一样，莫言书写了高密东北乡为代表的中国民间的血性；《红高粱》不仅让人们明白了何谓"民不畏死，奈何以死惧之"，更让人们感受到了"中国不死"的深层原因。更值得注意的是，莫言的新历史主义立场也由此显现：小说所写故事发生于 1939 年，正是抗日战争如火如荼的时节，而小说告诉读者，真正抗击日本侵略的是罗汉大叔那样的老百姓，是余占鳌那样的民间土匪，是生于斯、长于斯、葬于斯并深深热爱这片土地的男人和女人，而不是装备精良却只会趁火打劫、沽名钓誉的"冷支队长"之流……莫言从此把他的文学创作的根深植于大地民间，他接续了沈从文《边城》与萧红《生死场》的精神血脉，而绝不是简单移植福克纳或马尔克斯的手法。——可以说，《红高粱》是打开莫言小说隐秘世界的一把金钥匙，值得反复阅读和研究。

《丰乳肥臀》是一部新历史主义小说经典，它用了一个艳俗的标题，却表达了严肃的主题：战争无所谓正义或非正义，受伤害的总是大地母亲。那个生育能力极强的母亲，在极端恶劣的条件下全力扶养九个女儿和一个儿子，这些孩子禀赋不同喜好相异，长大后东征西战辗转南北，或土匪或国民党或共产党，各有归宿；他们生下孩子便送给母亲代为扶养，受了创伤便躲回母亲家里疗治；母亲默

---

[1]　苏雪林：沈从文论，《文学》，1934-09-01，3（3）。

默承受这一切，包括女儿突如其来的死亡、伤病或发疯。——这部作品给莫言招来了非议，莫言因之被开除军籍，转业到完全不搭界的《检察日报》，为报社影视部撰写电视剧本。

更具象征意味的则是《檀香刑》。这是一部微缩史诗、狂欢大戏。小说通过义和团运动被镇压过程中的一个片断，将檀香刑、凌迟等中国历史上有代表性的酷刑进行了惊心动魄的绚烂展览，旨在揭示一个重大主题：中国两千年的封建统治就是一个以酷刑镇压人民的历史。评论家洪治纲说："莫言的长篇小说《檀香刑》既是一部汪洋恣肆、激情进射的新历史主义典范之作，又是一部借刑场为舞台、以施刑为高潮的现代寓言体戏剧。它以极度民间化的传奇故事为底色，借助那似非常传统的文本结构，充分展示了作者内心深处非凡的艺术想象力和高超的叙事独创性，张扬了作者长期所崇尚的那种生命内在的强悍美、悲壮美。同时，在这种强悍和悲壮的背后，莫言又以其故事自身的隐喻特质，将小说的审美内涵延伸到中国传统文化的内部，并直指极权话语的深层结构，使古老文明掩饰下的国家权力体系和伦理道德体系再一次受到尖锐的审视。"[1]——《檀香刑》是莫言对中国封建专制统治本质的形象概括，这差不多就是中国历史的一个象征符号。

在几部重要作品中，莫言将现实批判、文化批判与新历史主义思想结合起来，从而使作品更具微言大义。比如《酒国》是一则现实批判和文化批判的寓言故事。小说一方面让人们读懂了中国大陆特有的"宣传部现象"，揭开了"瞒和骗"的现实一角；另一方面则通过老侦察员丁钩儿去酒国侦破婴儿宴，却被酒国宣传部副部长诬陷，最终醉死的故事，象征性地喻指中国不仅是鲁迅、柏杨所说的"酱缸"和"染缸"，而且是肉林酒池的颓靡国度，这里仍然摆着"吃人"的筵宴。——我们明显感受到，莫言赓续和深化了鲁迅的文化批判传统。

《生死疲劳》则让人们更明确地感知到了莫言的艺术之根——他续接了《聊斋志异》传统，化用了佛教六道轮回的典故：高密县西门屯地主西门闹在解放初被枪毙，但他自认为虽有财富却无罪恶，因此在阴间叫屈喊冤，并转生为驴、

---

[1] 洪治纲：刑场背后的历史——论《檀香刑》，《南方文坛》，2001（12）。

牛、猪、狗、猴和大头婴儿蓝千岁，守望自己的土地，并见证了西门屯从1950至2000年的历史。更重要的是，小说以畜牲（非人）的口吻讲述历史，荒诞背后却有深刻的喻指：历史并未改变，中国当代社会如西门闹的生死轮回一样，走了一个怪圈又回到了原点。

通过以上简要论述，读者不难发现：莫言小说的新历史主义主题一贯而明确，他的作品对历史本质主义进行了巨大颠覆；他的创作深深扎根于中国传统和民间社会，并使中国传统文学精神实现了创造性转化；他有自觉的文学观，在艺术形式上则不断创新，拒绝复制别人和自我复制，因而其小说具有艺术的独创性和思想的深刻性。他的一段话足以说明其艺术自觉过程：

高明的作家不会跪在外国同行的脚下，把他们作品的一切当成珍宝，真正的学习是批判地学习，无论多么伟大的作家作品也有不完美之处，上世纪八十年代我们从外国的文学中寻找优点，现在是寻求缺点，找到缺点就意味着进步。那时我读《百年独孤》，几乎读了几页就按捺不住创作的激情，现在我利用了两个星期的时间重读了一遍，读的过程中我非常兴奋，因为我读到了他的不足，显示了我的进步。当历史衰退的时候，挽救它的只有两种东西，一个是民间的，一个是外来的东西。我们现在要挽救这个衰退的文学唯一的方式就是两个，一个是向民间学习，一个是向外国学习。[1]

我们固然在莫言早期的《春夜雨霏霏》等作品中看到了孙犁"荷花淀"的痕迹，在《红高粱》里看到了马尔克斯和福克纳的某些元素，在《白狗秋千架》里甚至看到了川端康成《伊豆的舞女》的"承诺—背信—忏悔—还愿"模式……但是我更相信：文学自觉后的莫言有着一以贯之的立场和不可复制的艺术独创性。

我甚至觉得，军人出身的莫言在文学战场上打了一场漂亮的游击战：他的狂欢与戏谑等艺术手法只不过是战术性的烟幕弹和障眼法，其真正的战略意图则是重建民间历史。现在看来，他至少用文学手法说出了大陆民间无法坦言的常识，为20世纪50年代以来的中国留下了一份"以诗证史"的材料。从这个意义上说，

[1]　莫言：文化多样性之我见，《中国政协》，2008（12）。

莫言是一个"炮孩子"，更是一个"好战士"。——也许这正是莫言闻知自己获奖后感到"兴奋与惊恐"的原因吧！

（三）多余的话

1. 郁达夫说过："没有伟大的人物出现的民族，是世界上最可怜的生物之群；有了伟大的人物，而不知拥护，爱戴，崇仰的国家，是没有希望的奴隶之邦。"

2. 读者不要对莫言进行道德绑架，不要逼着他去"当烈士"；作家即使要战斗，也只应以笔为旗。

3. 莫言获奖后，有一些批评甚至酷评，并不可怕；可怕的是从此后只有赞美而再没人对他说真话，更可怕的是莫言从此再也听不进真话。

4. 我们不怕莫言商业化，只怕莫言将来会身不由己地被"圈养"起来，就像当年的高尔基、郭沫若那样，到那时即使想拥有"莫言"的"消极自由"也不可得，而只能沦为"歌德"派和传声筒。——其实，换个角度想，那也没关系，他将成为中国当代文化的一个标本、一面"哈哈镜"，供人瞻仰和研究。

四、一念心清净，莲花处处开
——评闵凡利小小说集《一路莲花》

小小说名家闵凡利的成功看似极具偶然性，细究起来却是必然的：除了 20 年如一日的执著，他的成功要归根于优秀的传统文化、独特的地域文化、丰厚的生活素养、越轨的文体与笔致、不断地创新增殖。

知道闵凡利成长经历的人，都会认为他的成功极具"偶然性"，是"不可复制的"：他出生于滕州市鲍河镇闵楼村，这个偏僻的村子距离滕州市区有 40 多里，可谓远离文化中心；何况他出生于一个普通农民家庭，没有家学，还仅仅初中毕业；他"搞过建筑，学过钣金，干过理发，后到镇上从事新闻报道，机构精简后回家；1994 年开始，他做过报刊投递员，接着从事报纸发行站的管理工作，在滕州市文艺创作室搞创作，市文化局招至局秘书，后又回到家中，从事自由写作；2004 年，闵凡利被正式调入市文化馆从事专业创作……"[1] 如果是一般人，早就知难而退，放弃文字工作，在市场大潮里"向钱看齐"了；但执拗的闵凡利却在"文学失去了轰动效应"之后走进了这道冷门槛，而且奇迹般地成功了：他开创了"新禅悟小说"；他有近 200 万字的作品发表于《天涯》《莽原》《大家》等报刊；他的小说《死帖》《解冻》《三个和尚》《神匠》《地瓜啊地瓜》《油钩子油撇子》《玉葬》《张山的面子》等被《中华文学选刊》《中篇小说选刊》《小说月报》《小说选刊》《小小说选刊》等选载，其中《死帖》《解冻》还被改编成了电影电视剧；他的作品获得吴承恩文学奖、冰心儿童图书奖等奖励；他个人也成为中国小小说名家、"中国小小说八骏"，还成了大学客座教授……

　　但是当我手捧《一路莲花》，细读闵凡利的作品，又觉得他的成功是必然的。其成功秘诀如果用电影《汪洋中的一条船》里的一句台词来说，就是"靠自己的努力努出来的"。他在农人们和家人不解的目光里，做着自己的白日梦，在内心的荒芜与寂寞里，苦苦挣扎、寻找、探索；他在城里人的冷眼与漠视中，隐忍着苦与羞、痛与忧，像农人一样耕耘不辍——只不过是用笔、用心血、用执著。他在乡村与城市里都是"异数"，但是他坚持着，并且经过 20 年如一日的劳作，他的心花终于承受了寒冬冰雪，怒放成万紫千红。

　　除了执著，他的成功应归根于以下几点——

　　优秀的传统文化。传统文化对闵凡利的影响主要是佛教文化与禅悟境界。闵凡利在小说中营造了一个"悬心山""悬心寺"，寺里住下了一个悟了大师与了空小和尚，于是一切佛禅故事就有了由头和对话。众所周知，佛教进入中国后分为十宗，其中最受人喜欢的当属禅宗，因为禅宗"不立文字，教外别传；直指人心，见性成佛"，甚至于只要有慧根，即使不诵读任何经文也一样成佛。禅宗可以说对佛教是一个大普及。闵凡利的禅悟小说主要与禅宗相关。首先，佛教精神对于闵凡利来说是精神的救赎与安慰，使他能放弃一些身外之物，超脱出来专心从事创作。其次，禅宗顿悟给他诸多启示，而最重要的就是慈悲心、依托感与淡

---

[1]　刘玉栋：命运的禅机与玄妙，《一路莲花》，长春：吉林出版集团，2010 年，第 216～217 页。

泊观[1]——这是他对"善"的大普及。他的系列禅悟小说如《神匠》《真爱是佛》《真佛》等，之所以获奖，之所以受到各界好评，最重要的就是闵凡利对于人性善和美的执著阐扬，这就使他的小说具有了古典主义情怀和浪漫主义情调，从而与那些揭示人性之恶的"现代主义小说"区分开来。第三，佛禅给了闵凡利过人的想象力。梁启超与胡适在谈到佛教对中国文学的影响时，都认为"想象力"是佛教影响中国文学的最深的一点。闵凡利的阐悟小说中也从佛教故事中获得了这种启示。这种想象力不仅表现在禅悟小说中，在他的"大宋系列"如《大宋男人》《宋朝的歌谣》《大宋侠仇》《宋朝的爱情》等中，表现得更为突出。第四，佛禅使闵凡利的小说具有哲理小说的意味，这也是他的小说被称为"禅悟小说"的原因；更重要的是，他把哲理寓于故事中，因而"不隔"，并不让人觉得是说教，这也是闵凡利的境界吧！

独特的地域文化。世界最伟大的作家都扎根于自己的地域文化，这使他们笔下"邮票大小"的城镇成为全人类的精神家园。在当代中国，汪曾祺的高邮、林斤澜的"矮凳桥"、邓友梅的苏州、贾平凹的"商州"、莫言的"高密东北乡"、张炜的"洼狸镇"、孙方友的"陈州"、吴克敬的"西府"等，都因为独特的地域文化而成就了作者，应验了"越是地方的就越是世界的"那句话。滕州古称"善国"，是墨子故乡，也曾是九省通衢之地、著名的行商码头，因而是一个有故事的地方。我们在闵凡利的小说里，看到了"好伯""龙伯""对子先生"闵传东等，他们都是有故事的人，他们留下的口头故事本身就是一笔财富；加之《小呀小姐姐》《闵一刀》《古槐》《死贴》这样的民间传说，以及"大出殡"等丰富的民俗文化，滕州、鲍河镇、闵楼村，就成了闵凡利"心中的天堂"。

丰厚的生活素养。我们无法改变的不仅是与"传统"这位"父亲"的相同血型，还有与"乡土母亲"无法割断的精神脐带。闵凡利对农村生活的"三出三回"，并最终涅槃一般在民间找到了自己的精神故土，他真的如佛一样顿悟了，

---

[1] 张中行：《禅外说禅》，北京：中华书局，2006年，第78页。

成了一个"自觉觉他、觉行圆满"的人："我就又一次植根于我的田野。我把目光瞄准了我那亲爱的庄稼和那些我错失的人们，在那个时候，我发现他们的真诚和善良，淳朴和信任。那个时候，我才发现他们就是我苦苦寻找的宗教，他们是我的主，是我的神，是我的佛。爱他们的日子，我吉祥啊！"[1] 乡土，使他的小说具有了一种"审美现代性"——在我看来，真正的文学艺术应当与社会经济的现代化相悖反，是对于单一现代性的反思，它指向人的心灵与精神世界，因而当社会经济以加速度走向后现代状态的时候，文学艺术应当反其道而行之，成为"慢的艺术"；唯有如此，才能让人们的"灵魂跟上肉体"，也唯有如此，才能使人诗意地安居于这块大地之上。就这个意义上来说，闵凡利的小说之所以受到人们的欢迎，就是因为这些禅悟奇思、田园牧歌，与"时尚"、都市、快节奏的生活拉开了距离，让读者能从中得到恬静的休息，获得会心的微笑，找回"心灵的童年"生活。

越轨的文体与笔致。读闵凡利的作品，读者会恍然游移于传统笔记小说、现代微型小说与性灵美文之间，觉得这是一种"跨文体写作"；而他的语言则是淳朴而不失活泼、厚重而不失灵动的民间口语，没有累赘的藻饰，没有繁琐的修辞，即使运用象征与比喻，其喻象也无限接近大地，接近生活，接近老百姓，是粗识文字的老百姓都能读出乐趣的文字。鲁迅说："从水管里流出来的是水，从血管里流出来的是血。"只有真正来自民间的"作为老百姓的写作"才会有这样"越轨的文体与笔致"。比如《秀姑娘》的开篇是这样的：

有个故事，是真的，不美丽。

我庄前边有个村子，是王楼。王楼有个叫秀的女子，生得美，十六七就像一朵花了，天天那么鲜艳地开着，馋着满村人的眼。

秀没事常到我庄上来。我庄上是集。十天五个，逢单日。秀在集上一走，就拽走一集人的眼。一集的嘴巴就喷：咦，俊死了，谁家的妮？连老头也这么问。

---

[1] 闵凡利：开放我们心花的万紫千红，《一路莲花》，长春：吉林出版集团，2010 年，第 219 页。

读这一段文字，看到"生得美"，让人仿佛见到张爱玲的散文《爱》；而秀与黑的"私奔野合"，又似乎是汪曾祺的《大淖记事》中的巧云和小锡匠。但是闵凡利能"接着说"，它的故事的发展与结尾让人知道闵凡利不是模仿，而是在创造；而当看到"馋着满村人的眼"和"拽走一集人的眼"，你就知道这语言只能是闵凡利的，他已建构起了自己的乡土和自己独特的语言风格。再看《驼》的语言特色：

那时石头爷一边忙事，塔样的身子晃来晃去，扎着人们的眼。

大总一把扣住石头爷，紧紧的，像是要淹死的人抓着了一根救命稻草。

他咬住一口气……每走一步，身上流下的汗当即把脚印喂饱了……

石头爷剥葱一样脱掉了粗布汗衫，扎了三扎布腰带……

汉子累得像三伏天太阳底下的狗，……"呼哧呼哧"直嫌鼻孔细了。

这语言干净利索，这里的动词形象生动、恺切通俗，这里的比喻和夸张都是易一字而不确。闵凡利对于语言文字娴熟精当的运用，就像一个精干的老农熟练地操持着农具家伙，在别人看来，这不仅是劳动，简直就是艺术表演。我觉得，也许正是由于闵凡利没有受过中文科班教育，才使他的语言天赋没有受到压抑和规训，而是得到了"天性解放"，也才有了如此的创新——他正如天才的萧红和莫言，同样初中毕业，同样贴近大地，同样在文体与语言方面具有开创性。

不断地创新增殖。我在《一路莲花》中发现了闵凡利的创新增殖点，这里不仅有"新禅悟小说""善国传奇系列"和"现实生活系列"，还有"大宋系列""唐诗系列"和"生态系列"，这显示出闵凡利不断创新的勇气，也为读者留下了新的审美期待。

佛偈云："一念心清净，莲花处处开。一花一净土，一土一如来。"2011年，闵凡利将迎来收获的"不惑之年"。愿他永远保持恬淡的心境，也给读者耕耘出一块文学的净土、心灵的乐园。

第四编　汉语国际教育教学法举例

第一讲　功能教学法

　　功能教法学是对当代汉语作为外语教学影响最大的教学法之一。该教学法认为，外语教学的中心任务是培养学生用外语进行交际的能力，让他们在目的语文化语境中实现有效的交际。主要教学原则是"教学内容安排以功能为纲，兼顾结构；教学过程交际化"。我国 2002 年编制的《高等学校外国留学生汉语教学大纲（长期进修）》参照功能教学法理念，列出了"打招呼""问候""寒暄""介绍""感谢"等 110 项交际功能，为汉语作为外语教学提供指导；一些汉语教材的编写、课堂教学方法也体现了功能法的影响。本讲最后赏析北京语言大学杨楠老师的口语课教学视频，为了解功能法的理论精髓提供参考。

一、功能法的学科基础及主要理念

（一）功能法的学科基础

功能法（Functional Approach）又称"交际法"，"是以语言功能和意念项目为纲，培养交际能力的一种教学方法"。[1]20 世纪 70 年代起源于欧洲，兴盛于美国。它吸收了直接法、听说法的某些成分，从不同的学科流派汲取营养，形成了一个新的教学法流派。

功能法的心理学基础是人本主义心理学和 20 世纪 60 年代后期兴起的心理语言学。功能法强调以学生为中心，首先要分析学习者对第二语言的需要，教学内容和教学方法的确定都必须从学习者的需要出发。学习者学习外语并不满足于对语言形式的复述，而是倾向于习惯用外语来做事。所以，功能法对学习者语言形式方面的错误较有容忍度，即使是不完善的交际，也是有价值的，可以肯定的。

功能法的语言学理论基础是 20 世纪 60 年代兴起、70 年代形成高潮的社会语言学。尤其是社会语言学家海姆斯的交际能力理论和功能主义语言学家韩礼德的功能语言理论和话语分析理论，以及威多森的语言交际观。

功能法的语言观与传统的结构主义语言观大不相同。瑞士语言学家索绪尔认为，语言是音义结合的符号系统，是一种社会现象，个人要服从于语言的社会规约。这里面尤其强调对语言符号本体的重视，强调对语言音义本体层面的关注。而功能法的语言观认为：语言是表达意义的系统，其基本功能是社会交际。语言形式与功能并不是一一对应的关系，而是交叉关系。语言学不应仅仅研究语言的形式，更要关注语言所完成的社会功能以及语言在人们社会交往中受到的制约因素。因此，第二语言教学的目的不仅要让学习者掌握语言规则、能正确地运用语言，更要掌握语言的语用策略，从而得体地使用语言。

语用学领域经常提及的观点是：同样的语言形式，在不同的语境中语用意义完全不同。例如"下雨了"这句话，在不同的语境中话语意义完全不同。在久旱之后说这句话，是欣喜；在久雨之后说这句话，是沮丧。功能法强调以语言功能为中心教授外语。

---

[1] 徐子亮、吴仁甫：《实用对外汉语教学法》，北京：北京大学出版社，2005 年，第 34 页。

（二）功能法的主要理念

20 世纪 70 年代末，美国纽约州教育部门编写了《现代语言交际大纲》。这个大纲总结了功能法的主要内容。概括如下：

1. 外语教学的中心任务是培养学生用外语进行交际的能力，让他们在目的语文化语境中实现有效的交际。

2. 不强调采用语言学的途径教授现代语言，而是强调交际途径。不让学生孤立地记生词和语法规则，而是帮助学生在特定情景、特定话题中完成一项交际功能，注意力始终放在用目的语去"做什么"和"如何做"。

3. 在目的语文化语境中实现有效的交际，包括 4 个部分：功能、情景、话题和表达。而文化作为交际中的一个有机成分，决定持某种语言者特定语言行为模式的灵感，形成交际是否准确、是否有意义的重要因素，渗透于上述 4 个部分之中。

4. 学习成果的构成有 5 个部分：功能项目、情景项目、话题、熟练度和文化。其中情景项目又分听、说、读、写几个部分。听的部分如：与公共服务人员的对话；通过扩音器、电台、电视播放的信息；现场演唱或录音歌曲；通过电视、电影、电台等播放的有故事情节的节目。

5. 在听、说、读、写、文化 5 个方面都有具体的教学法建议。如文化方面，注意力要放在避免学生在称赞、问候、请假等日常生活场合出现文化上的错误或误解。让学生明白，身份不同，语言不同。视线接触、体态语等都有文化含义。学生不仅要理解文化含义，还要应用它们。[1]

除上述 5 点外，大纲还有考查点的安排、对教师的要求、具体的教学实施等。

（三）功能法的主要原则

1. 教学内容安排以功能为纲，兼顾结构

20 世纪 50 年代兴起的言语行为理论认为，"说话就是做事"。说话人通过说

---

[1] 参照周小兵、李海鸥主编：《对外汉语教学入门》，广州：中山大学出版社，2004 年，第 125 页。

话来做事：断定、疑问、命令、描写、解释、致歉、感谢、劝说、祝贺等。言语行为的基本理念是：人类信息交流的最小单位不是语素、词语或语句，甚至不是符号、词语或语句这样的表意标记，而是言语行为，言语行为是说话人通过话语表达意义的基本功能单位。语言研究的重点开始由对语言形式本体的关注，转移到语言功能的研究。在外语教学领域，外语教学的内容选择，逐渐以结构（形式）为纲，转向以功能为纲。

以功能为纲，也要充分考虑到语言功能与语言形式之间复杂的关系，应本着"急需先学"和"由易到难"的原则安排教学内容。

其实，功能法饱受诟病的地方也在于功能项目的难以确定，确定语言功能项目的标准是什么，以及如何科学地安排功能项目的教学顺序等，这些问题都需要加强研究，很好地给以解决。再者，功能的实施，最终还以语言形式为基础实现的，所以，语言形式的学习训练总是不可或缺的。

2. 教学过程交际化

功能法注重情景交际、情景练习，让学生在真实或类似真实的情景中完成一项交际功能。功能法教学内容多以对话形式展开，语境展示充分，在注意语言形式、功能的同时，还要充分关注语气、表情、神态等其他非语言要素。

"在强调语言教学的根本目的的同时，注意教学过程的安排和设计，努力使外语教学过程的整个过程交际化，让学习者在交际活动中，在语段中使用语言以培养起交际能力。"[1]

3. 基本目的语和专业目的语兼顾

"在学习基本目的语的同时，注意训练专业目的语。既满足学习者的一般学习要求，加强学以致用，提高学习者掌握目的语的水平；又使教学更具针对性和实用性，全面实现语言学习的目的。"[2]

---

[1] 徐子亮、吴仁甫：《实用对外汉语教学法》，北京：北京大学出版社，2005 年，第 36 页。

[2] 徐子亮、吴仁甫：《实用对外汉语教学法》，北京：北京大学出版社，2005 年，第 36 页。

二、功能法在汉语作为外语教学中的应用

功能法是迄今为止影响最大、最富有生命力的外语教学法流派，对我国外语教学和对外汉语教学产生了很大的影响。国家汉办（2002）编写的《高等学校外国留学生汉语教学大纲（长期进修）》有详细的功能列表，列出了"打招呼、问候、寒暄、介绍、感谢"等110项交际功能。例如项目2，以"问候"这一功能为中心列出一系列的语言形式。

问候语	应答语
（称谓）＋您好吗？	好、好
（某人）＋好吗？	很好
你近来身体怎么样？	还好／马马虎虎吧
工作忙吗？	忙得很／还可以
过得怎么样？	马马虎虎／还可以／还好
对……习惯了吗？	已经习惯了／还不太习惯
辛苦了	没什么
请代我问候＋（某人）	
问＋（某人）＋好！	

以功能法为指导编写的对外汉语教材也陆续面世，如《汉语会话301句》基本是以功能为纲编写的，这一点从目录可见一斑。

《汉语会话301句》第一册目录：

第一课　　问候（一）　你好

第二课　　问候（二）　你身体好吗

第三课　　问候（三）　你工作忙吗

第四课　　相识（一）　您贵姓

第五课　　相识（二）　我介绍一下儿

第六课　　询问（一）　你的生日是几月几号

第七课　　询问（二）　你家有几口人

第八课　　询问（三）　现在几点

每一课完成一个言语事件，几课系连成一个更大的单元，每个单元构成一个言语模块，彼此前后照应。随着使用目标语能做的事越来越多，学习者的汉语交际能力就越来越强。

在具体教学过程中，功能法也有自己的操作模式。如生词"舅舅"的教学，用功能法教学该怎么设计呢？教学本身应该就是一个交际过程，这个过程既让学生了解"舅舅"这个词的意义，同时也是对这个词运用的训练。比如：

师：XX，你有舅舅吗？

生：有。

师：请你告诉我，舅舅是妈妈的……

生：是妈妈的哥哥。

师：XX，你有舅舅吗？

生：有。

师：请你告诉我，舅舅是妈妈的……

生：是妈妈的弟弟。

---

[1]　康玉华、来思平编著：《汉语会话301句》，北京：北京语言大学，2005年。

在串讲课文时，功能法也是尽量形成师生互动交流的问答形式，课堂教学形式本身就是一种交际交流过程。

三、功能教学法教学案例赏析

我们欣赏的是北京语言大学杨楠老师初级口语课《旅行计划》的教学录像[1]。12 个大学生，总共用时 72 分钟。

（一）第一部分

杨老师用 7 分钟左右的时间导入新课。占本课用时的 1/7。（黑板左侧悬挂一份中国地图，右侧是本课生词表。）

上课伊始，老师拿出手里的图片，依次展示给学生，让学生辨认上海、西安、哈尔滨、三亚四个地方，并分别把图片钉在地图的相应位置上。在学生辨认图片的同时，与学生讨论对这个地方的印象。如：

师：谁知道这是哪儿？

生 A：上海。

师：呵呵，对，上海。请你把图片挂在地图上。

生：（把图片钉在地图上海的位置上）

师：谁去过上海？

生 B：我去过。

师：你去过上海，那你介绍一下吧？

生：我没去过那儿的名胜古迹，可我去博物馆了，挺有意思的。

师：好的。谁知道这是哪儿？（老师举起另一张图片）

生：是西安……是兵马俑。

---

[1]　该课件选自北京语言大学电子音像出版社 2004 年出版的"汉语课堂教学示范"教学视频。

师：对，是西安，谁知道西安在哪儿。

生 C：（把图片挂在地图西安的位置上）。

师：好，谢谢。谁去西安旅行过？跟我们说说。

生 D：呃，我去年去过西安，看过兵马俑，呃，我很感动，因为是我第一次
　　　看过这样的东西。真的很有意思。

……

用这样的方法老师和学生依次交流了对哈尔滨、海南及三亚的认识，比如哈
尔滨在中国的北方，冬天很冷，有冰灯、冰雕；三亚在中国的南方，很热，有很
多热带水果等。然后，老师又问学生还去哪儿旅游过。学生们自由地说到去过成
都、兰州、天津等。

赏析：上课伊始，教师设计了一场愉快自然的交流，关于对中国名胜古迹的
辨识和体认。这个设计有几个亮点：一是紧扣学生自身经验，是真实的交流；二
是这个交流紧扣刚刚学过的内容，并为新课的学习预热；三是整个交流自然和
谐，无生硬的训练痕迹。从学生的反映，课堂的轻松氛围可以看出，学生们很愿
意参加这样的交流。

另外，杨老师的语速自然，就是中国人日常口语交流的语速，没有因为是初
级阶段就放慢语速的考虑。而且，在对话中，运用的口语词汇、语气词、磋商语
气等，都表现得极其接近自然口语。

（二）第二部分：新课学习

1. 生词学习

（1）生词领读：教师泛读、领读、学生齐读、学生单读、顺读、跳读等。

（2）讲解生词：

正好

师：大家看，老师穿的衣服，怎么样？肥不肥？

生：不肥。

师：嗯，不肥也不瘦。那长不长？

生：不长。

师：嗯，不长也不短。

师：好，听老师说："老师穿的衣服**正好**。"

生：老师穿的衣服**正好**。

师：现在你有一个问题，想去问麦克，哎呀，很着急。就在这个时候，你很
　　想问，很需要他的时候，麦克来了。你就说："麦克，你来得**正好**。"

生：麦克，你来得**正好**。

具体

师：刚才有人说，去上海玩过。好，司马克，上海好玩吗？请你说具体一
　　点儿。

司马克：呃，新天地有很好的饭馆儿。

师：很好，就是这样。跟我说："你说具体一点儿。"

生：你说具体一点儿。

从来

师：刚才我们说到哈尔滨，大家都说了，哈尔滨是非常冷的，怎么冷，你们
　　知道吗？那儿最冷的时候多冷？你们知道吗？

生：零下三十多度。

师：好了，那么，你们去过那么冷的地方吗？

生：没去过。

师：比吴迪去过吗？

生：没去过。

师：啊，没去过，一次也没去过。那我们说："我**从来**没去过那么冷的
　　地方。"

生：我**从来**没去过那么冷的地方。

……

赏析：

生词的学习重视运用，很好地贯彻了"以练代讲"、"精讲多练"的原则。通过对话（如生词"正好、具体、从来"的讲解）、图片（冰雕、冰灯）、多媒体（展示"冬泳"的图片）、实物（展示"菠萝、芒果、T恤衫"等实物）等各种方式，启发学生对生词词义、用法的感知。对于外语教学而言，生词的难点不在于对词义的理解，而在于正确运用。像杨老师这样重视在具体语境中教授生词，让学生在生动自然的情景中掌握生词意义和用法，值得借鉴。

本课共有 20 个生词，生词讲解时间大约 12 分钟，占课程用时的 1/7 多一些。全部讲解都是在教师与学生的对话、问答中进行的。生词教授本身也是一个真实的交流过程。

我们还发现，即使是看似简单的生词教学，也要有准备、有设计、有智慧。生词表都是有顺序的，但是按照什么样的顺序讲解，却很有玄机。当然，最省力的方式就是按照生词表的顺序讲下来，但有的老师按照动词、名词分类，从搭配的角度讲解；有的老师按照实词、虚词分类，对照着讲解；有的老师按照自己编织的话题安排讲解顺序，使得生词讲解变成一个连贯的对话故事。

杨老师生词讲解的顺序，是按照话题的需要来安排的。比如：生词表 8 是"胆量"，9 是"冬泳"。杨老师在讲解 6"……极了"的时候，说到"哈尔滨的冬天冷极了"这样的句子。然后接着打出幻灯片"冬泳"图片，让大家了解学习"冬泳"这个词之后，自然引出"大家有没有胆量试一试冬泳？"这样，教师与学生交流的思路是顺畅自然的，生词的理解也很容易了。整个课堂的气氛自然舒适，如行云流水一般。

所以，这就是功能教学法在生词教授过程的典型思路和程式。看似简单，却需要教师有开阔的思路和充分的准备。

2. 课文学习

首先教师范读课文（用图片在左右手代表人物进行对话），注意人物、表情、语气等的变化。范读后，老师用问话的方式让学生大致了解对话的内容。如：

师：这两个对话的人是谁？

生：玛丽和麦克。

师：谁想去旅行？

生：玛丽。

师：玛丽想去哪儿？

生：三亚和哈尔滨。

师：麦克建议她去哪儿？

生：三亚。

师：那玛丽今年想去哪儿旅行？

生：三亚。

然后，老师领读课文；老师和学生齐读；读完了，教师与学生讨论课文内容；主要是问答的形式。

师：快放寒假了，玛丽有什么计划？

生：玛丽想去旅行。

师：她都想去哪儿旅行？

生：哈尔滨和三亚。

师：哈尔滨冷不冷。

生：很冷。

师：那麦克为什么要建议去哈尔滨？

生：那的冰灯、冰雕美极了。

师：呃，那这只是一个原因，还有呢？

生：他说："如果她有胆量，她可以去冬泳。"

师：这是第二个，还有呢？

生："如果他去哈尔滨，就知道什么是真正的冬天。"

······

老师领着学生一起复述课文内容；

然后要求两个同学一组互相练习课文对话；

接着请两名同学到黑板前面对话课文内容；

老师解决课文中的重要语法点；

接着一个同学一句接龙复述课文内容；

老师和同学一起概述课文内容。

这时候，老师说："下面，请一个同学，你是玛丽，请你说：我是玛丽，快放寒假了，我……"

学生 G 从玛丽的角度叙述了自己的旅行计划、麦克的建议以及自己的决定。

课文学习用时 41 分钟。占 4/7 的时间。

赏析：

课文的阅读方式灵活多样，有泛读、领读、分角色读、接龙读，还有复述、概述、转述等训练。既活跃了课堂氛围，又训练了学生多方面的语言交际能力。

对课文内容的理解，由简单到深入，有层级性，有挑战性。

（三）第三部分：拓展训练

师：下面请你们两个人一组，自己商量一个假期旅行计划。一个同学想去旅行了，但是不知道去哪儿好。请你给拿个主意。我们已经了解了一些地方，你觉得哪儿好，就给他你的建议。

生问：老师，你是说中国？

师：对，我们就在中国旅行，我们先不去外国那么远的地方。

同学准备几分钟后，请两组同学到前面说说他们的计划，模拟讨论他们商量的过程。

然后，老师说："刚才是你们都准备了，那现在我不给你们准备时间，我请一个人到前面来，他要去旅行，我请你们大家都给他提建议。怎么样？最后，你听听有什么建议，然后决定去哪儿。"

一个学生到前面，与全班同学之间展开了新一场热烈的关于旅行计划的讨论。

课后要求：希望大家有时间多出去旅行，能用到我们今天学到的词和句子。

这部分总共用时约 7 分钟，占 1/7 的时间。

赏析：

这部分拓展训练，充分显示了功能教学法的教学理念。有限的对话、课文学习和练习，是为了让学生以此为基础，形成对该语言项目的语言能力，能够应付目的语生活中类似的话语交际，准确表达自己的话语意图，实现和目的语人群的有效交流。

课后训练：打电话邀请朋友去吃饭。

第二讲　任务型教学法

任务型教学法是 20 世纪 80 年代以来在第二语言教学界影响和争议较大的教学法之一。该教学法认为：教学活动应以学生为中心，教师设计具体的、带有明确目标的任务活动，让学生用目的语通过协商、讨论，完成任务，达到学习的目的，这样能最大可能激发学生学习外语的内在动力。教学模式是先设计任务、输入真实的语言材料，然后让学生分组准备回报，最后教师根据学生反馈的情况进行语言难点的总结训练。这种教学法在汉语作为外语教学领域，多是经过适当改造，取长补短，为我所用。本讲最后赏析华东师范大学吴勇毅教学团队提供的教学录像，可以一窥任务型教学法的真实运用状态。

一、任务型教学法简介

任务型教学法（Task-Based Language Teaching）是一种以任务为中心设计和实施第二语言教学的教学方法。最早产生于 20 世纪 80 年代的英国，代表人物有伯拉胡（Prabhu）、纽南（David Nunan）。理论依据是第二语言习得理论和社会建构理论。

任务型教学法的语言观是："语言是一个复杂的交际系统；人们使用语言的首要目的是表达意义；发展语言能力决非仅仅是掌握语法规则，而是发展用语言进行交际的能力；语言不是在真空中使用的，而是在一定的社会文化环境中使用；语言教学应该强调真实语境、真实语言素材。"[1]

那么在外语教学层面，"交际任务"具体指什么呢？

"交际任务"是指课堂上学习者理解、处理、输出目的语或用目的语进行交流的各种学习活动。在这些活动中，学习者的注意力主要集中在表达意义上而不是在操练语言形式上。"任务是那些主要以意义表达为目的的语言运用活动。"[2]

简单说，所谓任务就是指有目标的语言交际活动，它实际上是交际法的新发展。教学活动以学生为中心，教师设计具体的、带有明确目标的活动，让学生用目的语通过协商、讨论，达到学习目的。

Nunan 将课堂教学任务分解为教学目标、输入、活动、师生角色及环境等构成要素。[3]

很显然，"教学目标"就是以任务形式存在的让学生达到的目标。学生要完成任务，必须借助目的语才能完成。"输入"是目的语的语言输入，可以是文字的，也可以是非文字的材料。"活动"是学生运用输入材料所做的事，可以以小组两人或多人一组为单位开展。

任务型语言课堂上，教师是任务的策划者和决定者，是导演，也可以是演员。学生是任务的执行者、活动的参与者，是自主学习者。任务型课堂环境应尽量真实，可放在实验室、校园等场所，使学生感到自然、真实。

概括来说，任务有三种类型：信息差任务（information-gap）、观点差任务（opinion-gap）、推理差任务（reasoning-gap）。

"信息差任务"，是指交际双方拥有的信息不对称，因而，需要通过双方有效

---

［1］　程晓堂:《任务型语言教学》，北京：高等教育出版社，2004 年。

［2］　Ellis R .Task-based Language Leaning and Teaching [M]. Ox-Ford :Oxford University Press, 2003.

［3］　Nunan D. Designing Tasks for The Communicative Classroom[M]. Cambridge: Cambridge University Press,1989.

交流，获得对方的信息，以平衡信息差。例如，把一个故事分成前后两部分，分别告知两组同学，然后让他们互相交流，把故事构建完整，这即是一种信息差任务。

"意见差任务"也很容易理解，这种任务要求学生对某种情况表达自己的意见、态度等。如，关于周末去哪里玩儿，两组同学有不同意见，由此展开辩论，这即是一种观点差任务。

"推理差任务"，要求学生利用已有信息，通过演绎，推理等方式，推导出新的信息。教师要给学生提供原始信息，让学生依据其推理出新的信息。

任务型教学法的初衷是以任务激发学生的学习动机，培养学生综合运用语言的能力。

二、任务型教学法的特点

（一）将真实的语言材料引入课堂教学过程中

课内的语言学习直接以完成课外的某项社会活动为目标，试图把课内的语言学习同课外的社会语言活动结合起来。先设定某一项任务，围绕完成任务的需要来确定学习哪些语言知识。所以该教学法非常重视引入真实的语言材料，如一段录音、一段新闻、一个电影片段等。

（二）意义优先原则

教学的重点是语言的内容含义，而不是语言的形式结构，因此课堂语言活动更接近于自然的习得。把学生的注意力放在如何完成任务上，放在语言意义上，因而对语言形式的偏误有较大的容忍度。

（三）以完成任务为评估标准

任务型教学法强调在做中学，强调用语言来做事。学生把学习的重点放在如何完成任务上，对教学进行评估的标准是任务是否成功完成。这些任务有的是模拟的，有的是真实的。

（四）重结果而不重形式

重视学生如何沟通信息，而不强调学生使用何种语言形式，要求通过用目的语来学会交际。这也是任务法容易招致诟病的地方。比如有学者批评说，一个人不说话，也能从超市买走一盒牙膏。

三、任务型教学法的操作方法

（一）任务法的三阶段模式

"Willis（1996）提出了三个实施阶段：任务前（Pre‐task），包括介绍话题和任务；任务轮（Task cycle），包括执行任务、计划和报告；语言焦点（language focus），即任务后，包括分析和操练。Skehan（1998）丰富、发展了 Willis 的三阶段模式。"[1]

具体而言，任务式教学法提出课堂教学的三个步骤：

1. 任务前

由教师引入任务；提供完成任务的词语、句型。

2. 任务环

a. 任务：学生执行任务。

b. 计划：各组学生做报告任务的准备工作。

c. 报告：报告任务完成情况。

3. 任务后

a. 分析：通过录音等形式分析小组执行情况。

b. 操练：在教师指导下练习语言难点、句型。

（二）任务型教学法在对外汉语教学中的应用例析

初级口语课教"自我介绍和互相认识"，用任务式教学法怎么设计？

---

[1] 刘壮等：任务式教学法给对外汉语教学的启示，《世界汉语教学》，2007（2）。

第一步（任务前）：

交代任务：情景为开学第一天，两个人在教室初次见面，互相介绍自己。你要了解你的朋友的个人情况，并能向全班同学介绍。

语言准备：引导学生学习相关的词语和句型，为其提供完成交际任务所必需的语言基础。相关词语：

请问、名字、国籍、学习、住址、电话、喜欢、觉得……怎么样。

相关句型：

"我叫……，我来自……"、"请问你叫什么名字？你是哪国人？""你觉得……怎么样？"……

第二步（任务中）：

确定分组：用抽签的方式将学生分成两人一组。

组内交流：小组内同学利用所学词语、句型互相交流，了解对方的个人情况，并记下来，准备汇报。

全班汇报：用自告奋勇的方式或抽签的方式各选出两三组在全班进行公开表演，作为汇报。

第三步（任务后，即语言聚焦）：

针对学生出现较多的语法错误进行集体纠错，重点练习"我叫……，我来自……"、"请问你叫什么名字？你是哪国人？"等句式。

这一步可以使学生掌握最基本的会话和交流方式，而且这些语言形式又可以帮助他们认识更多的人，在交流中建立说汉语的信心。

（三）任务型教学法与功能法的关系

任务型教学法是在功能法的基础上发展起来的，基本原则一致。二者都强调学习语言是要学会用语言做事。

任务型教学法更重视任务，任务处于整个教学活动的中心地位，并以完成任务为评估标准。该教学法相信，当学生把注意力集中在任务之上，而不是正在使用的语言之上时，他们将学得更好。在用中学，在使用语言的过程中学会语言。

因此，任务型教学法趣味性强，重视交际策略；但效率低，可操作性弱。往往无法厘清语言教学和社会活动的关系。

功能法虽然也强调用语言做事，强调语言的交际性。认为交际性是语言教学的侧重点、切入点。例如，如果按照传统的语法翻译法的视角，语言教学的重点是语法，教学内容的安排宜优先考虑语法结构的难易，只是兼顾功能；而功能法强调语言功能优先，教学顺序的考虑是急用优先，打招呼、问路、打电话、吃饭等语言项目在外语教学中优先安排，兼顾语言结构。而且，功能法在具体教学语言要素、语言项目时重视整个教学过程的交际性。比较而言，在语言形式与语言功能矛盾关系的处理方面，任务法走得更远，更坚决。因而也面临更多挑战和责难。

对任务法指责最多的是，对语言输入的不重视。如果任务法能有效解决语言输入的准确性、有序性，会对我们的对外汉语教学有更大的促进。这也是大多数学者积极探索思考的问题。例如，吴忠伟撰文认为："任务教学法可以考虑把传统的 3P 模式和任务教学法结合起来"。[1] 所以，汉语作为外语教学层面，对任务型教学法宜取长补短，为我所用。

四、任务型教学法案例赏析

（一）背景交代

在汉语作为外语教学领域，用纯粹的任务型教学法教学的录像我们还没有看到，大多数都是改良了的加重了输入教学环节的仿任务型教学。在我们看到的教学视频里，华东师范大学对外汉语学院吴勇毅团队设计的《讲价四计》汉语课，有明显的任务型教学法的影响，我们拿来和大家一起分享。[2]

---

[1] 吴中伟：输入、输出和任务教学法，《华东师范大学学报》（哲学社会科学版），2008（1）。

[2] 该课程视频来源于网络孔子学院优秀示范课推荐版块。讲课教师是何所思老师，在此致以真诚的感谢！

该综合课是美国芝加哥公立教育局NSLI—Y项目课程中的一堂教学课。授课对象为达到汉语中级水平的美国中学生。

教学目标：帮助美国中学生了解并掌握在实际生活中利用汉语进行讨价还价的知识和技能。

整堂课分为两部分：第一阶段为讲授，第二阶段为任务活动。

（二）第一部分

讲授部分主要内容：

讲价四计：瞒天过海、苦肉计＋美人计、走为上计、破釜沉舟计。

主要讲授方法：讲授、操练（问答）、多媒体视频演示（动画短片）

1. 课前导入（4分钟）实况简录

教师简单交代今天的学习目标：能用汉语进行讨价还价，学会讲价四计。然后教师带领学生学习中国人如何用一只手来表示1到10十个数字。学生饶有兴趣地跟着教师做，教师边做手势，边说明中国和美国手势不同的地方，尤其强调，如果到中国买东西，老板用两只手先后分别比划2和5，那就是25块钱，而不是7块钱。

然后，教师还提醒学生要知道中国人的幸运数字：6和8。"因为在讲价的时候会涉及到幸运数字。如果一样东西是100元，你可以跟老板说80块吧，老板问为什么？你可以说：8不是中国人的幸运数字吗？所以，80好了。"

赏析：

本课程导入部分新鲜活泼，贴近生活，有浓厚的中国文化信息。而且教师在教学生做手势的时候，强调中美之间的不同之处。这个导入部分设计既简短又有用，在中国买东西讲价还价过程中会经常用到。

教师讲课用语以中文为主，但并不拒绝使用英文。尤其是关键词，有夹杂英文的情况。比如："warm up" "lucky number"这样的词语经常出现。"今天上课之前我们先warm up一下" "那你们知道中国的lucky number吗？"何老师整个教学过程的教学用语都有夹杂英文单词的情况（一般都是关键词），应该是一个特色。

2. 新课学习部分实况简录

教师多媒体展示：第四课：讲价。

然后教师首先向学生补充讲授两个中文词"打折""折扣"。

多媒体上展示：

"打折"，"to be sold at a discount"。

"折扣"，"discount"。

师：你们知不知道英语中的 Discount 用中文怎么说？

师：啊，对，是"打折"。是动词。（同时在黑板左侧慢慢书写"打折"，二字，让学生看清二字的笔顺。）

师：第二个词"折扣"，是一个名词。老板可以说："今天我的商店打折。"也可以说"我给你折扣。"

然后老师在黑板上展示一个商店打折的图片，上面有"8 折优惠"字样，老师强调说这是"八折"，是优惠 20% 的意思，和美国的表达方式不一样，不要误解了。然后又展示了一张多媒体图片，上面有"2 折起"的字样。这是优惠 80% 的意思。好了，"如果我说八八折"，大家知道是什么意思吗？八八折是优惠 12% 的意思。

老师在多媒体上展示"sale"这个单词，围绕着它逐个展示与"打折"意思相近的词："打折""减价""优惠""促销""甩卖""买一送一"（满 500 送 300；满 500 减 300）。

老师领读一遍这些词，要求稍微了解就可以了。

然后教师又在多媒体上展示了三个问题：

（1）什么是讲价

师：大家想一想什么是"讲价"？——就是 bargain 的意思。与"讲价"有关的，还可以说"还价"；"砍价"（在中国的北面，比如北京这样说），"讨价还价"。（同时，在黑板左侧慢慢板书：还价、砍价、讨价划价）

教师领读一遍。

（2）你会讲价吗

教师：你们会讲价吗？（有的学生摇头）

教师：啊，有的会，有的不会。一会儿我教你们一些方法。

（3）可以讲价吗

教师：在美国可以讲价吗？——在美国有的商店可以，有的商店不可以；上海也是。什么商店可以讲价呢？——一些小的商店可以讲价，大的商店不可以讲价，上海也是这样的。那在上海或者在美国，你们讲过价吗？——啊，有的有，有的没有。好，那今天或明天我们都可以试一下（讲价）。

赏析：

这部分包括两个环节，第一个环节是跟学生讲解"打折""折扣"两个词。以教师讲授为主。词汇意义用英文解释，方便易懂。教师在黑板上缓慢板书两个词的汉字，让学生注意汉字的书写顺序。教师用多媒体展示两张图片，向学生解释"8折""2折起"，中美对比，言简意赅，清楚明白。同时，补充进"打折""减价""优惠""促销""甩卖""买一送一"（满500送300；满500减300）这些近义的中文单词，信息量大。教师并没有要求学生记忆，只是领读了一遍。主要目的是先把材料引入。

第二个小环节是与学生讨论三个问题，都是与"打折"有关的问题，表面上看，学生的开口率不高，但教师采用的讲课方式是问答式的，商讨式的。其中又引入了与"讲价"近义的"还价""砍价""讨价还价"三个词语。我们发现，在整个交流过程中，"打折""折扣"这些词的出现率非常高，教师不断在话语中反复使用这些词，高复现率已经使这些词在学生的头脑中埋下了熟悉的种子。从学生的反映看，他们基本听懂老师的意思了。

动画展示部分：

教师：下面我们来看一个flash，它是和讲价有关系的。这个动画里有三个master role，一个master role是老板，一个master role是girl，还有一个master role是这个girl的boyfriend。这个girl和她的boyfriend一起去买东西。这个 Flash 有一点点难，所以你们只要知道大体意思就可以了，不用知道很多的细节。

大约 3 分钟的动画，是一个小女孩和她的男朋友去买东西，每次都使用不同的讲价策略。分别是：瞒天过海计、苦肉计＋美人计、走为上计、破釜沉舟计。

看完动画后，教师跟学生详细解释了小女孩买东西所用的计策。"瞒天过海计"就是小女孩跟老板说要买很多很多东西，便宜点吧。老板说彩色橡皮零售 3 元，批发 2 元。小女孩说：那我买 2 个；"苦肉计＋美人计"，小女孩买东西时对老板说："我们是学生，便宜点嘛？——老板最好了，最喜欢老板了，便宜点嘛？""走为上计"，小女孩儿和她的男朋友看老板不答应便宜点，就转身走了，要到别的商店去买。老板赶紧喊：别走别走，给你便宜点。最有意思的是"破釜沉舟计"，这回是男孩儿去买东西，老板说多少钱，就给多少钱，他根本不讲价。老板说：没意思。

赏析：

这部分运用动画的形式形象生动地展示了中国人讲价的技巧策略。可谓惟妙惟肖。教师运用中英文混杂的方式给学生解释这些讲价的方法。让学生在轻松愉快的气氛中掌握了中国人讲价所需的词汇知识、技巧策略。

（三）第二部分：活动任务

教师把学生分成四个组，每个组 3 个人。要求是：每个组当中有 1 个人是老板，有一个人是买东西的，还有一个人可以是买东西的，也可以是老板的朋友。每个组要买的东西是一件 T 恤衫，老板想卖 300 块，买东西的人想便宜点。给 15 分钟小组内准备，然后到黑板前面展示汇报。（如果不喜欢老师提供的道具，也可以自己设计要买的东西）

每组学生都生动地展示自己小组买东西的过程。例如：

第一组：买钢笔。

顾客 1: 这支笔很漂亮，多少钱？

老板：1000 快。

顾客1：好的。（拿出1000块钱买了一支笔走了。）

顾客2：（走过来）老板，你好。这支笔多少钱？

老板：1000块。

顾客2：哎，1000块，贵！

老板：这支笔很漂亮啊。

顾客2：漂亮是漂亮，但是你看，是坏的。

老板：（笑）

顾客2：知道吗，我是个穷人，是个农夫，没钱，啊，帮帮忙了。

老板：800快吧。

顾客2：不行，还太贵了。你看看我这个样子，好像有钱吗？

老板：不能便宜了。

顾客2：（作转身离开状）

老板：别走，别走，500块吧。

顾客2：好吧，500块。

顾客2：（买完笔转身走到门口时遇到了老板2，看到她手里的笔）老板，也是卖钢笔的吧？哎，是一模一样的。你这个笔多少钱？

老板2：12块钱，你要不要？

顾客2：又上当了。（转身走开）

赏析：

这一组学生设计的买钢笔。顾客使用的是"苦肉计""走为上计"。可以看到，学生的表演很形象，惟妙惟肖，能很好地理解讲价方式并有效利用。该任务活动中，可以看到学生很动脑筋，当顾客2用500块买完笔走到第二位老板那里问相同的笔卖多少钱时，老板2说："12块，你要不要。"很具有幽默感，也有现实意义。任务活动法可以极大地调动学生的积极性，激发学习兴趣。

后面几组同学的汇报也很精彩，分别使用了苦肉计、美人计、幸运数字方法等。气氛轻松、活跃。

总起来看，在课程学习的开始部分，何老师给学生大量输入了在中国买东西时讲价的词语、方法，主要以讲解的方式呈现关键词，以问答方式、动画形式高频呈现相关词句、讲价技巧。在课程开始前，教师就提醒学生，学习后会有角色扮演活动。这个预期的任务对学生学习的自觉性、主动性是有激发作用的。从后面学生的表现来看，效果也很好。

当然，这只是改良版的任务教学法，教师在教学方面先加强了语言输入环节的教学，在学生完成任务后，只是简单点评了一下。与任务教学法的三个环节顺序较有不同。正如赵金铭先生所言："我们这里介绍任务型语言教学，并非提倡这种基于人本主义心理学的学习理论而提出的教学法，而是要了解这种目前处于主流地位的世界第二语言教学法，吸取其合理内核，为我所用。"[1]

课后训练：初级口语课教"问路"，用任务型教学法怎么设计？

---

[1]　赵金铭：汉语作为第二语言教学：理念与模式，《世界汉语教学》，2008（1）。

第三讲　控制式语言教学法

控制式语言教学法是当代北美汉语作为外语教学界比较流行的教学法之一。该教学法吸收以往各教学法流派的精髓，并有所扬弃。既重视语言结构的本体教学，又努力使学生的语言交际能力由控制到非控制、由被动到主动的得到充分发展。其教学模式为：大班课、小班课、一对一谈话课，并且有对这几种课之间异同关系、承接关系的详细理念和操作方法。这是我们见到的汉语作为外语教学法里面对课堂微观操作程序讨论最详细也最具操作性的教学法。本讲最后赏析严蕾老师的教学录像，让大家一饱"眼福"。

一、控制式教学法的理论阐释

控制式教学法是当今北美比较流行的汉语教学法，朱永平教授为主要倡导者之一。该教学法集任务教学法、功能教学法、认知法的优势于一身，重视"输入"的程序。即强调由老师控制输入，又强调诱导学生输出语音正确并合于语法的句子。

控制式操练法的理论基础是普遍语法并参考行为主义（参见 Skinner，1957）

和认知行为主义。外语教学的重点诚然是以语言知识为基础的语言能力训练，可是控制式教学法的提倡者不满于传统教学法对二者关系的处理。以传统的语法翻译法为代表的教学法，重视语言知识讲解，即重视语言输入；以任务教学法为代表的教学法，包括功能法，重视对学生语言输出能力的训练和培养，但对语言本体结构的学习比较放松，即语言知识输入环节不令人满意，导致学生的外语偏误、错误无法控制。

控制法的原则即学生是学语言的主体，课堂时间尽量留给学生。控制法的指导思想是以句法结构为纲，口语练习为主，情景应用为辅。

"以句法结构为纲"，是基于以下几点原因：

1. 词汇只有在句子中才会有意义。例如：

"我送给他一本书。"

"我到机场送他。"

前一个"送"后面接的是双宾语；后一个"送"接一个宾语，而且与前面的动宾短语构成连动格式。在这两个句子里，"送"的句法功能表现出有很大的差异。而这正是汉语教学的重点和难点。

2. 类比、类推的方法在语言学习中比较普遍。学习者常常根据母语的句法来类推第二语言的句法。如：

I study in the library.（我学习在图书馆。）

外语学习中母语负迁移的例子比比皆是，所以，控制式教学法不提倡让学生两两配对自由练习，失去控制的对话训练只能使学生离正确的第二语言越来越远。句型练习无疑是帮助学生建立目标语的规则的最好方法。

3. 帮助把词汇分类归纳记忆。在句型中练习词汇也要把词汇分类，易于记忆。

二、控制式教学法的教学模式

控制式教学方法采用循序渐进的强化式训练方法，采用大班、小班、个别谈话这样的渐进模式。语言教学沿着这样的路线：大班理论讲授、小班侧重实践练习；个别谈话侧重灵活运用和答疑。这样一轮下来，学生的语言知识转化为语言能力的机会大大增加了。

先大班授课，可以是四五十人的数量，甚至更多。老师在这个班级以语言知识讲授为主，主要使用归纳法教学。例如：

先展示几组图片，然后依次说出下面的句子：

他在饭馆喝酒。

他在家里看电视。

她在图书馆看书。

她在床上睡觉。

由场景引出句子，最后归纳出句型：S 在 PW+ V。

这样，大班授课主要以讲授梳理语法知识为主。

然后小班授课，一般四五人的规模。提倡使用演绎法教学。即与大班反其道而行之。教师先在黑板上写上句型：S 在 PW+ V。然后再引导学生说出句子：

他在图书馆看书。

他在家里看电视。

他在饭馆里喝酒。

她在床上睡觉。

也就是把在大班学习的语言理论知识在小班里进行充分的训练。这时候的老师主要任务是设计合适的语境，以带领大家交流为主，引导学生把在大班里学习的语言知识运用到交流实践中来。

接着是个别谈话课。也就是教师和学生一对一的谈话交流。大班课和小班课都有人为控制痕迹，个别谈话就作为一种补充和扩展形式，老师努力设计一种自然的，轻松的环境，和学生进行一种综合性、实际的、功能性的会话练习。

三、控制式教学法的操练方法[1]

（一）小班课教学总的指导原则

控制式教学法认为教师是"教练"而不是"教授"。这一点在小班课的训练中体现得最为充分。小班课教学总的指导原则：

1.清楚即将训练的目标句型，吃透句型；

2.用含有目标句型的句子就课文内容提问；

3.跳出课文内容，利用目标句型提问；

4.跳出句型，用 wh – word 提问，带出目标句型；

5.提问过程中穿插个人重复或多人重复练习；

6.把几个句型串成一个段落；

其中操练提问的几点原则：

1.以"一问多答"的问题为主；

2.以"呢"字问题跟进；

3.避免 yes/no 问题，多问 wh – questions，不要兀突地让学生造句；

4.问题要由简单到复杂，话题要丰富多彩。

（二）小班教学的具体环节

1. 课堂活动的三要素：启动、回应、反馈

课堂上的活动基本是老师跟学生的互动。老师对课堂的控制主要是通过启动这一程序来完成的。老师通过问问题和要求以得到学生的回应，并通过老师的启动程序来诱使学生说出正确的句子，确保学生的回应是正确的句子。然后老师对学生的回应给以反馈。启动要活泼有趣、简短明了；反馈要简单清楚。

---

[1] 参考美国密西西比大学汉语教授朱永平先生《理论与实践——控制式操练教学法在不同年级汉语教学中的运用》讲义。该讲座讲于 2010 年国家汉办组织的"当代北美汉语教学法培训班"。

2．实践的控制

（1）课前准备。预测学生的难点格外重要。不能面面俱到，必要有所取舍。语言形式的难点是教学上的重点。上课以前，黑板上写好今天所要教的句型。

（2）手势的运用。有时用手势比用语言更简洁明白。

（3）问句的选择。尽量不用是否问句而大量采用 WH 问句（why, what, where, which, and how）；你呢？等。问句要比答句短。

（4）替换。说出不同的词来完成句子替换练习。如：

我们的屋子越来越乱。（桌子，教室，床……）

（5）完成句子。

A．说出半句，学生完成：

既然番茄很小，就……（学生："不用切了。"）

B．情景式完成句子：

（老师）：我想吃龙虾，可是钱不够。

（学生）：既然你没有钱，就别吃龙虾了。

（6）情景式填空式。

教师（做动作把书放在桌子上）：老师把什么放在桌子上？

学生：老师把书放在桌子上。

教师（做放咖啡的动作）：现在呢？

学生：老师把咖啡放在桌子上。

（7）直接给出词语：飞机跟汽车相比，就……来说，……

老师：速度／大小／快慢／舒服

学生：飞机跟汽车相比，就速度／大小／快慢／舒服来说，……

（8）简短的英语：

A．翻译法：（学生最好说汉语）：中国的什么比美国的严重？老师说：pollution（污染）。避免了冗长繁琐的解释。

B．简短的英文引导：换句型：affirmative, negative, question.

（9）句型转换：

A 强迫 B：老师强迫学生学中文。

B 被迫：学生被迫学中文。

（10）情景图片法：用图片可以让学生看图说话，也可以让学生一问一答。作配对情景练习。

图片一定要有趣、简单清晰，最好能够一图多用。

句型 1：一边……一边；

句型 2：……的时候，X 正在……

节奏的控制：一堂课的成功决定于是否能够引起学生的注意力。通过节奏的控制，吸引学生的注意力。

3．一堂课好像一出剧

一堂课的程序可以简括为以下几个步骤：

（1）序幕。选择十几张重要卡片，大家快速齐读。卡片的最后一张联系老师所要建立的范句。如：范句为"王明是一位美国学生"。最后一张卡片应该是"学生"。

（2）铺垫。通过问句向小高潮的过渡进行铺垫。如：

老师问："你是学生吗？"

学生回答："我是学生"。

再问这个学生或别的学生："你是美国学生吗？"

直到引出范句：王明是一个美国大学生。

（3）小高潮。金字塔的建立。通过领读，合唱（齐读）的方式建立金字塔。例如：

范句：

王朋是一个美国大学生。

学生

大学生

美国大学生

一个美国大学生

是一个美国大学生

王明是一个美国大学生

"合唱"可集中大家的注意力，同时有助于记忆。

4. 舒缓／铺垫

（1）点读。选学生再重复范句，以此检查学生的发音和句子的正确性。

（2）提问。你是不是一个美国大学生？回应：……；反馈：很好……

（转问另一个学生）：你呢？

（3）再合唱。显示这个范句告一段落，将要进入到一个新的句型。

（4）转换。通过提问：王朋是一个美国大学生，你呢？

如果学生回答出了教师心中的范句：我也是一个美国大学生。老师带领大家再齐唱。

5. 高潮

经过前几个小高潮的铺垫，选择一个比较精彩的范句，主要是通过合唱法，但节奏加快，声音提高。激发学生的热情达到高潮。

6. 尾声

通过情景练习和简短讨论来舒缓节奏。

（1）情景的运用（低年级）。如图片有大学生、中学生、小学生，让学生用所学的句型说出句子，或配对儿让学生一问一答进行交际性训练。

（2）简短的讨论。高年级可以分小组练习。

老师常见的问题：对学生的错误不敏感，不及时给学生改错；训练时间控制不好，要么前松后紧，要么前紧后松；句子无趣无聊，太泛或太碎。

四、控制式教学法实例："不论 A 还是 B，S 都 VP"

（1）师：春节是中国人最重要的节日，在中国的中国人庆贺春节吗？

生：在中国的中国人庆贺春节。

师：在国外的中国人呢？

生：在国外的中国人也庆贺春节。

师：用这个句型说就是——（手指着前面的句型）

生：不论是在中国的中国人还是在国外的中国人都会庆贺春节。

（2）师：学中文的学生都要表演节目，愿意也要表演，不愿意也要表演。

生：不论愿意还是不愿意，学中文的学生都要表演节目。

师：表演节目的时候，可以用英文吗？

生：可以。

师：唱歌是可以用英文吗？表演小品时可以用英文吗？

生：不论唱歌还是表演小品，学生都得用中文／不能用英文。

生：不论表演什么节目，学生都不能用英文／得用中文。

（3）师：如果违反法律，会受到惩罚吗？总统呢？

生：如果违反法律，不论什么人／是谁／是总统还是普通人／是不是总统……
　　都会受到惩罚。

五、严蕾老师控制式小班教学视频赏析[1]

学生是四个大学生，时间 20 分钟。黑板上板书内容：

1．改 +V+O（了）

2．自从……以来，……

　　（改革开放／到中国／铁饭碗被打破）

3．不知道：question/A 不 A/A 还是 B

---

[1] 该录像来源于 2010 年"当代北美汉语教学法培训班"培训资料，在此致以真诚感谢！

4．提醒 sb do sth

5．推行……政策

（经济 / 改革开放 / 独生子女）

6．……，（……）反而……

不但没

可以看出，小班课要训练的主要句型和生词都写在黑板上了。控制式教学法的理念是你想要学生说话，一定要把材料展示给他，不能让他自己乱编，不给母语负迁移一点儿机会。下面我们以句型 1 的训练过程为例，展示和赏析控制式教学法的课堂样态。

上课过程 1

教师：同学们好，今天我们学什么？

学生：今天我们学"给朋友过生日"。

教师：以前中国人怎么过生日？

生 A：以前中国人吃长寿面。

教师：非常好！现在呢？（伴随着手势指向学生 B）

生 B：现在中国人吃生日蛋糕。（"蛋糕"发音为"蛋告"）

教师：生日蛋糕。（同时用手势表示每个字的声调调型）

生 B：生日蛋告。

教师：（微笑摇头）跟我说："蛋糕"。

学生 B：蛋糕。

教师：好，（手势指向全体学生）跟我一起说：生日蛋糕。

学生：生日蛋糕。

教师：（手指向黑板上的 1 句型）以前中国人吃长寿面，现在改吃生日蛋糕了。

学生：以前中国人吃长寿面，现在改吃生日蛋糕了。

教师：长寿面，生日蛋糕。（伴随每个字用手势表示其调型）

学生：长寿面，生日蛋糕。

教师：以前中国人过生日的时候，吃长寿面，现在……来。（伴随手势提醒大家一起说）

学生：以前中国人过生日的时候，吃长寿面，现在改吃生日蛋糕了。

赏析：

很显然，这部分训练的是黑板上板书的句法1。教师并没有机械地领着学生训练句法、句型，而是创造话题，引导学生说出运用句型1。整个过程是一个真实的交流，老师提问，学生回答。老师按照句型的逻辑点设计话题，引导学生自然说出该句型。这个过程是一个叠金字塔的过程，逐渐复杂化。

教师很重视语音的纠错矫正，几乎有错必纠。该教学法有一句名言"一失音成千古恨"。而且教师的语速很快，就是中国人日常会话的语速。该教学法希望教授的学生能说一口流利地道的中文。

教师重视体态、表情尤其是手势的作用。用手势的平、降、扬等演示汉字的声调；用手势明示学生一起说，还是某个人单说。使得教师意图明显，表达清楚，课堂节奏紧凑。教师很重视反馈，学生回答问题后，教师都及时说："很好！"或微笑点头："不错、不错。"

上课过程2

教师：很好，很好。那来中国以后，你们有什么变化？

生C：来中国以后，我改用筷子吃饭了。

教师：很好。你呢？（手势指向学生A）

生A：来中国以后，我改吃包子了。

教师：呃，以前你吃什么？

生A：以前我吃三明治。

教师：很好。你呢？（手势指向学生B）

生B：来中国以后，我改说中文了。

教师：嗯，很好，你呢？（手势指向学生D）

生D：我改带卫生纸去厕所了。

上课过程 3

教师：好的。开车常常碰到堵车，所以……（手势指向学生 B）

生 B：开车常常碰到堵车，所以我走路…所以我改走路了。

教师：呃，不，不要改"我走路"，呵呵，就"所以我走路"就行了。你呢？（手势指向学生 C）

生 C：开车常常碰到堵车，所以我改骑自行车。

教师：……了。（示意其丢了一个"了"字）很好，你呢？（手势指向学生 D）

生 D：开车常常碰到堵车，所以我改坐地铁。

教师：你们觉得每天的地铁方便吗？

学生：不太方便。（教师笑着回应"不太方便"）

教师：（手指向学生 D）开车常常碰到堵车，所以他改坐地铁了，来——（手势提醒大家一起说）

学生：开车常常碰到堵车，所以他改坐地铁了。

赏析：

过程 2 和过程 3 的设计目的也是训练句型 1。但是和过程 1 已经明显不同。

过程 1 是紧扣课文的训练，学生的字词句都是课文里涉及过的，难度不大，还是偏向机械复述阶段。可是过程 2 和过程 3 的设计，已经离开课文，而是围绕生活现实寻找的话题。这是本训练的亮点，也是重点、难点。学生开始跟着老师的引导，试着用句型 1 来表达自己对生活事件的看法和态度。学生面临的挑战是：一面要关注句型本身的形式，还要关注话题本身自己的态度、意见。也就是话语的形式、内容要同时关注。教师的语速手势都很快，要学生反映迅速才能跟得上教师的思路。

这种训练对教师也有挑战。在快速的反应过程中，教师既要关注每个学生都有均等训练机会，既要注意纠正学生发音的偏误，还要随时注意学生词、句法方面的偏误，还要及时提供恰当的反馈。整个节奏既紧凑，气氛又和谐自然。不是有丰富经验的话，很难如此游刃有余。

综观控制式教学法的课堂教学过程，我们认为，控制式教学法有以下特点：

1. 教师必须备课充分

包括对大班课已经学习的句型、词语，都必须了解并烂熟于心。对每个句型可能涉及的话题需提前准备，该话题既要是学生熟悉的，有话可说；而且要是学生能够说出来的，对学生掌握的语言知识有充分的了解和估计。

2. 训练体现由控制到非控制的意图

教师设计的话题要由课文开始，慢慢跳出课文，转向生活当中的事件。引导学生自由表达其观点。

3. 教师要有饱满的热情

小班课就四个学生，跟教师就是面对面的交流。教师的音容笑貌，一颦一笑，都会对学生产生重要的影响。有时候，我们发现严磊老师会偶尔接着学生的回答追问一句，就学生的观点继续交流下去。这个尝试很可贵，这使得这个交际训练更像是真实的交际。

4. 教师与学生互相尊重

既然是开放的对话，可能会涉及一些问题，师生之间有意见分歧，观点差异。这时候，教师要清醒自制，委婉表达自己的观点。比如："有人会这么认为……""我听说有人这样说……"等。

课后训练：用控制式教学法教授初级水平学生"这支笔怎么卖？"

第四讲　体演文化教学法

　　"体演文化教学法"因为产生时间较晚，在汉语作为外语教学领域的影响才刚刚开始。但是因为它更积极主动地思考语言与文化的关系，并努力寻找外语教学中处理文化要素的有效办法，而进入我们的关注视野。该教学法认为语言教学就是寻找到一个一个连续的、可供体演的文化片段，带领学生熟悉、体演，进而培养能够用目的语有效交流、与目的语人群和谐共处的外语学习者。体演文化教学法有明确的教学理念，完整的教学策略，甚至独特的考核程序。本讲最后赏析李慧老师的讲课录像，以帮助大家深入地理解体演文化教学法的教学理念。

一、体演文化教学法的基本理念

　　体演（Performance）文化教学法是美国学者吴伟克先生创立的汉语作为外语教学法。吴伟克（Galal Walker）是康乃尔大学中国语言文学专业博士，美国俄亥俄州立大学东亚语言文学系中文部教授，全美东亚语文资源中心主任，俄亥俄州大美国汉语旗舰工程主任。自上个世纪末以来，吴伟克与夫人野田真理（Mari Noda）合作，陆续发表一些文章和著作阐释"体演文化教学法"的思想和理念，积极探索具体的教学模式和教学方法，并设立了美国迄今为止唯一的中文教学法博士点，培养汉语作为外语教学法的博士。

2009 年暑期，国家汉办在青岛举办了"体演文化教学法"培训班，培训老师由吴伟克的第一位汉语教学法博士谢博德协同其他两位老师担任，学员是来自国内高校对外汉语专业的教师，"体演文化教学法"在国内逐渐被大多数人所知晓。"2007 年以来，俄亥俄州立大学东亚学系又开始和武汉大学留学生教育学院合作，双方互派教师和学生，深度开发体演文化教学法的教材，在实践中不断总结、完善这一教学思想。"[1] 体演文化教学法在汉语作为外语教学法领域的影响越来越大。

（一）语言教学与文化

语言与文化密不可分，但是在外语教学当中，一直没有找到语言与文化互恰的良好操作模式。正像有学者批评的那样：文化依然只是肤浅地以歌曲、饮食和游戏等形式放在我们的语言教学项目里。

外语学习的目的，是要在对方文化的情境下恰当地使用目的语。不同的文化有不同的文化规则和模式，正像不同的体育活动或游戏都有不同的规则一样。因此，外语教学的重点，是使学生认知不同文化的行为规则及深层理念，使学生熟悉在目的语情境下的行为模式，逐渐积累有关目的语的文化知识。

语言是交际的工具，是和特定的文化语境相关联的。文化是意义的来源。但学生在学习外语时，并不总是能意识到语言与文化密切相关。比如一个美国学生这样谈自己学习日语的感受：我对于日语、日本文化和日本人民有一种狂热的感情。我很想学好日语，让自己听起来像受过教育的日本人，能够和日本人自由地交流……但与此同时，我也相信人是平等的，我对自己能够不故作谦卑地使用敬语而骄傲。

---

[1]　曲抒浩、潘泰：美国"体演文化"教学法简论，《教育评论》，2010（5）。

很显然，他并没有意识到，如果希望在日本文化里获得成功，他必须遵循游戏规则，即文化规则，否则他的日语越地道，也许就会越事与愿违。

第二语言能力是在交际能力的范围内发展的，而交际本身又是在文化范围内发展的。最好的办法是引导学生识别目标语的特别语境和规则模式，避免用自己的文化模式主观套用。简单的例子是：外国人通常学习的第一句中文是"你好"，通常被译成"Hello"。这一中文问候语很容易被想当然地认为适合于西方文化语境，学习者可以向遇到的任何人说"你好"。如果他们知道在中文文化语境中，"你好"是在特定情景中和熟人打招呼用的，就不会走到大街上时，用它跟素不相识的人打招呼，令对方错愕不已。"你好"与"Hello"并不是简单的语言形式的置换关系，而是各自与自己的文化有微妙复杂的关联。

吴伟克引用赫克托·汉默利的观点，将目标文化分为三个部分：成就文化、信息文化、行为文化。成就文化是某种文明的标记；信息文化是某一社会所重视的信息；行为文化是帮助人们驾驭日常生活的知识。"随着外语学习者在目标文化里的活动能力的发展，成就文化和信息文化方面的知识会变得日益有用。不过，外语学习的重点从初级阶段起就放在行为文化上，因为这种知识能够使学习者易于与当地人相处，从而促进当地人与自己保持长期的交往，这种交往对学习者积累文化经验是必要的。"[1] 目标文化中的成就文化、信息文化可以使用学生母语教学，便于深度拓展讨论，不会受到语言限制。与目的语教学密切相关的是行为文化。如同样是对别人赞扬的回应，用中文说"过奖了"，神态表情一定偏向内敛自抑；而用英文回答"Thank you"时，神态表情一定自信上扬。

就个人的层面而言，文化是个人的行为，该行为在特定情境中被自己和他人所理解。它是处在一定情景中的知识：这种情景包括社会的、传统的和其他许多方面——但也不是无所不包的——并非想到的每样东西在任何一种文化中都会

---

[1] 吴伟克：体演文化：学习参与另一种文化，李敏辞、沈建青译自 Richard D. Lamber 和 Elana Shohamy 合编：《语言政策和教学法——纪念 A.Ronald Walton 教授论文集》，阿姆斯特丹：约翰·本杰明出版公司，2000 年。

存在。学习目标语言是教怎样在目标语言里与人交流、行为、做事，怎样熟悉适应目标语言的游戏规则。在体育赛场上，棒球的游戏规则是要把球击出场外才能得分，而网球的游戏规则恰恰相反，球被击出场外反而是失分的行为。这些游戏规则并不具有绝对的跨域的意义。人们必须接受这样的观点：人无法学会一种外语，只能学会如何用外语做事。语言教学即文化教学。

（二）文化就是体演

在体演文化教学法里有一个关键词：体演。这个词是"Performance"的汉译。意思是可以重复、经过练习，并要遵守一定文化规范的行为，同时还要有特定的时间、地点、观众、脚本等。中文里没有与之对应的词。翻译成"表演"的话，太狭窄。翻译成"行为"，太宽泛。简小斌博士创造了一个新词"体演"，即体验表演。

文化就是我们的所作所为，也是对行为的认知。文化规范行为，同时提供在我们的世界里认知事件和事物的方法。"社会生活之流是以一系列的体演出现的：我们能够理解他人的特定行为意向，是因为我们的文化提供了某些可能的体演，这种体演为那一特定行为提供了上下文。如果这一行为是话语，那么我们可以构造一个体演框架，来创造或解释这一语言行为的意义。"[1]

教师必须为学生提供学习条件，让他们在目标文化语境里交谈。学习者必须体演目标文化，就像他们必须体演目标语言一样。每一次体演都为学习者创造了一种关于目标文化的片段，众多片段的累积扩充记忆，使学习者构建趋于完整真实的目标文化图景。

例如：多数中文教材在设计"你好"的语言点时，都不太重视语境的交代，更不重视呈现真实的汉语问候文化。有的教材让两个人在街道或某处，亲热地拉

---

[1] 吴伟克、野田真理：记忆未来：积累异国文化知识，王庆新译，李敏儒校（译自：Reflecting on the past to shape the future. The ACTFL Foreign Language Education Series, ed. Diane W. Birckbichler and Robert M. Terry. Lincolnwood, IL: national Textbook Co,187-212），发表在《国际汉语教学动态与研究》第一辑（2005）。

着手互道"你好"，也有教材让学生和老师在校园里见面互道"你好"。体演文化教学法在引入"问候"这个语言点时，特别用英语交代事件发生的时间、地点、人物，尤其注意真实呈现汉语问候语里称呼语的重要性，对汉语称呼语文化有详细的讲解和训练。经过若干典型场景的再现，使学生意识到汉语的问候语，有时间、地点、人物、亲疏等等的差异。

因而，与传统的语言教学法相比，体演文化的最大特点是将语言文化的学习深植于特定的场景之中，让交流与场景紧密相连。要成功地做到这点，必须深入分析文化的构成要素。

（三）文化的构成要素

可以确定并筹备一些可体演的、可以在一个连贯的文化观念里找到合理解释的"大部件"。

在汉语教学法中，体演就是有意识地重复那些"设定事件"。这些事件，据卡尔森推论，具有以下五个规定因素：（1）发生的地点；（2）发生的时间；（3）合适的脚本，节目或规则；（4）参与者的角色；（5）理解的观众和被理解的观众。

其中"合适的脚本"是指：一套关于某些熟悉场合里的惯性交流，是大多数目标语言者所熟悉的。这些生活经验往往使你知道如何对付各种常见的场景，也知道别人怎么应付这些场景。多数外语教学者只是机械地教授语言形式本身，忽视具体场景下的模拟演练，即使有模拟，也仅是教学众多环节当中的一个小部分，为了达到练习或检测的目的。体演文化教学法把场景下的交际作为教学的核心环节，熟悉脚本只是其中的一个环节，一个前提，而不是全部。

例如："在中餐馆请客吃饭"这个事件，一套典型、准确的对话必不可少，在此基础上，重视对整个环节的体演：进门、入座、点菜、吃饭、付账。每个学生都在课堂上对这个事件有充分的体演训练，最直接的效果是，他们走出教室，可以直接去餐馆儿体验实践一下。而不是虽然学习了对话，对其文化环境仍然陌生。这种教学也重视对小餐馆、快餐店、大酒店文化语境的异同对比。

这里参与者的角色及观众的强调，可以考虑的是汉文化里具体的餐饮文化。

包括座位次序、敬酒布菜的方式、发言的先后等。当然，这些内容会依据学生学习内容的深浅多寡逐渐渗透。

再比如，传统的阅读教学是学生阅读了材料后，要去课后完成填空、选择、回答问题等任务，比较枯燥单调，又有悖于真实生活经验。而真实生活中的阅读功用，是为了了解事实真相、向别人简短转述、告知等。体演文化教学法主张教真实的语言，更重视对真实语境的模拟。

比如：名片阅读教学的设计。[1]

真实场景之一：第一次见面时，对方递给你一个名片。行为文化层面，注意用双手接过名片，不要马上放到口袋里或桌子上。认真阅读，主要读姓名和职称，了解对方的身份职业背景，可能会开始一个简短的问候及对话。

真实场景之二：可能要联系某一个人，需要找到名片，然后打电话开始新一轮沟通。

真实场景之三：或者向别人介绍名片上的人等。

这几种场景是教师要设计出来提供学生训练的语境，让学生在尽量真实的文化氛围里体演该文化"部件"，形成真实的可供随时提取的汉语文化记忆模块儿。

在教学过程中注重自然语言需求和真实生活体验，老师们必须绞尽脑汁、不断推陈出新。例如张永芳老师的阅读教学课，要求学生在阅读下面短文后，画出白先生家的空间示意图。

毛：白先生，您好吗？您要买书吗？

白：今天我不买书。我找高先生。高先生今晚请我吃饭。你知道不知道是在这儿呢还是在他家呢？

毛：在他家吃饭。

白：他家在哪儿？是在城里头还是在城外头？

毛：高先生家在城外，就在这条路的北边儿，一个小山上。

---

[1]　该例证参考张永芳老师 2009 年青岛体演文化教学培训班之讲座。特此致谢！

白：在那个山上有几所儿房子？

毛：那儿一共就有三所儿房子。西边儿有一所儿大房子。东边儿有一所儿小房子。中间儿的房子就是高先生家。南边儿山下是中山路。中山路前边儿有一个大公园。山后头有一个小湖。

白：那个是北湖吗？

毛：是北湖。湖的右边儿是钱先生家。湖的左边儿还有一个小公园。

白：噢，我知道，我知道。谢谢你。

可以想见学生的雀跃欢喜程度，语言教学课堂上学生们忙着展现绘画才能！学习效果之检验一点没打折扣，还体现了美国外语教学 5C 标准当中的"学科贯联"要求：语言教学要与其他学科适当贯联。

二、体演文化教学法的教学模式

体演文化教学法依据自己的理念，有自编教材、完整的课堂教学操练程序、独特的考核与评估办法。

（一）不一样的教材

我们以《Chinese: Communicating in the Culture》[1]为例，了解一下体演文化教学法的教材设计理念。这本适合零起点美国人学习的汉语教材，全书没有一个汉字，通篇是汉语拼音和英文，当然还有大量的图片。以汉语拼音代替汉字呈现汉语的句子单词，是基于这样的考虑：对于习惯拼音文字的美国人来说，汉字对他们来说非常陌生，如果开始的时候，汉语、汉字一齐轰炸，学习难度大，会使很多学生望而却步。同时，参照人类第一语言的学习次第，应该遵照先语后文的原则学习汉语。即开始阶段只呈现语音，待学生有一定的汉语基础后汉字再跟

---

[1]　Galal Waiker&Yong Lang. Foreign Language Publications National East Languages Center The Ohio State University ，2004 年。

上。汉字学习时其语言内容都是以前学过的，会大大降低学生的学习难度和为难情绪。

教材中对话发生的背景介绍、词汇语法句义解释、课后练习要求等等内容都是用英文交代的。重要的是：每本教材都附有一张与课文同步的音频 CD，包括汉语字、词、句的发音示范、讲解、各种游戏式的课后训练、各种方式的模拟考核环节等。该教学法要求学生来教室学习汉语之前，要运用光盘预习所学内容，了解该汉语对话的背景，人物，尽量背下对话，完成对音、义的全面了解。传统教学法主要在课堂上完成的字词句的了解、背诵都要求在课前完成。

该教材后面设计了丰富的练习项目，不是选择、判断、填空之类的形式，而是对照课文内容，设计了对语言项目个别要素进行调整、变更的体演训练。例如，如果课文里学习了"高""矮""胖""瘦"等词，课后练习就会给出若干幅两个人对比的图片，引导学生继续体演这些词的使用。这些训练会考虑变换人物出现的时间、环境、性别等因素。

英语背景的学习者面对这样的教材，其全部注意力都可以集中到汉语句子的句义、发音上面来，没有面对汉字的困扰，也没有对背景、意义理解的障碍。

（二）不一样的课型设计

体演文化教学法主要区分两种不同的课型：Act class 课型和 Fact class 课型。Act class 是中文运用课堂，是体演训练的核心战场。建议有稳定的教室，让学生有可识别的标志，一旦进入该环境，就自觉说中文。该课堂要求全中文语境，不能说母语。这样的课堂不是讲解中文语言知识的地方，而是训练学生体演一个一个的中文文化场景的地方。一般的座次模式，学生要面向老师形成半弧形的座位样式，老师站在弧形的中心位置，是这场体演的编剧、导演，有时候也是演员。

Fact class 是英文解释课堂。建议这个教室有另外的识别标志，学生进入后就知道这是可以说英文（母语）的地方。在 Act class 课上学生存在的疑问、老师发现的问题、关于中文文化背景的其他需要补充的问题等通通可以在这里解决。这里是教师、学生用母语沟通的地方，主要以语言知识交流为主，桌子的排放次序以传统的前后排列，老师站在黑板前面充当主讲者。

建议每 4 个 Act class，匹配一个 Fact class。

从教材设计和课型类型，可以看出：体演文化教学法与传统的其他教学法最大的不同之处是：课堂教学重点有较大的移动。传统语法翻译法的重点是关于语言本体语音、语义、语法的讲解和训练；即使像功能法、任务法等强调语言交际能力训练的教学法，也要给语言本体教学留出足够的空间。可是，体演文化教学法却坚决地把语言本体的学习部分全部以教材、光盘的形式提供给学生自学完成，课堂教学的重点变成模拟文化语境下的真实体演。在 Act class 课堂上，学生在老师的引导下，利用预习的关于语言本体的知识记忆，反复进行真实的交际训练。课堂上学生一直处于听说中文的紧张演练之中，始终保持较高的开口率。

（三）具体讲课步骤（Act class）

体演教学法在教学理念、课程设置、教学技巧、考核方法等方面有比较系统的思考和实践。核心是如何在全目的语环境中，创造交流条件，激发交流兴趣，提供交流机会。教师要充分考虑以下各种构成要素：

1. 了解教学内容（以打招呼为例）

2. 决定教学目的（得体地用称呼语打招呼）

3. 选择语境（交际对象、环境等）

4. 构建语境（逆向设计、埋地雷）

5. 变更语境（扩展训练）

6. 利用道具原则

其中，引导学生进入真实的交际，是不容易的。很少技能像引导那样一开始做的时候很不自然，然而一旦养成习惯后就不会丢掉。老师要尽量从学生那里引出语言和其他回答，而不是一开始就给他们答案。

帮助实现一个以学生为中心的学习模式，帮助学生将新学的知识建立在已有的知识和技能平台上，有利于学生有效地学习和记忆 帮助创造一个互动的，积极的和充满刺激的学习氛围 教师和学生一起参与知识的构建。

引导的好处是：帮助学生持续保持高度的注意力；帮助老师了解学生是否在聆听以及是否明白；帮助老师了解学生已经掌握了哪些知识；增加学生说话时间，减少老师谈话时间；帮助学生学会猜测；引导的过程中学生会听到和学到偶然出现的语言；让学生看到他们可以自己解决问题，增加成就感。

引导需要注意的问题：引导可能消耗很多时间。好好计划并且事先演练，找到最快速的方法，使用图片或者有效的提示等。

体演教学法要有效地使用道具。道具可以帮助老师构建和复制场景；帮助学生理解场景；帮助学生进入场景；帮助学生在场景中进行交流；帮助学生记忆（视觉、听觉等所得的信息易于记忆）；活跃课堂气氛，提高学生学习的兴趣等。

道具的种类：照片、卡通图片；实物（如电话，筷子，餐巾纸）；易事贴；玩具（如手偶，积木，骰子等）；录像片，电影，电视片；声音，音乐。

教者使劲浑身解数，用尽十八般武艺，就为了达到一个目标：在课堂上真实体演文化片段，建构目的语文化的真实记忆。

（四）考核与评估方式

有什么样的教学目标，就有什么样的考核方式。体演文化教学法的教学目标是：正确得体地用目的语在目的语环境中进行交际。不但要求语言形式正确，还要求交际策略得体，符合文化规范。

体验教学法的评估方式包括：每日评估、期中 / 期末考试，加上其他考核项目（作业、作文、报告等等）。为了督促学生每次课都认真预习、参与、复习，每次上课都要依据具体表现给出学生的评估成绩，并及时反馈给学生；有期中考试、期末考试，还有阶段性的作业、报告等项目，都有具体的评估分数，最终以百分比的形式形成学生关于这门课的考核成绩。

这样，学生每时每刻都在面临评估，而不能期望考试时临时抱佛脚。体演教学法的考试方式也充分体现其文化体演理念，尽量摈弃传统的试卷形式。传统的试卷形式，更利与考核学生关于目的语知识的掌握情况，不利于考核其真正的语言交际能力。

2009年暑期青岛"体演文化教学法"培训班的教学模式是：谢博德等三位老师从美国带过来十几位美国高中学生，他们的汉语基础是零起点，就是来中国前在美国机场临时短暂培训了一个小时，也就是教了简单的"你好""谢谢""我是美国人"等句子。在青岛培训时，谢博德等老师有时给中国老师讲体演文化教学法的理念，有时用体演法教授这些美国学生汉语，同时，中国老师在另一间教室利用大屏幕一边观摩课堂教学，一边展开讨论。后来每个中国老师也都亲自上课实践。

两周的学习结束的时候，要对这些美国学生的汉语学习进行考核。考核方式也是体演，模拟真实生活交际场景，而不是完成一份试卷。这种考核方式的难点是要提前撰写考核脚本，设计考核的活动场景，充分考虑考核的公平性、可行性。这种动态的口语交际考核，对打分的标准、公正性有较大的考验。

在老师们各自拟定的脚本基础上，形成了一个最终的考核脚本。这个考核脚本基本上综合了这两周来学习过的汉语知识点，设计的语境要有较高的辨识度，使学生能够意识到并自动输出所学过的正确的汉语。整个考核分成两个大组进行，国内高校来的老师都分在不同的组里充当演员，谢博德等三位老师负责观察、给出评估分数。

整个考试过程设计在一个教室里（每处都有英文显示牌）：门口是一个模拟的某公司美国办事处，桌上有一部电话；旁边是机场取票处，再往里边是飞机座位，然后依次是北京机场接机处，某公司北京办事处。取票处、飞机座位处、接机处、北京办事处都有一个中国老师充当职员，负责与被考核的学生对话。考核开始前，有简短背景交代，某公司美国办事处的秘书接到北京办事处的电话，要把一封信送到北京。所以她要亲自取飞机票、在飞机上与陌生人就座位进行商讨，在北京机场与接机人寒暄，在北京办事处与王经理交接信件。整个考核过程大约持续5分钟左右。学生完全是在一个模拟的真实环境下进行语言交际的，整个考核既涉及语音语调、体态语气，又涉及文化规范。

　　整场考核下来，大家的感受是：这样的考试费神费力，对教师的综合素质、教育理念也是一个巨大的考验。

三、李慧老师体演教学法视频赏析

　　这个教学视频是 2009 年暑期青岛体演文化教学法培训班开班第五天，李慧老师（从美国来的三位辅导老师之一）给美国高中学生上课"你最近怎么样呢？"这堂课体演的课文是一段简短的对话：

　　王秘书：你最近怎么样呢？

　　盛英：我有点不舒服。

　　王秘书：同事们呢？

　　盛英：他们也都感冒了。

　　这节课是 act class，整节课有三部分组成：旧课复习、新课体演、课后练习体演。

　　因为上节课学习了"你好，你叫什么名字？""你（他）是经理吗？""不，我（他）不是经理，我是学生。""是，我（他）是经理。"上课伊始，学生的座位形成半弧形排列，李慧老师面向大家站立，面带微笑问道："你们好！"然后依次问每一个学生"请问你叫什么名字？"每个学生都真实回答自己的中文名字，这其实是一个真实的交际，学生们根本不会意识到这是一种课程复习！然后李老师指着 B 学生问 A 学生："请问他是经理吗？"A 学生愣住了，没有反应过来。李老师就又问 C 学生："请问他是经理吗？"C 学生是学习较好的学生，他回答说："不，他不是经理，他是学生。"李老师立刻竖起拇指"对了，非常好！然后李老师又面向 A 学生重复提问："请问他是经理吗？"这时候 A 学生已经反应过来，回答出"他不是经理，他是学生"。如此，保证每个学生都被训练到。

　　这里面有几个小策略：尽量在课堂上再现真实的语言交际，而不是机械地重复和记忆；如果有学生回答不出问题，教师尽量不直接告诉他答案，而是利用其他同学唤起他的记忆；尽量保证每个学生有均等的训练机会；教师对学生的每次表现都应该及时反馈，而且注意反馈技巧：以鼓励为主，但不能没有标准。如果学生回答不出，或回答有误，教师要引导其说出正确的部分，而不是简单直接的否定。如其中一个学生把"经理"发音为"净利"，李老师当即和蔼地说："经理，跟我说经理"。在学生正确重复后，李老师及时肯定："很好，请坐。"

进入新课内容体演阶段（学生已经预习过）：李老师在大屏幕上展示了两幅图片，引导学生辨认一个是某公司华盛顿办事处，一个是某公司北京办事处，在华盛顿办事处的是王秘书，在北京办事处的是盛英秘书。在多媒体前边是一个长形桌子，李老师把一个写有王秘书的名片放在桌子一头，把写有盛英秘书的名片放在桌子另一头，两边各有一部电话，一把椅子。李老师坐在盛英椅子上，对大家说："我是盛英秘书，懂吗？"在大家"懂"了以后，李老师叫学生D坐在对面王秘书的位置上，并示意他拿起电话，李老师拿起电话问："你最近怎么样呢？"学生预习过这些内容，在课本上见过这个场景，自然就能回忆起来，和老师共同完成了这个对话。然后李老师让学生各自模拟两位秘书进行互相的对话训练。

这个新课体演给我们的启示是：体验教学法如果要获得好的效果，学生必须配合，必须有充分的预习；教师首次再现场景时，尽量与课文提供的场景一致，便于学生提取记忆；因为是全中文体演，鉴于学生的中文能力很弱，教师必须充分调动多媒体、图片、实物、卡片甚至玩偶等一切手段再现场景或体演要求；个别学生体演时，教师还要关注其他学生的注意力在哪里，保证全体同学的注意力时时刻刻在中文语言点上。在纠正个别同学问题时，针对情况的典型性，时时调动大家一起训练。

我们注意到，李慧老师的课复习占了约1/10时间，新课课文体演约占了1/3的时间。其他时间是课后练习的体演。课后练习的体验项目是针对别人的"你最近怎么样呢"这样的询问，选择性地回答"我有点累""我感冒了""我有点忙""我很舒服"等。李老师在大屏幕上依次展示出不同的图片：一个打哈欠的人；一个拿面巾纸捂着嘴咳嗽的人，一个手边有几部电话的人，一个双腿架在桌子上悠闲的人。学生依次在老师的引导下，或者扮演问话者，或者扮演累、感冒、很忙的秘书等。学生们惟妙惟肖的模仿表演不时引起大家的笑声。课程在既紧张又轻松的气氛中结束。

这部分给我们的启示是：图片、吊牌等都是很好的再现语境的道具；体演教学时，在变更语境的时候，注意其中要素要逐渐变更，让学生既能辨认，又有挑战。比如，课文的对话是两个人用电话交流，然后变更为在办公室交流，环境变了，可是交流内容不变（有点累）；当学生熟悉了语境后，交谈内容开始变更，（有点忙、很舒服等）；还有一点，可能有时候学生会把注意力放在表演上，而不注意语言形式的表达，或者气氛过于放松，把课堂完全变成游戏场所。这时候教师要及时调整把握课堂气氛和节奏，圆满完成体演任务。

课后训练：请你用体演文化的理念教礼貌用语"对不起"。

跋　失去传统，何来底气？没有特色，焉能出新！

——关于优秀传统文化与汉语国际教育专业硕士培养的思考

　　曲阜师范大学设学孔子故里，是教育部首批外国留学生定点招生高校。学校始终坚持"兼容并包，兼收并蓄"的学术方针，以广阔的胸襟，开放的眼界，广泛吸纳多元文明成果，先后与韩国平泽大学、日本岩手大学、美国明尼苏达大学、俄罗斯秋明国立大学、丹麦罗斯基勒大学、澳大利亚查尔斯·斯图特大学、加拿大皇家大学等 10 多个国家的 47 所高校建立了校际友好关系，在联合办学、教师和学生互派、文化学术交流等领域建立了广泛而深入的合作关系，并积累了丰富的汉语国际教育的经验。

　　汉语国际教育系是曲阜师范大学文学院下设的三个专业（中国语言文学、汉语国际教育和戏剧影视文学）之一。中国语言文学专业是学校最早设立的专业之一，1955 年开始招生，1980 年开始招收硕士研究生，"七五"期间被评为山东高校重点系；"八五""九五"期间，中国古代文学学科被评为山东省重点学科；

"十五"至"十二五"期间，古代文学被评为山东高校强化建设重点学科，中国现当代文学学科被评为山东省重点学科；2003 年，古代文学学科获得了博士学位授予权，2004 年被确定为山东省古代文学专业中唯一设立"泰山学者"岗位的学科。中国语言文学专业 2005 年获得国家硕士一级学科授予点，2007 年荣列教育部八个国家级首批特色专业之一，2009 年成功申报博士后流动站，同年，汉语国际教育学科获得了专业硕士学位授权点。2011 年，汉语国际教育专业被评为山东省高校"十二五"重点学科，是山东省唯一的汉语国际教育专业重点学科。

汉语国际教育专业硕士的设置，与中国在世界各地设立"孔子学院"的举措相匹配，是中国文化与学术"走出去"工程的重要组成部分，是增强中国文化国际影响力、加强国际文化交流与合作的重要途径。由于汉语国际教育专业是一个新事物，因而在"教什么""如何教"和"什么人教"方面仍然存在诸多亟待解决的问题，比如，拥有汉语国际教育专业学位授予权的高校应该采用划一的统编教材、课程设置和育人模式，还是从实际出发，突出地域特色，发挥传统文化优势，走出特色育人之路？

目前多数高校的汉语国际教育专业尚未真正探索出人才培养的特色道路。国内各高校以华东师范大学和北京语言大学为代表，形成了南北两派，他们的共同点是：侧重于语言教学和案例分析，这也是他们的教学研究重点。但是，这样的育人模式以"应用语言学"教法为基底，没有形成特色，更没有以"中国优秀文化的传播者"这一使命自任。因而现行的汉语国际教育育人目标和教学模式有本末倒置之嫌。

与中国的情况相反，国外的第二语言教育大都突出地域特色。这方面以美国最为著名。其中南伊利诺伊州卡本代尔大学、马里兰大学帕克分校、纽约大学、南卡罗来纳大学哥伦比亚分校、普林斯顿美国大学等，其研究生第二语言教学 TESFL 课程设置与教学研究，及其以语言为载体进行文化传播的经验，可以为我们提供借鉴。我们的目的，就是借鉴美国语言／文化传播的经验，制定适合中国国情、具有地方特色的汉语国际教育专业研究生的育人方案，力图为中国文化的国际传播做出自己的贡献。

　　失去传统，何来底气？没有特色，焉能出新！我们进行汉语国际教学，首先要有文化自信：中华文明是世界文明的重要一支，无论是轴心时代、中世纪还是全球一体化的今天，都具有重要价值。其次，若想把汉语国际教育做好，就必须勇于创新：不能一味因袭传统的做法，更不能简单地将应用语言学的教法复制、移植到汉语国际教育中来。再次，应当侧重于文化教育，以期培养高层次、应用型、复合型专门人才。中国外文局《中国国家形象全球调查报告 2013》显示：多数国际民众认可中国"历史悠久的文明古国"形象，61% 的海外民众乐于了解中国文化，约有三分之一的国际民众表示对学习汉语有兴趣；同时，越来越多的汉语学习者不仅渴望学习基本的语言知识和语言技能，更渴望能够深入了解中国文化。[1] 但目前的汉语教学普遍存在重语言而轻文化的现象，而且汉语学习者在跨文化交际中，许多语言障碍的形成都与相关文化背景知识的不足有关。因此，在语言知识教学的同时加入传统文化成分，是势在必行的教材建设工作。因此，我们认为：汉语国际教育专业硕士的培养，重点不应放在语言学知识的教育上，因为语言只是载体，而传播中国优秀传统文化才是本专业的重点，汉语国际教育人才应当承担起传播中国优秀传统文化的使命；中国优秀传统文化资源丰富瑰丽，各地高校应从实际出发，将具有区位特色与传统优势的文化教育，落实到汉语国际教育硕士培养当中，进而走出各自的特色道路。

　　曲阜师范大学设学于中国古代伟大的教育家、思想家孔子家乡；孔子思想不仅是中国的，也是世界的，其"和为贵""人为本"的人道主义和谐观，有利于促进世界和平和人类进步，对于和谐社会、和谐世界的建设具有重要的现实启示意义和深远的人文价值。因而，曲阜师范大学自招收汉语国际教育专业硕士以来，坚持"传统性与师范性"的特色，深入挖掘孔子儒学为核心的传统文化资源，以学生的从师素质养成为抓手，在汉语国际教育人才培养方面进行了一些积极探索，也取得了一些成效：汉语国际教育专业 2011 年获批山东省"十二五"重点

---

[1]　中国国家形象全球调查报告 2013，《京华时报》，2014-02-23。

学科，这是该专业在山东省高校中唯一的重点学科；2012 年 3 月初，国家汉办、孔子学院总部举办的"孔子学院杯"国际汉语教学资源编写大赛评选揭晓，曲阜师范大学与北京大学等 5 所大学荣获"优秀组织奖"，我校李敏红老师荣获"优秀指导教师奖"，卞晴晴、于婧超、曹曦三位研究生的四件作品分获一、二、三等奖；张喜梅等同学在加拿大、泰国等国家任志愿者期间，将龙文化、春联、书法、剪纸等中国文化符号与中华才艺运用于教学中，深受当地学生的喜爱；在我们近年指导的汉语国际教育专业硕士中，有些同学在教学实践的基础上选择了《HSK 四级教学"孔子故事"特色课程设计》《儿歌教学法在初级汉语国际教学中的运用》等，都将语言教学与中国传统文化、地域特色文化运用于课程设计与教学实践，取得了较好的效果……这些成绩说明我们的特色育人之路是正确而有效的。

于是，我们将本专业完成的山东省研究生教育创新计划项目"汉语国际教育：发挥传统文化优势，走出特色育人之路"的结题成果整理出版，一方面是总结和完善育人经验，努力形成具有可操作性的汉语国际教育专业硕士育人模型，另一方面也旨在为国内同行提供借鉴，为政府决策提供参考，从而为中国文化"走出去"工程做出更大贡献。

本书由我和同事共同完成，它包括四编。这四部分实际上也是本专业为学生设立的四门专业特色课程，旨在为解决"培养什么人""如何培养""教什么"和"如何教"等问题提供个案参考。

"第一编汉语国际教育硕士生传统文化素质撮论"包括以下四个专题：

王国彪副教授的《"孔子文章四海宗"——朝鲜半岛古代汉诗中的〈论语〉元素》认为：朝鲜半岛古代汉诗蕴藏着诸多《论语》元素，主要包括对《论语》的不同称谓、引用和评述。朝鲜诗人将《论语》中的名言警句、经典情境视为典故来引用，提升了诗歌的表达效果，也充分见证了《论语》的魅力。古代汉诗对《论语》的大量援引，既是《论语》在古代朝鲜半岛广泛传播的重要证据和丰硕成果，也是一种重要的文化传播方式和诗歌生产方式。对这种文化现象的深入研究有助于培养学生的民族文化意识。

曹春茹副教授的《"一山一水一圣人"，国际交流大文章——以韩国古代汉诗中的泰山文化研究与利用为例》认为：泰山风光雄奇壮美，泰山文化悠久灿烂，又与儒家文化联系密切，因此受到韩国古代诗人的青睐。在现存韩国古代汉语诗歌中，保存着大量有关泰山的文化资源，其中既有"泰山岩岩""泰山云雨""秦松汉柏"等关于泰山自然景观的文化典故，也有孔子等文化名人与泰山、泰山封禅与刻石、泰山神灵与东岳庙等关于泰山人文景观的记载和传说。对韩国、朝鲜以及汉字文化圈其他国家的游客以及中华文化的爱好者来说，这些诗歌是泰山的最好代言，有利于拉近他们与泰山及泰山文化的距离。通过汉语国际教育、学术交流、与韩国合作开发旅游项目等途径有效利用韩国汉诗中的泰山文化资源，将对泰山文化乃至中华文化的传播和拓展发挥重要作用，还能为研究、开发利用日本、东南亚国家汉诗中的泰山文化资源提供借鉴。此项研究也正是"一山一水一圣人"文化走向世界的重要内容之一。

刘富伟副教授的《"我的最大长处是对外国人讲中国文化"——论林语堂重编〈中国传奇〉的策略》认为：《中国传奇》是面向西方读者的精神消费品，当林语堂进行选编和改写时，慎重考虑到西方文化语境的接受问题，他与陈季同一样在编选过程中"删节那些无用的详述部分和多余的次要部分，去掉那些本该存留的地方。因此，人们将要读到的与其说是一个地道的译本，还不如说是一个改编本。"林语堂更是把《中国传奇》放在西方文化的平台上进行观照的，这就决定了他必然会采取顺应西方语境想象的运作策略，选编并重写《中国传奇》。林语堂的策略对于汉语国际专业的教材编写和教案设计具有较大的启示价值。

王恩旭博士曾到俄罗斯任教一年，对于汉语国际教师的跨文化沟通素质有自己的体认与看法，他的《做一个推动世界和谐发展的文化使者——论国际汉语教师的跨文化沟通素质》认为：沟通不畅是造成汉语教师难以适应海外生活的一个重要原因；增强沟通能力，最大限度地减少沟通问题，是当前国际汉语教师培养、培训中亟待解决的问题。而解决沟通问题的关键，在于帮助汉语教师端正沟通态度、增强异域文化修养和进行实践历练，这三个方面缺一不可；文章结合具体案例，对这三个方面做了进一步的阐述和说明。

"第二编孔子·《论语》·儒墨哲学比较"共四讲，前三讲由王曰美教授承担，第四讲由王恩旭博士承担。王曰美教授长期担任校本课程《孔子与〈论语〉》的教学工作，又曾于2012—2013年在韩国平泽大学担任汉语教师一年。《孔子与〈论语〉》也是她在韩国讲学时的部分内容，主要包括孔子生平、《论语》及其核心思想、孔子的主要弟子及成就等。孔子研究成果已是汗牛充栋，如何化繁为简，既给人一个清晰的线索，又能深入浅出地介绍孔子及其弟子的思想，这需要有大思维、大手笔。王曰美教授驾轻就熟，做起来得心应手，让人受益匪浅。而王恩旭博士的《儒墨哲学比较》则将儒学与轴心期平民哲学家墨子的思想进行了比较，有利于人们了解儒墨的异同共殊。

"第三编齐鲁文化与山东当代乡土文学"由李钧教授主讲。李钧教授是曲阜师范大学文学院副院长，兼任汉语国际教育系主任，是山东省"十二五"重点学科"汉语国际教育"学科带头人。本书也是李钧主持的山东省研究生教育创新计划项目"汉语国际教育：发挥传统文化优势，走出特色育人之路"的结题成果。

"第三编齐鲁文化与山东当代乡土文学"共分为四讲，旨在使研究生从地域文化与中国文学的角度理解齐鲁文化与山东精神，掌握山东"乡土文学"传统的流变线索，并通过对臧克家、郭澄清、莫言、闵凡利等几位山东籍作家的解读，了解当代山东作家群的创作状况。莫言2012年获得诺贝尔文学奖，成为山东文学最重要的代表，因而这个专题值得好好讲。

"第四编汉语国际教育教学法举例"四讲，由秦海燕副教授主讲。秦海燕老师是曲阜师范大学文学院副教授，语言学及应用语言学教研室主任，国家级普通话测试员。主要研究方向为语用学、普通话教学、对外汉语教学。她曾于2011年9月至2012年8月赴韩国平泽大学中文系教授汉语，并分别于2009、2010、2013参加汉办举行的教学法、跨文化交际课程培训。秦老师先后主持省部级项目4项，公开出版专著1部，主编教材1部，发表核论文若干。她对于汉语国际教育教学法既有理论探讨又有实践经验，所以她的汉语国际教育教学法举例具有较高的应用推广价值。

本编第一讲《功能教学法》，第二讲《任务型教学法》，第三讲《控制式语言教学法》，第四讲《体演文化教学法》。之所以选择这四种教学法，主要是因为"功能教学法"目前影响最大，"任务型教学法"争议最大，"控制式语言教学法"最具操作性，而"体演文化教学法"对语言与文化关系处理最有创造性。而且到目前为止，控制式语言教学法和体演文化教学法都是汉办培训班介绍来的新型教学法，国内公开介绍和研究的很少，所以，第三、四讲更多一些原则性和纲领性的东西。

当然，我们的探索才刚刚开始，如果想构建一个较为系统且具有可操作性和推广价值的汉语国际教育专业研究生培养模式，还需要国内同人的共同努力和逐步完善。希望我们这本小书能引起大家的思考，起到抛砖引玉的作用。

我们要特别感谢北京语言大学原副校长崔永华教授，他长期担任世界汉语教学学会常务理事、中国对外汉语教学学会副会长，现担任北京语言大学出版社汉语教材总编审，是汉语国际教育教学与研究的奠基人和推动者。他不嫌本书简陋，拨冗赐序，鼓励我们在"汉语国际教育特色育人道路"上走下去，他给了我们继续前行的莫大动力！

感谢北京语言大学出版社张健总编辑，她接纳了这本书并将其纳入出版计划。感谢责任编辑王宇明，是他的认真负责与真诚沟通使本书得以顺利出版。

主要参考文献

常森：孔子天命意识综论，《孔子研究》，1999（3）。

陈枫：《对外汉语教学法》，北京：中华书局，2008 年。

陈克守、桑哲：《墨学与当代社会》，北京：中国社会科学出版社，2007 年。

陈来：《中国古代宗教与伦理：儒家思想的根源》，北京：三联书店，2008 年。

成积春主编：《孔子与儒家文化》，呼和浩特：内蒙古人民出版社，2011 年。

程晓堂：《任务型语言教学》，北京：高等教育出版社，2004 年。

崔清田：《显学重光》，沈阳：辽宁教育出版社，1997 年。

单承彬：《论语源流考述》，长春：吉林人民出版社，2002 年。

冯晨：孔子"畏天命"新释，《孔子研究》，2012（1）。

郭澄清：《大刀记》，北京：人民文学出版社，2005 年。

郭齐勇主编：《梦想与关怀：儒家的人生智慧》，武汉：武汉出版社，1998 年。

何江新：《尚书》中的周公天命观的三个层级及其意义，《甘肃社会科学》，2014（1）。

何自然、冉永平：《语用学概论》，长沙：湖南教育出版社，2002 年。

胡厚宣、胡振宇：《殷商史》，上海：上海人民出版社，2010 年。

姜广辉主编：《中国经学思想史》，北京：中国社会科学出版社，2003 年。

景海峰：《新儒学与二十世纪中国思想》，郑州：中州古籍出版社，2006 年。

匡亚明：《孔子评传》，南京：南京大学出版社，1990 年。

李泉：《对外汉语教学理论思考》，北京：教育科学出版社，2005 年。

李学勤主编：《十三经注疏·论语注疏》，北京：北京大学出版社，1999 年。

李泽厚：《论语今读》，合肥：安徽文艺出版社，1998 年。

李泽厚：《中国古代思想史论》，天津：天津社会科学院出版社，2004 年。

梁启超：《先秦政治思想史》，天津：天津古籍出版社，2003 年。

林语堂：《林语堂自传》，工爻、张振玉译，西安：陕西师范大学出版社，2005 年。

刘德增：《解读山东人》，北京：中国文联出版社，2006 年。

刘丰：《先秦礼学思想与社会整合》，北京：中国人民大学出版社，2003 年。

刘梦溪：《大师与传统》，北京：中国青年出版社，2007 年。

鲁子问：试论跨文化教育的实践思路，《教育理论与实践》，2002（1）。

陆俭明：汉语教员应有的意识，《世界汉语教学》，2005（1）。

吕俞辉、汝淑媛：对外汉语教师海外工作跨文化适应研究，《云南师范大学学报》（对外汉语
教学与研究版），2012（1）。

罗积勇：《用典研究》，武汉：武汉大学出版社，2005 年。

罗积勇：墨家之"义"与"侠义"和"正义"，《武汉大学学报》（人文科学版），2014（1）。

马箭飞：任务式大纲与汉语交际任务，《语言教学与研究》，2002（2）。

马克锋：传统墨学与社会主义的契合及背离，《天津社会科学》，2010（4）。

毛世桢：《对外汉语语音教学》，上海：华东师范大学出版社，2008 年。

茅盾：《茅盾说神话》，上海：上海古籍出版社，1999 年。

蒙培元：《人与自然：中国哲学的生态观》，北京：人民出版社，2004 年。

闵凡利：《一路莲花》，长春：吉林出版集团，2010 年。

莫言：《红高粱家族》：北京：作家出版社，2012 年。

莫言：《生死疲劳》，北京：作家出版社，2006 年。

莫言：《檀香刑》，北京：作家出版社，2001 年。

莫言：《天堂蒜薹之歌》，北京：作家出版社，1988 年。

彭林：《儒家礼乐文明讲演录》，南宁：广西师范大学出版社，2008 年。

钱基博：《古籍举要》，南宁：广西师范大学出版社，2009 年

钱穆：《国学概论》，北京：商务印书馆，2005 年。

钱穆：《先秦诸子系年·孔子弟子通考》，北京：商务印书馆，2002 年。

钱永森：孔子人道思想的结构，《孔子研究》，2001（1）。

邵汉明：《儒家哲学智慧》，长春：吉林人民出版社，2010 年。

孙诒让：《墨子间诂》，北京：中华书局，2001 年。

孙中原：《墨学通论》，沈阳：辽宁教育出版社，1993 年。

孙中原：甘瓜苦蒂·天下物无全美：墨家的辩证理论思维，《武汉大学学报》，2013（5）。

王国维：《观堂集林》，北京：中华书局，2011 年。

王钧林：《中国儒学史》（先秦卷），广州：广东教育出版社，1998 年。

王坤鹏：两周受命说的初型与衍变，《苏州大学学报》（哲学社会科学版），2014（1）。

王树人、喻柏林：论《周易》整体思维特征，《中国社会科学院研究生院学报》，1995（4）。

魏建、贾振勇：《齐鲁文化与山东新文学》，长沙：湖南教育出版社，1995 年。

吴勇毅：《对外汉语教学法》，北京：商务印书馆，2012 年。

徐复观：《中国人性论史》（先秦篇），上海：三联书店，2001 年。

徐希燕：《墨学研究》，北京：商务印书馆，2001 年。

徐子亮、吴仁甫：《实用对外汉语教学法》，北京：北京大学出版社，2005 年。

杨伯峻：《春秋左传注》（修订本），北京：中华书局，2000 年。

杨伯峻：《孟子译注》，北京：中华书局，1988 年。

杨国荣：《善的历程：儒家价值体系的历史衍化及其现代转换》，上海：上海人民出版社，
　　1994 年。

杨向奎：《宗周社会与礼乐文明》，北京：人民出版社，1997 年。

张岱年、方克立主编：《中国文化概论》，北京：北京师范大学出版社，1994 年。

张洁：《对外汉语教师的知识结构与能力结构研究》，北京语言大学博士学位论文，2007 年。

张中行：《禅外说禅》，北京：中华书局，2006 年。

赵金铭：汉语作为第二语言教学：理念与模式，《世界汉语教学》，2008（1）。

赵中建主译：《全球教育发展的历史轨迹：国际教育大会 60 年建议书》，北京：教育科学出版社，1999 年。

郑杰文、傅永军主编：《经学十二讲》，北京：中华书局，2007 年。

中国墨子学会：《墨学研究》"墨学振兴二十年"专辑，2009（3）。

周小兵、李海鸥主编：《对外汉语教学入门》，广州：中山大学出版社，2004 年。

朱熹：《四书章句集注》，北京：中华书局，1983 年。

邹昌林：《中国礼文化》，北京：社会科学文献出版社，2000 年

《（标点影印）韩国文集丛刊》（续）（1—70 辑），首尔：韩国古典翻译院，2005—2007 年。

《（标点影印）韩国文集丛刊》（1—350 辑），首尔：民族文化推进会，1988—2005 年。

《第十届国际汉语教学研讨会论文选》，沈阳：万卷出版公司，2012。

《高等学校外国留学生汉语教学大纲》（长期进修），北京：北京语言大学出版社，2002 年。

《国家汉语教学通用课程大纲》，北京：外语教学与研究出版社，2008 年。

[汉] 班固：《汉书》，[唐] 颜师古注，北京：中华书局，2005 年。

[汉] 司马迁：《史记》，北京：中华书局，1999 年。

[美] 郝大维、安乐哲：《通过孔子而思》，何金俐译，北京：北京大学出版社，2005 年。

[美] 赫伯特·芬格莱特：《孔子：即凡而圣》，彭国翔、张华译，南京：江苏人民出版社，2002 年。